9급 국가직·지방직 | 공무원 시험대비 **전면개정판**

브랜드만족
1위
박문각

2024

박문각 공무원

OK 9급
교육학개론
11개년 기출문제집

박문각출판문화연구소 편저

동영상강의 www.pmg.co.kr

합격까지! 교육학개론 만점 기출문제집

박문각

이 책의 **머리말**

9급 공무원에 대한 인기가 여전히 계속되면서 합격으로 가는 문은 갈수록 좁아지고 있습니다. 누적되는 수험생의 숫자만큼이나 커트라인도 계속해서 높아지는 상황에서, 출제자들은 시험의 변별력을 높이기 위해 문제의 난도까지 점차 높이고 있습니다. 이러한 현실에 적극적으로 대처하여 합격을 달성하기 위해서는 반복적으로 출제되는 핵심 내용을 정확하게 파악하고 이와 관련된 문제는 반드시 맞춰야 하며, 변별력을 높이기 위한 고난도 변형문제 역시 해결할 수 있도록 대비해야 합니다.

다른 모든 분야와 마찬가지로 공무원 수험에서도 무엇보다 중요한 것은 '기본기'입니다. 기본적인 내용이라는 것은 학문의 기초이자 핵심 내용이라는 말과 같습니다. 그렇기 때문에 반복적으로 출제될 수밖에 없으며, 다양한 방식의 변형문제 역시 기본은 같은 이론에서 출발할 수밖에 없는 것입니다. 실제로 과년도의 기출문제를 분석해보면 매년 자주 출제되는 내용들이 있음을 알 수 있습니다. 매년 반복되는 내용들을 파악하고 출제자의 의도에 맞게 공부할 수 있다면 수험기간을 단축하는 데 큰 도움이 될 것입니다.

이를 위해 해야 할 것이 바로 '기출문제 풀이'입니다.

이에 박문각 출판문화연구소에서는 수험생 여러분들이 보다 효율적으로 학습할 수 있도록 최근 9급 공무원 교육학개론 11개년 기출문제집을 출간하게 되었습니다.

☑ **본서의 특징**

• 최근 11개년 기출문제(2023년~2013년) 수록
• 각 문제별로 꼼꼼하고 풍부한 [정답해설], [오답해설]을 통해 출제지문의 폭넓은 이해
• 매년 반복되는 기출문제와 이를 응용한 변형문제의 시험에 완벽 대비

본서를 통해 최근 출제경향을 파악하고 핵심 내용을 숙지한다면 보다 효율적으로 공부할 수 있으며, 이는 여러분들을 더 빠르고 확실하게 합격으로 인도해 줄 것입니다.

수험생 여러분들에게 합격의 영광이 함께하길 기원합니다.

박문각출판문화연구소

면접시험 안내

⏱ (예시)국가공무원 공개경쟁채용시험 면접방식 및 면접시간

구분		5급	7급	9급
총 면접시간		260분	150분	70분
대면 면접시간	집단토의	90분	50분	–
	개인발표	20분	15분	10분
	개별면접	60분	25분	30분
작성시간	집단토의	30분	10분	–
	개인발표문	60분	30분	10분
	개별면접과제		20분	20분

※ 출처 : 공정채용 가이드북(2019.11. 인사혁신처)

⏱ 공개경쟁채용시험 필기합격자 면접시험 포기 등록 안내

● 공개경쟁채용시험 필기합격자를 대상으로 면접시험 응시의사를 확인하고, 응시자격 등의 관련 정보를 확인하기 위한 것으로서 온라인(인터넷)등록을 통해 면접대상자를 확인하고 요건 해당 시 추가 합격자를 결정합니다.

● 따라서, 면접시험을 포기하고자 하는 수험생은 합격자 발표 시 공지하는 기간 내에 반드시 온라인등록을 하여야 하며, 필기시험 합격자 중 동 기간 내에 포기 등록을 하지 않을 경우, 자동으로 면접 등록이 됩니다.

> ● 면접시험 포기 등록은 인터넷으로만 접수하니 착오없으시기 바라며, 면접시험 포기 등록을 완료한 후에는
> 〈사이버국가고시센터 → 서류전형/면접시험 → 면접시험 포기 등록확인〉을 통하여 반드시 확인하시기 바랍니다.

⏱ 추가합격자 결정제도

● 필기시험 합격자가 면접시험을 포기하는 등의 사정으로 제3차(면접 또는 실기시험) 응시자 수가 선발예정인원에 미달된다고 예상되는 경우에 당초의 필기시험 합격인원의 범위 안에서 추가로 합격자를 결정할 수 있습니다(공무원임용시험령 제23조 제6항 및 제25조 제6항).

> ● 면접시험 포기 등록 후 확인 : 서류전형/면접시험 → 면접시험 포기 등록확인 메뉴에서 확인하시기 바랍니다.
>
> ● 면접 포기 등록 행정사항 문의
>   – 5급 및 외교관후보자 선발시험 : ☎ 044-201-8262, 8363
>   – 7 · 9급 시험 : ☎ 044-201-8247~51

CONTENTS

이 책의 **차례**

PART 01 문제편

2023년 기출문제
국가직 9급(2023.04.08. 시행) ·················· 8
지방직 9급(2023.06.10. 시행) ·················· 13

2022년 기출문제
국가직 9급(2022.04.02. 시행) ·················· 18
지방직 9급(2022.06.18. 시행) ·················· 22

2021년 기출문제
국가직 9급(2021.04.17. 시행) ·················· 28
지방직 9급(2021.06.05. 시행) ·················· 32

2020년 기출문제
국가직 9급(2020.07.11. 시행) ·················· 38
지방직 9급(2020.06.13. 시행) ·················· 42

2019년 기출문제
국가직 9급(2019.04.06. 시행) ·················· 48
지방직 9급(2019.06.15. 시행) ·················· 52

2018년 기출문제
국가직 9급(2018.04.07. 시행) ·················· 58
지방직 9급(2018.05.19. 시행) ·················· 63

2017년 기출문제
국가직 9급(2017.04.08. 시행) ·················· 70
지방직 9급(2017.06.17. 시행) ·················· 74

2016년 기출문제
국가직 9급(2016.04.09. 시행) ·················· 80
지방직 9급(2016.06.18. 시행) ·················· 84

2015년 기출문제
국가직 9급(2015.04.18. 시행) ·················· 90
지방직 9급(2015.06.27. 시행) ·················· 94

2014년 기출문제
국가직 9급(2014.04.19. 시행) ·················· 100

2013년 기출문제
국가직 9급(2013.07.27. 시행) ·················· 106

PART 02

정답 및 해설

2023년 기출문제

국가직 9급(2023.04.08. 시행) ·············· 112
지방직 9급(2023.06.10. 시행) ·············· 115

2022년 기출문제

국가직 9급(2022.04.02. 시행) ·············· 119
지방직 9급(2022.06.18. 시행) ·············· 122

2021년 기출문제

국가직 9급(2021.04.17. 시행) ·············· 125
지방직 9급(2021.06.05. 시행) ·············· 129

2020년 기출문제

국가직 9급(2020.07.11. 시행) ·············· 133
지방직 9급(2020.06.13. 시행) ·············· 138

2019년 기출문제

국가직 9급(2019.04.06. 시행) ·············· 143
지방직 9급(2019.06.15. 시행) ·············· 148

2018년 기출문제

국가직 9급(2018.04.07. 시행) ·············· 153
지방직 9급(2018.05.19. 시행) ·············· 157

2017년 기출문제

국가직 9급(2017.04.08. 시행) ·············· 161
지방직 9급(2017.06.17. 시행) ·············· 165

2016년 기출문제

국가직 9급(2016.04.09. 시행) ·············· 169
지방직 9급(2016.06.18. 시행) ·············· 173

2015년 기출문제

국가직 9급(2015.04.18. 시행) ·············· 178
지방직 9급(2015.06.27. 시행) ·············· 182

2014년 기출문제

국가직 9급(2014.04.19. 시행) ·············· 187

2013년 기출문제

국가직 9급(2013.07.27. 시행) ·············· 192

◎ 빠른 정답 보기 ·············· 196

PART

01

문제편

교육학개론

2023년~2013년

2023

교육학개론 기출문제

국가직 9급

지방직 9급

2023년 기출
2023.04.08. 시행

국가직 9급

01 항존주의 교육철학에 대한 설명으로 옳은 것은?

① 아동 존중의 원리를 채택한다.
② 교육을 통한 사회 개조를 중시한다.
③ 지식이나 진리의 영원성을 강조한다.
④ 실제적인 삶의 문제를 해결하는 데 초점을 둔다.

02 비고츠키(Vygotsky)의 사회문화이론에 근거할 때, (가)에 들어갈 말은?

> 타인의 도움을 받아서 수행할 수 있는 수준과 자기 혼자서 독립적으로 수행할 수 있는 수준 사이에 ⎡ (가) ⎤ 이 있다.

① 집단 무의식
② 근접발달영역
③ 학습된 무기력
④ 잠재적 발달영역

03 다음에 해당하는 지도성 유형은?

> • 지도성에 대한 중앙집권적 사고를 부정한다.
> • 학교 구성원 모두가 공동의 지도성을 실행하면서 학교 조직의 효과성을 극대화하는 것을 목표로 한다.
> • 학교 조직이 크고 업무가 복잡하므로 조직 내 다양한 자원을 적극 활용하는 것을 강조한다.

① 분산적 지도성
② 상황적 지도성
③ 거래적 지도성
④ 변혁적 지도성

04 코메니우스(Comenius)의 교육사상에 대한 설명으로 옳지 않은 것은?

① 모든 사람에게 모든 것을 철저하게 가르쳐야 한다고 주장하였다.
② 그림을 넣은 교재인 『세계도회』를 제작하여 문자 위주 언어교육의 문제를 해결하고자 하였다.
③ 동굴의 비유를 통해 교육의 핵심적 원리와 지식의 단계를 제시하였다.
④ 어머니 무릎 학교, 모국어 학교, 라틴어 학교, 대학으로 이어지는 단계적 학교 제도를 제안하였다.

05 교수 – 학습 과정 중 출발점 행동 진단에 대한 설명으로 옳지 않은 것은?

① 학습내용과 매체를 선정하고 수업절차를 확인한다.

② 학습자가 해당 학습과제를 학습할 만한 발달수준에 도달했는지를 확인한다.

③ 학습자의 선수학습 요소를 확인한다.

④ 해당 학습과제에 대한 학습자의 흥미나 적성을 확인한다.

06 콜버그(Kohlberg)의 도덕성 발달이론에 대한 설명으로 옳은 것은?

① 아동 초기에 초점을 둔 이론으로 도덕성 발달은 동화와 조절의 과정을 거쳐 이루어진다.

② 전인습(preconventional) 수준에서 도덕성 발달의 시작은 처벌을 피하기 위한 행동에서 비롯된다.

③ 선악을 판단하는 초자아(superego)의 작동에 의해 도덕성이 발달한다.

④ 인습(conventional) 수준에서 도덕성은 정의, 평등, 생명과 같은 보편적인 원리를 지향한다.

07 「학교폭력예방 및 대책에 관한 법률」상 학교폭력의 예방 및 대책에 대한 설명으로 옳지 않은 것은?

① 학교 안뿐만 아니라 학교 밖에서 발생한 학생 간의 상해, 폭행, 협박, 따돌림 등도 이 법의 적용대상이다.

② 경미한 학교폭력사건의 경우 가해학생 및 그 보호자가 학교폭력대책심의위원회의 개최를 원하지 않으면 학교의 장은 자체적으로 해결할 수 있다.

③ 학교의 장은 학교폭력의 예방 및 대책 등을 위한 교직원 및 학부모에 대한 교육을 학기별로 1회 이상 실시하여야 한다.

④ 피해학생의 보호를 위한 조치에는 학내외 전문가에 의한 심리상담 및 조언, 일시보호, 치료 및 치료를 위한 요양, 학급교체 등이 있다.

08 가상현실(VR) 기술을 활용한 교육에 대한 설명으로 옳지 않은 것은?

① 다양한 각도에서 수업자료를 탐구하도록 유도할 수 있다.

② 현실에서 직접 경험할 수 없었던 사물, 장소, 역사 속 사건 등을 재현할 수 있다.

③ 투사매체인 실물화상기나 OHP(overhead projector)를 핵심 장치로 활용한다.

④ 학습활동 과정에서 학습자의 흥미와 몰입감을 높일 수 있다.

09 다음 설명에 해당하는 블룸(Bloom)의 교육목표 분류 범주는?

> • 복잡한 사상이나 아이디어의 구조를 파악하는 수준의 행동으로, 그 구성요소나 관계의 확인을 포함한다.
> • 이 범주에 속하는 목표 진술의 예로는 사실과 추론을 구분하기, 원인과 결과를 찾아내기 등이 있다.

① 적용   ② 평가
③ 종합   ④ 분석

10 페스탈로치(Pestalozzi)의 교육사상에 대한 설명으로 옳지 않은 것은?

① 『일반교육학』을 저술하여 심리학적 원리에 기초한 교육방법을 정립하였다.
② 아동의 자발적 활동과 실물을 활용한 직관교육을 중시하였다.
③ 루소의 자연주의 교육사상을 교육 실제에 적용하여 빈민학교를 설립하였다.
④ 전체적인 구조 속에서 신체적 능력, 도덕적 능력, 지적 능력의 조화로운 발달을 주장하였다.

11 다음 설명에 해당하는 교육행정의 과정은?

> 조직의 목표를 설정하고 목표 달성에 필요한 수단을 선택하여 미래의 행동을 준비한다.

① 기획(planning)
② 자극(stimulating)
③ 조정(coordinating)
④ 평가(evaluating)

12 (가), (나)에 들어갈 말을 바르게 연결한 것은?

> • 허즈버그(Herzberg)는 직무 불만족을 야기하는 근무조건, 직업안정성, 보수 등을 [(가)]으로 보았다.
> • 맥그리거(McGregor)는 적절하게 동기부여가 되면 누구나 자율적이고 창의적으로 행동한다는 관점을 [(나)]로 불렀다.

	(가)	(나)
①	동기요인	이론 X
②	동기요인	이론 Y
③	위생요인	이론 X
④	위생요인	이론 Y

13 정신분석 상담의 주요 기법에 해당하지 않는 것은?

① 전이 분석
② 저항의 분석
③ 자유연상법
④ 비합리적 신념 논박

14 「초·중등교육법」상 학교운영위원회의 심의사항에 해당하지 않는 것은?

① 학교급식
② 자유학기제 실시 여부
③ 교과용 도서와 교육 자료의 선정
④ 대학입학 특별전형 중 학교장 추천

15 다음과 같이 주장한 교육사회학자는?

- 학교가 지배집단의 의미체계와 가치체계인 헤게모니를 주입하여 기존 질서를 정당화한다.
- 학교 교육과정과 수업에서 가르치는 지식은 이데올로기적 속성을 갖는다.

① 애플(Apple)
② 파슨스(Parsons)
③ 로젠탈(Rosenthal)
④ 드리븐(Dreeben)

16 콜만(Coleman)의 사회자본(social capital)에 대한 설명으로 옳지 않은 것은?

① 부모−자녀 간의 상호신뢰, 긍정적 상호작용, 자녀에 대한 높은 기대 등으로 나타난다.
② 지역사회 주민들이 생활지도, 학습지원 방법, 학습분위기 조성 등에 대해 협력하는 활동이다.
③ 학생의 학업성취 격차를 설명하는 주요 변인이다.
④ 학교시설, 실험실 등 물리적·객관적 여건에 따라 좌우된다.

17 다음 설명에 해당하는 것은?

- 학습 정도를 시간의 함수로 본다.
- 적성은 최적의 학습 조건하에서 학습 과제를 일정한 수준으로 성취하는 데 필요한 시간으로 표현된다.
- 수업 이해력은 학습자가 수업내용, 교사의 설명, 제시된 과제를 이해하는 정도를 의미한다.

① 글래이저(Glaser)의 교수과정
② 캐롤(Carroll)의 학교학습모형
③ 브루너(Bruner)의 발견학습
④ 가네(Gagné)의 학습위계

18 교육평가에 관한 설명으로 옳은 것은?

① 속도검사 : 모든 학생이 모든 문항을 풀어볼 수 있도록 충분한 시간을 준 다음 측정한다.

② 준거지향평가 : 학생의 점수를 다른 학생들의 점수와 비교하여 상대적 서열 또는 순위를 매긴다.

③ 형성평가 : 학기 중 학습의 진척 상황을 점검하여 학습속도 조절이나 학습자 강화에 활용한다.

④ 표준화검사 : 교사가 제작하여 수업 진행 중 학생들의 학업성취도나 행동 특성을 측정한다.

19 다음 설명에 해당하는 청소년 비행 관련 이론은?

• 뒤르켐(Durkheim)의 이론을 발전시켜 머튼(Merton)이 정립하였다.

• 문화적인 가치와 사회적 수단 간의 불일치로 인한 사회·심리적 긴장 상태에서 벗어나고자 비행을 시도한다.

---

① 낙인 이론   ② 사회통제 이론

③ 아노미 이론   ④ 합리적 선택 이론

20 생활지도 활동과 적용 사례가 바르게 짝지어진 것은?

① 학생조사 활동 – 진로 탐색을 위한 학생 맞춤형 프로그램을 실시하였다.

② 정보제공 활동 – 신입생에게 학교의 교육과정 및 특별활동에 관한 안내 자료를 배부하였다.

③ 배치(placement) 활동 – 학생들의 수업 적응 정도를 점검하고 부적응 학생을 상담하였다.

④ 추수(follow-up) 활동 – 학기 초에 학생에 관한 신체적·지적 특성과 가정환경 등 기초적인 정보를 수집하였다.

2023년 기출
2023.06.10. 시행

지방직 9급

01 아이즈너(Eisner)의 교육과정 이론에 대한 설명으로 옳은 것만을 모두 고르면?

> ㄱ. 행동목표 중심으로 교육과정을 개발해야 한다.
> ㄴ. 내용선정 과정에서 영 교육과정에 대해서 신중히 고려해야 한다.
> ㄷ. 학습기회의 유형을 개발할 때 교육적 상상력을 동원해야 한다.
> ㄹ. 교육과정 개발 과정은 목표설정부터 평가방법 개발에 이르는 직선적 과정이다.

① ㄱ, ㄴ
② ㄱ, ㄹ
③ ㄴ, ㄷ
④ ㄷ, ㄹ

02 ADDIE모형에 대한 설명으로 옳지 않은 것은?

① 분석 – 요구 분석, 학습자 분석, 환경 분석, 과제 분석 등이 실시된다.
② 설계 – 수행 목표 명세화, 교수전략 및 매체 선정 등이 실시된다.
③ 개발 – 설계명세서를 토대로 교수학습자료를 개발한다.
④ 평가 – 평가도구를 제작하고 평가를 실시한다.

03 행동주의 학습이론과 관련이 없는 것은?

① 강화
② 사회학습이론
③ 조작적 조건화
④ 통찰학습이론

04 학문중심 교육과정에 대한 설명으로 옳지 않은 것은?

① 경험을 통한 생활적응학습을 강조한다.
② 지식의 구조를 중요시한다.
③ 나선형 교육과정으로 내용을 조직한다.
④ 발견학습을 강조한다.

05 다음 설명에 해당하는 이론은?

> • 사회질서는 상징적 폭력을 매개로 하여 재생산된다.
> • 체화된 상태의 자본(취향, 태도 등), 객관화된 상태의 자본(책, 예술작품 등), 제도화된 상태의 자본(졸업장, 학위 등)을 강조한다.

① 경제재생산이론
② 문화재생산이론
③ 저항이론
④ 지위경쟁이론

06 의무교육의 대안으로 '학습망(learning web)'이라는 개념을 제시한 학자는?

① 영(Young)
② 일리치(Illich)
③ 지루(Giroux)
④ 프레이리(Freire)

07 성인학습에 대한 린드만(Lindeman)의 설명으로 옳지 않은 것은?

① 성인학습자의 개인차는 나이가 들수록 감소한다.
② 경험은 성인학습의 중요한 자원이다.
③ 토론은 성인교육의 실천적 방법이다.
④ 성인학습은 삶 혹은 현장 중심적이다.

08 다음 설명에 해당하는 피터스(Peters)가 제시한 교육의 개념적 기준은?

- 교육은 일반적인 훈련과 달리 전인적 계발을 지향해야 한다.
- 교육받은 사람은 폭넓은 안목을 가짐으로써 자신과 분야가 다른 인간의 삶과 어떤 관련을 맺고 있는지를 깊이 이해할 수 있어야 한다.

① 규범적 기준
② 내재적 기준
③ 과정적 기준
④ 인지적 기준

09 1894년부터 1896년까지 추진된 갑오개혁의 과정에 관제(官制) 또는 영(令)에 의해 설립된 근대 교육기관이 아닌 것은?

① 소학교
② 중학교
③ 외국어학교
④ 한성사범학교

10 다음과 같이 주장한 교육학자는?

교육의 목적은 궁극적으로 학생의 도덕적 품성을 강화하는 것이다. 도덕적 품성은 다섯 가지 기본 이념으로 이루어져 있으며, 내적 자유의 이념, 완전성의 이념, 호의(선의지)의 이념, 정의(권리)의 이념, 공정성(보상)의 이념이다.

① 페스탈로치(Pestalozzi)
② 피히테(Fichte)
③ 프뢰벨(Fröbel)
④ 헤르바르트(Herbart)

11 「사립학교법」의 내용으로 옳지 않은 것은?

① 학교법인의 설립 당초의 임원은 정관으로 정하여야 한다.
② 기간제교원의 임용기간은 1년 이내로 하되, 필요한 경우 4년의 범위에서 그 기간을 연장할 수 있다.
③ 사립학교 교원은 권고에 의하여 사직을 당하지 아니한다.
④ 각급 학교의 장은 해당 학교를 설치·경영하는 학교법인 또는 사립학교경영자가 임용한다.

12 고전검사이론에 대한 설명으로 옳지 않은 것은?

① 문항난이도는 문항의 쉽고 어려운 정도를 나타낸다.
② 피험자의 능력과 문항의 답을 맞힐 확률 간의 관계를 나타내는 문항특성곡선을 사용한다.
③ 문항변별도는 문항이 피험자의 능력을 변별하는 정도를 나타낸다.
④ 관찰점수는 진점수와 오차점수의 합으로 가정한다.

13 다음의 상담기법이 활용되는 상담이론은?

- 숙련된 질문 기술
- 적절한 유머
- 토의와 논쟁
- 직면하기
- 역설적 기법

① 게슈탈트 상담
② 인간중심 상담
③ 행동주의 상담
④ 현실치료

14 다음 설명에 해당하는 청소년 비행 관련 이론은?

- 일탈행위가 오히려 정상행동이며, 규범준수 행위가 비정상적인 행동이다.
- 인간의 본성은 악하기 때문에 사람은 항상 규범을 위반할 수 있으며, 개인과 사회 간의 결속이 약화될수록 일탈할 확률이 높아진다.

① 낙인이론
② 사회통제이론
③ 아노미이론
④ 차별접촉이론

15 다음 설명에 해당하는 교육정책 형성의 관점은?

- 공동의 목표가 있고 이를 달성하기 위해 최선의 선택을 하며, 체제 내의 작용에 의해 의사결정이 이루어진다.
- 의사결정을 관련 당사자 간의 논의를 통한 합의의 결과로 이해한다.
- 폐쇄적 체제로, 환경의 다양한 변화에 민감하게 반응하지 않는다.
- 관료제 조직보다 전문직 조직에 적합하다.

① 합리적 관점
② 참여적 관점
③ 정치적 관점
④ 우연적 관점

16 「독학에 의한 학위취득에 관한 법률」의 내용으로 옳지 않은 것은?

① 국가는 독학자가 학사학위를 취득하는 데에 필요한 편의를 제공하여야 한다.
② 학위취득시험에 응시할 수 있는 사람은 고등학교 졸업이나 이와 같은 수준 이상의 학력이 있다고 인정된 사람이어야 한다.
③ 일정한 학력이나 자격이 있는 사람에 대하여는 학위취득 종합시험을 면제할 수 있다.
④ 교육부장관은 학위취득 종합시험에 합격한 사람에게는 학위를 수여한다.

17 교육재정의 구조와 배분에 대한 설명으로 옳지 않은 것은?

① 학생이 교육을 받는 기간 동안 미취업에 따른 유실소득은 공부담 교육기회비용에 해당된다.
② 국가는 지방교육재정상 부득이한 수요가 있는 경우, 국가예산으로 정하는 바에 따라 보통교부금과 특별교부금 외에 따로 증액교부할 수 있다.
③ 시·도 및 시·군·자치구는 관할구역에 있는 고등학교 이하 각급학교의 교육경비를 보조할 수 있다.
④ 시·도의 교육·학예에 필요한 경비는 해당 지방자치단체의 교육비특별회계에서 부담한다.

18 허즈버그(Herzberg)의 동기-위생이론에서 교사의 직무만족을 가져다 주는 동기요인에 해당하는 것만을 모두 고르면?

ㄱ. 근무조건	ㄴ. 동료와의 관계
ㄷ. 가르치는 일 자체	ㄹ. 발전감

① ㄱ, ㄴ   ② ㄱ, ㄹ
③ ㄴ, ㄷ   ④ ㄷ, ㄹ

19 다음 설명에 해당하는 교육평가의 유형은?

- 평가의 교수적 기능을 중시한다.
- 최종 성취수준에 대한 관심보다는 사전 능력 수준과 현재 능력 수준의 차이에 관심을 둔다.
- 고부담시험보다는 영향력이 낮은 평가에서 사용하는 것이 바람직하다.

① 규준참조평가
② 준거참조평가
③ 능력참조평가
④ 성장참조평가

20 다음 사례에 해당하는 학습의 전이(transfer)가 아닌 것은?

수학 시간에 사칙연산을 배우는 것은 가게에서 물건값을 지불하고 잔돈을 계산하는 데 도움을 준다.

① 긍정적(positive) 전이
② 특수(specific) 전이
③ 일반(general) 전이
④ 수평적(lateral) 전이

2022

교육학개론 기출문제

국가직 9급

지방직 9급

2022년 기출
2022.04.02. 시행

국가직 9급

01 다음에 해당하는 학습 형태는?

> • 학습자가 언제 어디에서나 어떤 내용이건, 어떤 단말기로도 학습 가능한 지능화된 학습 형태
> • 획일적이거나 강제적이지 않으며, 창의적이고 학습자 중심적인 교육과정 실현 가능
> • 원하는 정보를 찾기 위해 학습자가 특정 시간에 특정 장소를 찾아가는 것이 아니라, 학습정보가 학습자를 찾아다니는 방식

① e-러닝(electronic learning)
② m-러닝(mobile learning)
③ u-러닝(ubiquitous learning)
④ 기계학습(machine learning)

02 다음에 해당하는 교육의 사회적 기능은?

> • 산업구조와 사회구조의 급격한 변화에 대응하는 인력 수급의 기능을 담당한다.
> • 사회의 존속을 위해 필요한 다양한 기능에 적합한 학생을 교육하여 적재적소에 배치한다.

① 문화전승의 기능
② 사회이동의 기능
③ 사회통합의 기능
④ 사회충원의 기능

03 능력주의 평등화론에 대한 설명으로 옳지 않은 것은?

① 지능과 노력의 합을 능력으로 보았다.
② 현대 서구 교육평등관의 바탕이 되었다.
③ 능력에서의 사회구조적 불평등을 고려하였다.
④ 학교교육을 대표적인 능력주의 실현 장치로 보았다.

04 협동학습의 일반적인 원리로 옳지 않은 것은?

① 개별 책무성
② 동질적 집단구성
③ 긍정적 상호의존성
④ 공동의 목표 달성 노력

05 평가도구의 신뢰도 및 타당도에 대한 설명으로 옳지 않은 것은?

① 신뢰도는 얼마나 정확하게 오차 없이 측정하는가와 관련된다.
② 평가도구가 높은 타당도를 갖기 위해서는 평가도구의 신뢰도가 높아야 한다.
③ 공인타당도는 새로운 평가도구의 타당도를 기존의 타당성을 인정받고 있는 도구와의 유사성 혹은 연관성에 의해 검증한다.
④ 동형검사신뢰도는 동일한 피험자 집단에게 동일한 평가도구를 일정 간격을 두고 반복 실시한 결과로 파악한다.

06 다음과 가장 관계가 깊은 학습 이론은?

영수는 국어 성적이 좋지 않아서 시험 성적이 나올 때마다 여러 번 국어 선생님으로부터 꾸중을 들었고, 꾸중을 들을 때마다 기분이 상해서 얼굴이 붉어졌다. 어느 날 영수는 우연히 국어 선생님을 복도에서 마주쳤는데, 잘못한 일이 없음에도 불구하고 자신도 모르게 얼굴이 붉어졌다.

① 구성주의 이론
② 정보처리 이론
③ 고전적 조건형성 이론
④ 조작적 조건형성 이론

07 다음에 해당하는 프로이트(Freud)의 성격 구조 요소는?

• 도덕적 원리를 추구한다.
• 부모나 양육자로부터 영향을 많이 받는다.
• 양심과 자아이상이라는 두 가지 하위체계로 구성된다.

① 무의식
② 원초아
③ 자아
④ 초자아

08 반두라(Bandura)의 관찰학습 단계 중 모델의 행동을 언어적 · 시각적으로 부호화하는 단계는?

① 재생
② 파지
③ 동기화
④ 주의집중

09 성장참조평가에 대한 설명으로 옳은 것만을 모두 고르면?

ㄱ. 교육과정을 통하여 학생이 얼마나 성장하였는지에 관심을 둔다.
ㄴ. 학업 증진의 기회를 부여하고 평가의 개별화를 강조한다.
ㄷ. 사전 측정치와 현재 측정치의 상관이 높을수록 타당한 결과를 얻을 수 있다.
ㄹ. 대학 진학이나 자격증 취득을 위한 행정적 기능이 강조되는 고부담검사에 적합하다.

① ㄱ, ㄴ
② ㄷ, ㄹ
③ ㄱ, ㄴ, ㄷ
④ ㄴ, ㄷ, ㄹ

10 교육과정 유형에 대한 설명으로 옳지 않은 것은?

① 경험중심 교육과정은 아동의 성장과 발달에 목적을 둔다.
② 교과중심 교육과정은 교사 중심의 설명식 교수법을 요구하는 경우가 많다.
③ 학문중심 교육과정은 전통적으로 내려오는 가치와 문화의 전수를 교육과정의 핵심으로 본다.
④ 인간중심 교육과정은 개인적 의미의 중요성을 강조하고 전인적 발달을 추구함으로써 학습자의 자아실현을 돕는다.

11 분석적 교육철학에 대한 설명으로 옳지 않은 것은?

① 위대한 사상가의 교육사상이나 교육적 주장에서 교육의 목적과 방향을 찾으려 하였다.

② 전통적 교육철학에서 애매하거나 모호하게 사용되고 있는 개념의 의미를 명료화하는 데 치중하였다.

③ 교육을 과학적·논리적 방법으로 탐구함으로써 교육철학을 객관적인 체계를 갖춘 독립 학문으로 발전시키려 하였다.

④ 이차적 또는 반성적이라는 철학적 방법의 성격상 교육의 가치나 실천의 문제에 소홀한 한계를 지닌다.

12 다음에 해당하는 교육 개념은?

• 정규 학교교육 체제 밖에서 이루어지는 조직적 교육활동이다.
• 교수자의 자격 요건이나 교육 방법이 프로그램의 상황과 조건에 따라 유동적인 경우가 많다.

① 형식 교육
② 비형식 교육
③ 무형식 교육
④ 우연적 학습

13 다음에 해당하는 리더십 유형은?

• 구성원으로 하여금 조직 목적에 헌신하도록 하고, 의식과 능력 향상을 격려함으로써 자신과 타인의 발전에 보다 큰 책임감을 갖고 조직을 변화시키고 높은 성취를 이루도록 유도한다.
• 이상적 영향력, 영감적 동기화, 지적 자극, 개별적 고려 등의 특징을 갖는다.

① 변혁적 리더십
② 문화적 리더십
③ 도덕적 리더십
④ 슈퍼 리더십

14 고구려의 경당에 대한 설명으로 옳지 않은 것은?

① 문과 무를 아울러 교육하였다.
② 미혼 자제들을 위한 교육기관이다.
③ 『문선(文選)』을 교재로 사용하였다.
④ 유교 경전으로는 사서(四書)를 중시하였다.

15 다음에 해당하는 조선 후기의 자찬 교재는?

• 『천자문』이 갖고 있던 문자학습 교재로서의 결함을 극복하기 위해 만든 한자 학습서이다.
• 상·하권으로 나누어, 상권은 유형적 개념, 하권은 무형적 개념 위주로 2,000자를 수록하였다.

① 사소절
② 아학편
③ 아희원람
④ 하학지남

16 「학점인정 등에 관한 법률」상 교육부장관이 그에 상당하는 학점을 인정할 수 있는 자에 해당하지 않는 것은?

① 외국이나 군사분계선 이북 지역에서 중등교육에 상응하는 교육과정을 마친 자
② 대통령령으로 정하는 자격을 취득하거나 그 자격 취득에 필요한 교육과정을 마친 자
③ 「고등교육법」 제36조 제1항, 「평생교육법」 제32조 또는 제33조에 따라 시간제로 등록하여 수업을 받은 자
④ 「무형문화재 보전 및 진흥에 관한 법률」 제17조에 따라 국가무형문화재의 보유자로 인정된 사람과 그 전수교육을 받은 사람으로서 대통령령으로 정하는 사람

17 교육정책 결정 모형에 대한 설명으로 옳은 것은?

① 혼합 모형은 만족 모형의 이상주의와 합리성 모형의 보수주의를 혼합하여 발전시킨 모형이다.
② 점증 모형은 인간의 이성과 합리적 행동에 대한 믿음을 바탕으로 가장 합리적인 최선의 대안을 찾고자 하는 모형이다.
③ 만족 모형은 최선의 결정은 이론적으로 가능할 뿐이며 실제로는 제한된 범위 안에서의 합리성만 추구할 수 있다고 본다.
④ 합리성 모형에서는 기존의 정책 대안과 경험을 기초로 약간의 개선을 도모할 수 있는 제한된 수의 대안을 검토하여 현실성 있는 정책을 선택한다.

18 보비트(Bobbit)가 학교행정에 적용한 과학적 관리의 원칙으로 옳지 않은 것은?

① 교육에서의 낭비를 최대한 제거한다.
② 가능한 모든 시간에 교육시설을 활용한다.
③ 교직원의 작업능률을 최대한 유지하고 교직원 수를 최소화 한다.
④ 교원은 학생을 가르치는 일과 함께 학교행정의 책임도 져야 한다.

19 호이(Hoy)와 미스켈(Miskel)이 구분한 학교풍토의 네 가지 유형에 대한 설명으로 옳지 않은 것은?

① 개방풍토 - 교장은 교사들의 의견과 전문성을 존중하고, 교사들은 과업에 헌신한다.
② 폐쇄풍토 - 교장은 일상적이거나 불필요한 잡무만을 강요하고, 교사들은 업무에 대한 관심과 책임감이 없다.
③ 몰입풍토 - 교장은 효과적인 통제를 시도하지만, 교사들은 낮은 전문적 업무수행에 그친다.
④ 일탈풍토 - 교장은 개방적이고 지원적이지만, 교사들은 교장을 무시하거나 무력화하려 하고 교사 간 불화와 편견이 심하다.

20 다음에 해당하는 학교예산 편성 기법은?

> • 달성하려는 목표와 사업이 무엇인가를 표시하고 이를 달성하는 데 필요한 비용을 명시해 주는 장점이 있다.
> • 예산 관리에 치중하여 계획을 소홀히 하거나 회계 책임이 불분명한 단점도 있다.

① 기획 예산제도
② 성과주의 예산제도
③ 영기준 예산제도
④ 품목별 예산제도

지방직 9급

01 새로운 환경변화에 신축적으로 대응하고 능동적으로 대처함으로써 변화를 주도해 나가야한다는 교육행정의 원리는?

① 민주성의 원리　　② 안정성의 원리
③ 전문성의 원리　　④ 적응성의 원리

02 다음 설명에 해당하는 것은?

- 지능은 사회문화적 맥락의 영향을 받는, 서로 독립적인 다양한 능력으로 구성되어 있다.
- 지능의 예로 언어 지능, 논리수학 지능, 음악 지능, 공간 지능, 신체운동 지능, 대인관계 지능 등이 있다.
- 학습자는 누구나 강점 지능과 약점 지능을 가지고 있으므로, 수업방식을 다양화하는 교육방식이 필요하다.

① 스피어만(Spearman)의 일반요인이론
② 길포드(Guilford)의 지능구조모형
③ 가드너(Gardner)의 다중지능론
④ 캐롤(Carroll)의 지능위계모형

03 학교조직의 특성으로 옳지 않은 것은?

① 중심적 활동인 수업에 대한 교사의 재량권이 발휘되는 이완조직이다.
② 통일된 직무수행 기준에 따라 엄격하게 통제되는 순수한 관료제 조직이다.
③ 불분명한 목표, 불확실한 기술, 유동적인 참여를 특징으로 하는 조직화된 무질서 조직이다.
④ 느슨한 결합구조와 엄격한 결합구조를 동시에 가지고 있는 이중조직이다.

04 (가), (나)에 들어갈 말을 바르게 나열한 것은?

| (가) |은 학교가 개인을 사회적 존재로 성장시킨다고 본다. 학교는 능력주의에 따라 학생을 선발하고 교육 수준에 따라 인재를 적재적소에 배치하는 기능을 한다. 반면, | (나) |은 학교가 기존의 불평등한 계층구조를 재생산한다고 본다. 학교는 교육내용뿐만 아니라 교육분위기를 통해 기존의 계층구조를 정당화하는 교육을 한다.

	(가)	(나)
①	기능주의적 관점	갈등론적 관점
②	갈등론적 관점	기능주의적 관점
③	해석적 관점	기능주의적 관점
④	현상학적 관점	갈등론적 관점

05 로저스(Rogers)의 인간중심적 상담에서 상담자에 게 필요한 태도로 옳지 않은 것은?

① 체계적 둔감
② 공감적 이해
③ 일치성
④ 무조건적 긍정적 존중

06 다음 설명에 해당하는 학습법은?

- 면대면 수업이 갖는 시간적·공간적 제한점을 온라인학습의 장점을 통해 극복한다.
- 인간접촉의 부재, 홀로 학습하는 것에 대한 두려움, 동기 저하 등의 문제를 면대면 교육으로 보완한다.

① 상황학습(situated learning)
② 블렌디드 러닝(blended learning)
③ 모바일 러닝(mobile learning)
④ 팀기반학습(team-based learning)

07 다음 설명에 해당하는 교육사상가는?

- 아동이 무엇을 배울 수 있을 것인가에 대해 생각하지 않고 성인이 알아야 할 것에 대해서만 열중하고 있다는 점을 비판하였다.
- 자연주의 교육사상을 주장하였다.
- 자신의 교육관을 담은 『에밀(Emile)』을 저술하였다.

① 루소(Rousseau)
② 페스탈로치(Pestalozzi)
③ 듀이(Dewey)
④ 허친스(Hutchins)

08 진보주의 교육원리에 대한 설명으로 옳지 않은 것은?

① 미래의 생활을 위한 준비가 아니라 현재의 생활 자체를 의미 있게 만들어야 한다.
② 학습자의 관심과 흥미를 강조한다.
③ 고대 그리스의 자유교양교육을 교육적 이상으로 삼는다.
④ 경험에 의한 학습과 학습자의 참여를 중시한다.

09 평생교육 제도에 대한 설명으로 옳지 않은 것은?

① 학습휴가제 – 평생학습 기회를 확대하기 위하여 소속 직원에게 유급 또는 무급의 학습휴가를 실시할 수 있다.
② 평생교육이용권 – 국민에게 평생교육의 기회를 제공하기 위하여 신청을 받아 평생교육이용권을 발급할 수 있다.
③ 학습계좌제 – 평생교육을 촉진하고 인적자원의 개발·관리를 위해 국민의 개인적 학습경험을 종합적으로 집중 관리한다.
④ 독학학위제 – 고등학교 졸업이나 이와 같은 수준 이상의 학력을 인정받지 못한 경우에도 학사학위 취득시험의 응시자격이 있다.

10 다음에서 설명하는 교육내용의 조직 원리는?

> • 학습내용과 경험의 여러 요소는 그 깊이와 너비가 점진적으로 증가되도록 조직된다.
> • 예를 들어 단순한 내용에서 복잡한 내용으로, 친숙한 내용에서 친숙하지 않은 내용으로, 선수학습에 기초해서 다음 내용으로, 사건의 역사적 발생의 순서대로, 구체적인 개념에서 추상적인 개념으로 내용을 조직할 수 있다.

① 적절성   ② 스코프
③ 통합성   ④ 계열성

11 「지방교육자치에 관한 법률」상 교육감에 대한 설명으로 옳지 않은 것은?

① 시·도의 교육·학예에 관한 사무의 집행기관이다.
② 교육·학예에 관한 교육규칙의 제정에 관한 사항을 관장한다.
③ 교육감후보자가 되려면 교육경력과 교육행정경력을 각각 최소 1년 이상 갖추어야 한다.
④ 주민은 교육감을 소환할 권리를 가진다.

12 다음 설명에 해당하는 타당도는?

> • 검사도구에서 구한 점수와 미래에 피험자에게 나타날 행동 특성을 수량화한 준거점수 간의 상관을 토대로 한다.
> • 선발, 채용, 배치를 목적으로 하는 적성검사나 선발시험 등에서 요구된다.

① 예언타당도   ② 공인타당도
③ 구인타당도   ④ 내용타당도

13 학습에 대한 관점 중 정보처리이론에 대한 설명으로 옳은 것은?

① 감각기억 – 인지과정에 대한 자각과 통제로 자신의 사고를 확인하고 점검하는 기능을 한다.
② 시연 – 관련 있는 내용을 공통 범주나 유형으로 묶는 과정이다.
③ 정교화 – 새로운 정보를 저장된 지식에 연결하고 의미를 부여하기 위해 정보를 재처리하는 과정이다.
④ 조직화 – 정보에 대한 시각적 이미지를 머릿속에 표상하는 과정이다.

14 다음 내용에 해당하는 교수학습이론은?

> • 새로운 지식·정보와 선행 학습내용의 통합을 강조한다.
> • 학습자의 인지구조에 알맞게 포섭 및 동화되도록 학습과제를 제시한다.
> • 일반적이고 포괄적인 지식을 먼저 제시하고, 그다음에 세부적이고 상세한 지식을 제시한다.

① 블룸(Bloom)의 완전학습이론
② 오수벨(Ausubel)의 유의미학습이론
③ 스키너(Skinner)의 행동주의 학습이론
④ 콜린스(Collins)의 인지적 도제학습이론

15 현행법상 교육의 중립성에 대한 설명으로 옳지 않은 것은?

① 교육은 정치적·파당적 또는 개인적 편견을 전파하기 위한 방편으로 이용되어서는 아니 된다.
② 교원노동조합은 정치활동을 할 수 없다.
③ 교원은 특정한 정당이나 정파를 지지하거나 반대하기 위하여 학생을 지도하거나 선동하여서는 아니 된다.
④ 공립학교에서는 학교운영위원회의 동의가 있는 경우 특정한 종교를 위한 종교교육을 할 수 있다.

16 다음 설명에 해당하는 상담은?

> • 엘리스(Ellis)가 창시자이다.
> • 상담과정은 A(Activating events, 선행사건)→B(Beliefs, 신념)→C(Consequences, 결과)→D(Disputing, 논박)→E(Effects, 효과) 과정으로 진행된다.
> • 자신, 타인, 세상에 대한 비현실적인 기대와 요구를 합리적으로 변화시키는 데 초점을 둔다.

① 합리적·정서적 행동 상담
② 게슈탈트 상담
③ 개인심리학적 상담
④ 정신분석적 상담

17 교수학습 방법에 대한 설명으로 옳지 않은 것은?

① 문제중심학습(problem-based learning) - 문제의 성격이 불분명한 비구조적 문제를 교수자가 사전에 제거할수록 학습자의 학습효과를 높일 수 있다.
② 토의법(discussion method) - 학습자 상호 간의 상호작용을 전제로 학습구성원의 자발성, 창의성 및 미지에 대한 인내심을 요구한다.
③ 지그소모형(Jigsaw model) - 협동학습 교수모형의 하나로 모집단이 전문가집단으로 갈라졌다가 다시 모집단으로 돌아오는 과정에서 구성원 간 상호의존성과 협동성을 유발하게 된다.
④ 발견학습(discovery learning) - 교수자는 학습자의 발견과정을 촉진하고 안내하는 역할을 담당하고, 학습자는 가설 검증을 통해 능동적으로 학습하는 주체가 된다.

18 실존주의 교육철학에 대한 설명으로 옳지 않은 것은?

① '나 – 너'의 진정한 만남을 통해 인간의 본래 모습을 회복한다.
② 불안, 초조, 위기, 각성, 모험 등의 개념에 주목한다.
③ 부버(Buber), 볼르노(Bollnow) 등이 대표적인 학자이다.
④ 의도적인 사전 계획과 지속적인 훈련을 강조한다.

20 다음 설명에 해당하는 교육평등의 관점은?

• 단지 취학의 평등만으로는 충분하지 않다.
• 고교평준화 정책이 지향한 목적이다.
• 시설, 교사의 자질, 교육과정 등에서 학교 간에 차이가 없어야 교육평등이 실현된다.

① 교육기회의 허용적 평등
② 교육기회의 보장적 평등
③ 교육조건의 평등
④ 교육결과의 평등

19 지방교육재정교부금에 대한 설명으로 옳지 않은 것은?

① 교육의 균형 있는 발전을 목적으로 확보·배분된다.
② 지방자치단체 교육비특별회계의 세입 재원에 포함되지 않는다.
③ 국가는 회계연도마다 「지방교육재정교부금법」에 따른 교부금을 국가예산에 계상(計上)하여야 한다.
④ 「지방교육재정교부금법」상 지방자치단체에 교부하는 교부금은 보통교부금과 특별교부금으로 나눈다.

교육학개론 기출문제

국가직 9급
지방직 9급

2021년 기출
2021.04.17. 시행

국가직 9급

01 다음에 해당하는 교육과정 개념은?

> 만약 우리가 학교의 프로그램이 가져오는 결과나, 그런 결과를 초래하는 측면에서 교육과정의 역할에 대하여 관심을 갖는다면, …(중략)… 학교가 가르치지 않는 것에 대하여도 고려할 필요가 있다.

① 공식적 교육과정
② 잠재적 교육과정
③ 영 교육과정
④ 의도된 교육과정

02 좋은 검사도구가 갖추어야 할 다음의 조건은?

> • 여러 검사자(채점자)가 어느 정도로 일치된 평가를 하느냐를 의미한다.
> • 검사자의 신뢰도를 의미하기도 한다.

① 타당도
② 객관도
③ 실용도
④ 변별도

03 다음에 해당하는 학습원리는?

> • 학습태도가 좋은 학생을 칭찬한다.
> • 미술시간에 과제를 잘 수행한 학생의 작품을 전시한다.

① 정적 강화
② 부적 강화
③ 수여성 벌
④ 제거성 벌

04 다음에 해당하는 개념은?

> • 특정 계급적 환경에서 내면화된 지속적 성향이나 태도를 의미한다.
> • 내면화된 문화자본으로서 계급적 행동유형과 가치체계를 반영한다.

① 아노미(anomie)
② 쿠레레(currere)
③ 패러다임(paradigm)
④ 아비투스(habitus)

05 다음의 교수설계 전략에 해당하는 ARCS 모형의 요소는?

> • 학습에서 성공기회를 제시한다.
> • 학습의 필요조건을 제시한다.
> • 개인적 조절감 증대 기회를 제시한다.

① 주의집중
② 관련성
③ 자신감
④ 만족감

06 교수설계를 위한 ADDIE 모형 중 다음에 해당하는 단계는?

> • 학습목표 명세화
> • 평가도구 개발
> • 교수매체 선정

① 분석
② 설계
③ 개발
④ 실행

07 와이너(Weiner)의 귀인이론에 의하면 그 요소가 외적이며, 안정적이고, 통제불가능한 귀인은?

① 운　　　　　　② 능력
③ 노력　　　　　④ 과제난이도

08 2015 개정 교육과정에서 현재 고시하고 있는 국가 수준의 지원사항에 해당하는 것은?

① 학교가 새 학년도 시작에 앞서 교육과정 편성·운영에 관한 계획을 수립할 수 있도록 교육과정 편성·운영 자료를 개발·보급하고, 교원의 전보를 적기에 시행한다.
② 교과와 창의적 체험활동에 필요한 교과용 도서의 인정, 개발, 보급을 위해 노력한다.
③ 교과별 평가 활동에 활용할 수 있는 다양한 평가방법, 절차, 도구 등을 개발하여 학교에 제공한다.
④ 안정적인 원격수업을 지원하기 위해 학교의 원격수업 인프라 구축, 교원의 원격수업 역량강화 등에 필요한 행·재정적인 지원을 한다.

09 신교육사회학에 대한 설명으로 옳지 않은 것은?

① 학교 교육과정 또는 교육내용에 주목한다.
② 불평등의 문제를 학교 교육 안에서 찾는다.
③ 학교에서 가르치는 지식의 사회적 성격을 탐구한다.
④ 구조 기능주의에 기반하여 교육의 사회적 기능을 탐구한다.

10 조선시대의 향교에 대한 설명으로 옳지 않은 것은?

① 전국의 부·목·군·현에 일읍일교(一邑一校)의 원칙에 따라 설립된 지방 관학이다.
② 교관으로는 중앙에서 파견하는 교수(敎授)나 훈도(訓導)가 있었다.
③ 성균관과 마찬가지로 문묘와 학당으로 구성된 묘학(廟學)의 구조를 갖추고 있었다.
④ 향교 유생들은 성균관 유생들을 대상으로 거행하는 알성시나 황감제, 도기과 등의 시험에 함께 응시할 수 있었다.

11 다음에 해당하는 우리나라의 평생교육 제도는?

- 국민의 학력·자격이수 결과에 대한 사회적 인정 및 활용기반을 확대하기 위한 제도이다.
- 학교교육, 비형식교육 등 국민의 다양한 개인적 학습경험을 학습이력관리시스템으로 누적·관리한다.

① 학습휴가제　　② 학습계좌제
③ 시간제 등록제　④ 평생교육 바우처

12 다음과 같은 학교조직의 특성에 가장 부합하는 조직 유형은?

> 학교의 목적은 구체적이지도 않고 분명하지도 않다. 비록 그 목적이 명료하게 나타나 있다고 하더라도 그 해석은 사람마다 다르며, 그것을 달성할 수단과 방법도 분명하게 제시하기 어렵다. 또한 학교의 구성원인 교사와 행정직원들은 수시로 학교를 이동하며, 학생들도 일정한 시간이 지나면 졸업하여 학교를 떠나게 된다.

① 야생 조직(wild organization)
② 관료제 조직(bureaucratic organization)
③ 조직화된 무질서(organized anarchy) 조직
④ 온상 조직(domesticated organization)

13 다음과 가장 관계가 깊은 이론은?

> 직무 만족과 직무 불만족은 서로 독립된 별개의 차원이며, 각 차원에 작용하는 요인 역시 별개이다. 직무 만족을 가져다주는 요인에는 성취, 책임감 등이 있으며, 충족되지 않으면 직무 불만족을 가져오는 요인에는 대인관계, 근무조건 등이 있다.

① 허즈버그(Herzberg)의 동기-위생이론
② 매슬로우(Maslow)의 욕구위계이론
③ 맥그리거(McGregor)의 X-Y이론
④ 해크만과 올드햄(Hackman & Oldham)의 직무특성이론

14 다음에 해당하는 자아정체감의 개념은?

> 의사결정을 할 때, 대안을 고려하지 않고 부모 등이 제시하는 역할이나 가치를 그대로 선택하거나 수용한다.

① 정체감 성취(achievement)
② 정체감 유예(moratorium)
③ 정체감 유실(foreclosure)
④ 정체감 혼미(diffusion)

15 다음의 주장과 가장 관계가 깊은 현대 교육철학자는?

> 교육의 내용은 일차적으로 특정한 사회적 활동(social practices)의 영역에 학생을 입문시키는 일로 이루어져야 한다. 그러한 활동들은 '사회적으로' 발전되거나 형성된 것들로서, 해당 사회를 구성하는 사람들이 개인적으로나 집단적으로 종사하는 행위의 패턴들이다. 교육에서 가장 근본적인 것은 건강한 삶을 사는 것이며, 바로 이 활동들이야말로 개인의 건강한 삶을 구성하는 요소들이 된다.

① 피터스(Peters)
② 허스트(Hirst)
③ 프레이리(Freire)
④ 마르쿠제(Marcuse)

16 교육행정의 접근에서 인간관계론의 관점으로 보기 어려운 것은?

① 개인은 적극적이며 능동적인 존재이다.
② 경제적 유인가가 유일한 동기유발 요인은 아니다.
③ 고도의 전문화가 집단을 가장 효율적인 조직으로 이끈다.
④ 생산 수준은 개인의 능력이 아니라 비공식 집단의 사회적 규범에 따라 결정된다.

17 피들러(Fiedler)의 리더십 상황 이론에서 강조하는 '상황' 요소에 포함되지 않는 것은?

① 구성원의 성숙도
② 과업의 구조화 정도
③ 지도자와 구성원의 관계
④ 지도자가 구성원에 대해 가지고 있는 영향력의 정도

19 다음 중 우리나라의 현행 평생교육사 제도에 대한 설명으로 옳은 것만을 모두 고르면?

> ㄱ. 평생교육사의 등급은 1급부터 3급까지로 구분한다.
> ㄴ. 평생교육사 2급은 대학 수준에서, 평생교육사 3급은 전문대학 수준에서 각각 양성한다.
> ㄷ. 「학점인정 등에 관한 법률」에 따라 평가인정을 받은 학습과정을 운영하는 교육훈련기관에서도 평생교육사 자격 취득에 필요한 학점을 이수할 수 있다.

① ㄱ   ② ㄱ, ㄷ
③ ㄴ, ㄷ   ④ ㄱ, ㄴ, ㄷ

18 다음 내용을 포함하고 있는 일제강점기의 조선교육령은?

> • 보통학교의 수업연한은 6년으로 한다. 단, 지역의 상황에 따라 5년 또는 4년으로 할 수 있다.
> • 전문교육은 전문학교령에, 대학교육 및 그 예비교육은 대학령에 의한다.

① 제1차 조선교육령
② 제2차 조선교육령
③ 제3차 조선교육령
④ 제4차 조선교육령

20 우리나라의 현행 교육재정의 구조에 대한 설명으로 옳지 않은 것은?

① 국가가 지방자치단체에 교부하는 교부금은 보통교부금과 특별교부금으로 나눈다.
② 교육부의 일반회계와 특별회계는 정부가 교육과 학예 활동을 위해 투자하는 예산을 말한다.
③ 교육부 일반회계의 세출 내역 중에서 가장 규모가 큰 것은 지방교육재정교부금이다.
④ 시·도교육비 특별회계의 세입 중에서 가장 큰 비중을 차지하는 것은 지방자치단체 일반회계로부터의 전입금이다.

2021년 기출
2021.06.05. 시행

지방직 9급

01 다음 설명에 해당하는 교내 자율장학의 형태는?

- 교사들의 교수 − 학습 기술 향상을 위해 교장·교감이나 외부 장학요원, 전문가, 자원인사 등이 주도하는 개별적이고 체계적인 성격이 강한 조언 활동이다.
- 주로 초임교사, 저경력교사 등을 대상으로 진행된다.
- 구체적인 형태로는 임상장학, 마이크로티칭 등이 있다.

① 동료장학　　　　② 발달장학
③ 수업장학　　　　④ 자기장학

02 경제협력개발기구(OECD)에 의하여 구상된 혁신적 교육프로그램으로, 사회에 진출한 사람들을 다시 정규교육 기관에 입학하게 하여 재학습의 기회를 주는 교육은?

① 계속교육　　　　② 생애교육
③ 성인교육　　　　④ 순환교육

03 (가), (나)에 들어갈 단어를 바르게 나열한 것은?

　(가)　은/는 사회화를 보편적 사회화와 특수 사회화로 구분하면서 도덕교육을 강조하였다. 그리고 사회의 동질성을 유지하기 위해 한 사회의 공통적인 감성과 신념, 집단의식을 새로운 세대에 내면화시키는　(나)　가 필요하다고 주장하였다.

	(가)	(나)
①	뒤르켐(Durkheim)	특수 사회화
②	뒤르켐(Durkheim)	보편적 사회화
③	파슨스(Parsons)	특수 사회화
④	파슨스(Parsons)	보편적 사회화

04 교육행정의 원리에 대한 설명으로 옳지 않은 것은?

① 안정성의 원리는 교육정책을 일관되고 지속적으로 추진해야 한다는 것이다.
② 효율성의 원리는 교육에 투입되는 비용을 상대적으로 적게 하면서 교육목표를 달성하려는 것이다.
③ 자주성의 원리는 지역의 특수성과 다양성을 반영하여 주민의 적극적인 의사와 자발적인 참여를 강조하는 것이다.
④ 민주성의 원리는 이해당사자들의 의사를 적극적으로 반영하고 그들을 의사결정과정에 적절하게 참여시켜야 한다는 것이다.

05 교사의 동기과정이론에 대한 설명으로 옳은 것은?

① 목표설정 이론은 직무에서 만족을 주는 요인과 불만족을 주는 요인을 독립된 별개의 차원으로 본다.

② 공정성 이론은 보상의 양뿐 아니라 그 보상이 공정하다고 지각하는 정도가 만족을 결정한다고 본다.

③ 기대 이론은 동기를 개인의 여러 가지 자발적인 행위 중에서 자신의 선택을 지배하는 과정으로 본다.

④ 성과－만족 이론은 자신이 투자한 투입 대 결과의 비율을 타인의 그것과 비교하여 공정성을 판단한다고 본다.

06 문화실조론의 주장으로 옳지 않은 것은?

① 학생의 학습실패 중요 요인으로 학생의 문화적 경험 부족을 지목한다.

② 문화적 상대주의 관점이며, 학생 간의 교육격차가 문화적 결핍보다는 문화적 차이 때문이라고 본다.

③ 빈곤가정의 결핍된 문화적 환경을 보상하기 위한 프로그램 중 하나가 헤드스타트 프로그램이다.

④ 학교에서 학생들의 성공과 실패는 유전적으로 결정된 것이 아니라고 본다.

07 「평생교육법」상 평생학습도시에 대한 설명으로 옳지 않은 것은?

① 평생학습도시의 지정 및 지원에 필요한 사항은 교육부장관이 정한다.

② 전국평생학습도시협의회의 구성 및 운영에 필요한 사항은 교육부령으로 정한다.

③ 평생학습도시 간의 연계·협력 및 정보교류의 증진을 위하여 전국평생학습도시협의회를 둘 수 있다.

④ 국가는 지역사회의 평생교육 활성화를 위하여 시·군 및 자치구를 대상으로 평생학습도시를 지정 및 지원할 수 있다.

08 우리나라의 현행 지방교육자치제도에 대한 설명으로 옳은 것은?

① 부교육감은 대통령이 임명한다.

② 교육감의 임기는 4년이며 2기에 걸쳐 재임할 수 있다.

③ 지방교육자치제의 실시 단위는 시·군·구 기초자치단체를 단위로 한다.

④ 시·도 지방직에 교육위원회를 두고 교육의원은 주민이 직접 선거하여 선출한다.

09 「2015 개정 교육과정」에 근거해 볼 때, (가)에 들어갈 말은?

> (가) 은/는 학생들이 교과를 통해 배워야 할 내용과 이를 통해 수업 후 할 수 있거나 할 수 있기를 기대하는 능력을 결합하여 나타낸 활동의 기준을 의미하며, 학생의 특성·학교 여건 등에 따라 교육과정 및 교과서 내용을 분석하여 교과협의회를 통해 재구조화할 수 있다.

① 성취기준   ② 성취수준
③ 평가기준   ④ 평가요소

10 개화기에 설립된 우리나라 관립 신식학교에 해당하는 것만을 모두 고르면?

> ㄱ. 동문학
> ㄴ. 육영공원
> ㄷ. 연무공원

① ㄱ, ㄴ   ② ㄱ, ㄷ
③ ㄴ, ㄷ   ④ ㄱ, ㄴ, ㄷ

11 포스트모더니즘의 특징으로 옳지 않은 것은?

① 다원주의를 표방한다.
② 반권위주의를 표방한다.
③ 반연대의식을 표방한다.
④ 반정초주의를 표방한다.

12 렌줄리(Renzulli)가 제시한 영재성의 세 가지 요소에 해당하지 않는 것은?

① 높은 도덕성
② 높은 창의성
③ 높은 과제집착력
④ 평균 이상의 능력

13 강화에 대한 설명으로 옳은 것만을 모두 고르면?

> ㄱ. 행동의 강도와 빈도를 높이는 데 있어 강화보다 벌이 더 효과적이다.
> ㄴ. 선호하지 않는 것을 제거함으로써 행동의 강도와 빈도를 높일 수 있다.
> ㄷ. 선호하는 것을 제공함으로써 행동의 강도와 빈도를 높일 수 있다.

① ㄱ, ㄴ   ② ㄱ, ㄷ
③ ㄴ, ㄷ   ④ ㄱ, ㄴ, ㄷ

14 학습이론에 대한 설명으로 옳지 않은 것은?

① 형태주의 심리학에 따르면 학습은 계속적인 시행착오의 결과이다.
② 사회인지이론에 따르면 개인, 행동, 환경의 상호작용에 의해 학습이 이루어진다.
③ 행동주의 학습이론에 따르면 학습의 근본적인 원리는 자극과 반응 간의 연합이다.
④ 정보처리이론에 따르면 정보저장소는 감각기억, 작업기억, 장기기억의 세 가지로 구분된다.

15 다음 설명에 해당하는 교수 – 학습 이론은?

전문가와 초심자 간의 특정한 관계 속에서 실제적 과제를 해결해 나가는 과정을 통하여 새로운 지식을 구성함으로써 개념을 발전시켜 나간다. 전문가는 초심자의 지식 구성과정을 도와주는 역할을 하며, 초심자는 전문가와의 토론이나 초심자 간의 토론을 통하여 사회적 학습행동을 습득하고 자신의 인지적 활동을 통제하면서 인지능력을 개발한다.

① 상황학습 이론
② 문제기반학습 이론
③ 인지적 융통성 이론
④ 인지적 도제학습 이론

16 다음 설명에 해당하는 상담이론은?

이 상담이론에서는 인간이 통제력 또는 선택할 수 있는 능력을 갖고 있으므로, 궁극적으로 자기 삶에 책임을 가져야 한다고 주장한다. 상담의 목표는 내담자로 하여금 책임 있는 행동을 학습하여 성공정체감을 발달시키게 하는 것이다. 따라서 상담자는 내담자에게 '원하는 게 무엇인지를 확인한 후 지금부터 계획을 세우자'고 유도함으로써 내담자가 변명이나 구실을 찾지 못하게 하고 자신의 감정이나 행동에 책임을 지도록 도와준다.

① 인간중심 상담
② 정신분석적 상담
③ 행동주의 상담
④ 현실 요법

17 준거참조평가의 특징으로 옳은 것만을 모두 고르면?

ㄱ. 경쟁을 통한 학습자의 외적 동기 유발에 부족하다.
ㄴ. 탐구정신 함양, 지적인 성취동기 자극 등을 장점으로 들 수 있다.
ㄷ. 고등 정신능력의 함양보다는 암기 위주의 학습을 유도할 가능성이 있다.
ㄹ. 일정 점수 이상을 획득한 대상에게 자격증을 부여할 때 주로 사용하는 평가이다.

① ㄴ, ㄷ   ② ㄷ, ㄹ
③ ㄱ, ㄴ, ㄹ   ④ ㄱ, ㄴ, ㄷ, ㄹ

18 「2015 개정 교육과정」총론에서 제시된 핵심역량에 해당하지 않는 것은?

① 세계시민 역량
② 자기관리 역량
③ 심미적 감성 역량
④ 창의적 사고 역량

20 통일신라의 국학과 고려의 국자감에서 공통으로 필수 과목이었던 두 책은?

① 『논어』와 『맹자』
② 『논어』와 『효경』
③ 『소학』과 『가례』
④ 『소학』과 『대학』

19 교육재정 제도와 정책에 대한 설명으로 옳지 않은 것은?

① 사립학교의 재원은 학생 등록금, 학교 법인으로부터의 전입금 두 가지로만 구성된다.
② 학부모 재원은 수업료, 입학금, 기성회비 혹은 학교 운영 지원비로 구분할 수 있다.
③ 국세교육세는 「교육세법」에 의하여 세원과 세율이 결정되고, 지방교육세는 「지방세법」에 의하여 세원과 세율이 결정된다.
④ 중앙정부가 부담하는 지방교육재정 교부금 재원은 교육세 세입액 중 일부와 내국세의 일정 비율에 해당하는 금액으로 구성된다.

2020

교육학개론 기출문제

국가직 9급

지방직 9급

국가직 9급

01 타일러(Tyler)가 제시한 학습경험을 효과적으로 조직하는 원리에 해당하지 않는 것은?

① 계열성의 원리   ② 유용성의 원리
③ 계속성의 원리   ④ 통합성의 원리

02 밑줄 친 부분에서 설명하고 있는 시험의 기능으로 보기 어려운 것은?

> 시험은 학문적으로 무엇이 가치가 있으며 교육 제도가 선택적으로 가르치고자 하는 것이 무엇 인가를 가장 극명하게 표출하지만, 시험의 의 미는 그것만이 아니다. <u>지식의 사회적 의미규정 과 그 표현방식을 학교의 시험을 통하여 학생들 에게 강요함으로써, 지배문화와 지배문화의 가 치관을 주입하는 가장 효과적인 도구로 시험이 이용되고 있는 것이다.</u>

① 교육과정과 교수방법 개선
② 지식의 공식화와 위계화
③ 기존 사회질서의 정당화와 재생산
④ 규범과 가치관 통제

03 형식 학습과 비교한 비형식 학습에 대한 설명으로 옳지 않은 것은?

① 시간 - 단기간 및 시간제 학생
② 목적 - 일반적인 목적 및 학위 수여
③ 내용 - 개인화된 내용 및 학습자가 입학조건 결정
④ 전달방식 - 자원의 절약 및 유연한 체제

04 다음 설명에 해당하는 교육행정 과정의 요소는?

> • 각 부서별 업무수행의 관계를 상호 관련시키 고 원만하게 통합, 조절하는 일이다.
> • 이것이 잘 이루어지면 노력·시간·재정의 낭비를 막고, 각 부서 간의 부조화 및 직원 간의 갈등을 예방할 수 있다.

① 기획   ② 명령
③ 조정   ④ 통제

05 학부모가 지출한 교재비를 교육비의 기준에 따라 분류할 때, 옳은 것으로만 묶은 것은?

① 직접교육비, 사교육비, 공부담 교육비
② 직접교육비, 사교육비, 사부담 교육비
③ 간접교육비, 공교육비, 공부담 교육비
④ 간접교육비, 공교육비, 사부담 교육비

06 비판적 교육철학 또는 비판교육학(critical pedagogy)에 대한 설명으로 옳지 않은 것은?

① 인간의 자유로운 의식의 형성을 억압하고 왜곡하는 사회적, 경제적, 정치적 제약요인들을 분석하고 비판한다.

② 하버마스(J. Habermas), 지루(H. Giroux), 프레이리(P. Freire) 등이 대표적인 학자이다.

③ 지식 획득을 포함한 인간의 모든 인식행위는 가치중립적인 것으로 간주한다.

④ 교육문제에 대해 좀 더 실제적이고 정치사회적인 관점을 취한다.

07 다음 설명에 해당하는 조선시대 교재는?

- 소학(小學) 등 유학 입문용 교재이다.
- 중종 때 박세무가 저술하였다.
- 학습내용을 경(經)과 사(史)로 나누어 제시하였다.
- 일제 강점기에는 우리 역사를 다룬다는 이유로 서당의 교재로 쓰지 못하게 하였다.

① 『동몽선습』   ② 『유합』
③ 『입학도설』   ④ 『훈몽자회』

08 전직에 해당하지 않는 것은?

① 초등학교 교감이 장학사가 되었다.

② 초등학교 교사가 중학교 교사가 되었다.

③ 중학교 교장이 교육장이 되었다.

④ 중학교 교사가 특성화 고등학교 교사가 되었다.

09 다음 설명에 해당하는 평생교육 문헌은?

- 국제교육의 해와 개발연대를 맞아서 전 세계적으로 보급되었다.
- 평생교육 개념 확산에 크게 기여하였다.
- 평생교육의 개념 정립보다는 평생교육의 대두 배경을 제시한 입문서로 볼 수 있다.

① 랭그랑(Lengrand)의 『평생교육에 대한 입문』

② 포르(Faure)의 『존재를 위한 학습』

③ 다베(Dave)의 『평생교육과 학교 교육과정』

④ OECD의 『순환교육 보고서』

10 교육법의 존재형식과 그 구체적인 예의 연결이 옳지 않은 것은?

① 법률 − 초·중등교육법

② 조약 − 유네스코 헌장

③ 법규명령 − 고등교육법 시행령

④ 규칙 − 학생인권조례

11 다음 설명에 해당하는 이론은?

- 전문가의 사고과정을 내면화하는 것이다.
- 콜린스(Collins)와 동료들이 발전시켰다.
- 학습환경을 구성하는 내용, 방법, 순서, 사회학의 네 차원을 중시한다.
- 모델링, 코칭, 비계설정, 발화, 반성, 탐구의 수업방법을 활용한다.

① 완전학습   ② 전환학습
③ 학습공동체이론   ④ 인지적 도제학습

12 다음 설명에 해당하는 교육정책 결정모형은?

> - 의사결정은 합리성보다는 우연성에 의존한다.
> - 문제와 해결책이 조화를 이룰 때 좋은 의사결정이 이루어진다.
> - 조직의 목적은 사전에 설정되는 것이 아니라 자연스럽게 나타난다.
> - 높은 불확실성을 경험하고 있는 조직에서 가장 많이 일어나는 정책결정모형이다.

① 합리모형　　② 만족모형
③ 점증모형　　④ 쓰레기통모형

13 다음 설명에 해당하는 정의적 특성 측정방법은?

> - 의견, 태도, 감정, 가치관 등을 측정하기 용이하다.
> - 단시간에 다양한 자료를 수집하고 결과 또한 신속하게 처리할 수 있다.
> - 응답 내용의 진위 확인이 어려워 결과 해석에 유의해야 한다.

① 관찰법　　② 사례연구
③ 질문지법　　④ 내용분석법

14 숙달목표지향성의 특징에 해당하지 않는 것은?

① 도전 추구
② 능력 입증
③ 노력 귀인
④ 절대적, 내적 자기참조 기준

15 홀랜드(Holland)가 제안한 직업흥미유형 간 유사성이 가장 낮은 조합은?

① 탐구적(I) – 기업적(E)
② 예술적(A) – 사회적(S)
③ 사회적(S) – 기업적(E)
④ 예술적(A) – 탐구적(I)

16 인지주의 학습이론에 대한 설명으로 옳지 않은 것은?

① 부호화 – 제시된 정보를 처리가능한 형태로 변형하는 과정
② 인출 – 장기기억 속에 있는 정보를 작업기억으로 가져오는 과정
③ 조직화 – 기존에 가지고 있던 정보를 새 정보에 연결하여 정보를 유의미한 형태로 저장하는 과정
④ 메타인지 – 사고과정에 대한 지식으로 자신의 인지과정 전체를 지각하고 통제하는 정신활동

17 구인타당도에 대한 설명으로 옳지 않은 것은?

① 측정을 통해 얻은 사실로 미래의 행동특성을 예견한다.
② 타당도 증거를 수집하기 위해 요인분석 등 여러 통계적 방법이 사용된다.
③ 한 검사가 어떤 심리적 개념이나 논리적 구인을 제대로 측정하는가를 검증한다.
④ 검사가 의도한 바의 특성을 측정하고 있는지에 대한 증거를 수집하는 과정이다.

18 장학개념의 변천에 대한 설명으로 옳은 것은?

① 관리장학은 학문중심 교육과정으로 인해 등장하였다.

② 협동장학은 조직의 규율과 절차, 효율성을 강조하였다.

③ 수업장학은 교육과정의 개발과 수업효과 증진을 강조하였다.

④ 아동 중심 교육이 강조되던 시기에 발달장학이 널리 퍼졌다.

19 가네(Gagné)가 제시한 학습의 결과에 해당하지 않는 것은?

① 태도   ② 언어정보

③ 탐구기능   ④ 운동기능

20 지능에 대한 설명으로 옳지 않은 것은?

① 서스톤(Thurstone) - 지능의 구성요인으로 7개의 기본정신능력이 존재한다.

② 길포드(Guilford) - 지능은 내용, 산출, 조작(operation)의 세 차원으로 구성되어 있다.

③ 가드너(Gardner) - 8개의 독립적인 지능이 존재하며, 각각의 지능의 가치는 문화나 시대에 따라 달라진다.

④ 스턴버그(Sternberg) - 지능은 유동적 지능과 결정적 지능으로 구성되며 결정적 지능은 경험에 따라 변할 수 있다.

2020년 기출
2020.06.13. 시행

지방직 9급

01 실존주의 교육철학의 특징에 해당하는 것은?

① 삶의 긍정적·부정적 측면을 통해 학습자 스스로가 삶의 문제를 해결하고 주체적으로 성장할 수 있다.

② 교육의 사회적 역할을 강조하고 교육을 통한 사회개조를 강조한다.

③ 교육의 주도권은 교사에게 있고 교육과정의 핵심은 소정의 교과를 철저하게 이수하는 것이다.

④ 교육에서 현실의 학문을 무시하고 고전의 지식을 영원한 것으로 여기며 지적인 훈련을 매우 강조한다.

02 다음과 관련된 교육과정은?

- 교실풍토의 영향
- 잭슨(Jackson)
- 군집, 상찬, 평가 등이 학생의 삶에 미치는 영향
- 학생에게 무(無)의도적으로 전달되는 교육과정

① 공식적 교육과정

② 영 교육과정

③ 잠재적 교육과정

④ 실제적 교육과정

03 파슨스(Parsons)의 관점으로 옳은 것만을 모두 고르면?

ㄱ. 사회화는 장차 성인이 되어 담당하게 될 역할수행에 필요한 정신적 자세와 자질을 기르는 것이다.

ㄴ. 학교교육은 지배와 종속의 관계를 유지시켜 주는 역할을 한다.

ㄷ. 역할을 담당할 인재를 선발하여 적재적소에 배치하는 것이 교육의 중요한 기능이다.

① ㄱ, ㄴ ② ㄱ, ㄷ

③ ㄴ, ㄷ ④ ㄱ, ㄴ, ㄷ

04 다음 주장을 한 학자는?

- 학교는 자본주의적 사회관계의 유지에 필수적인 통합기능을 수행하는 기관이라고 보았다.
- 경제적 재생산이라는 개념을 사용하여 학교교육이 자본주의 경제체제를 재생산하는 데 어떻게 기여하는지 그 메커니즘을 설명하고자 하였다.
- 학교교육체제에서 학생이 미래에 차지할 경제적 위치를 반영하여 차별적 사회화가 이루어진다고 주장하였다.

① 해비거스트(Havighurst)

② 보울스와 진티스(Bowles & Gintis)

③ 콜만(Coleman)

④ 번스타인과 영(Bernstein & Young)

05 다음 설명에 해당하는 롤스(Rawls)의 교육평등 원리는?

> • 모든 이익이 평등하게 분배되도록 요구하지는 않지만 평등한 분배로부터의 일탈은 결과적으로 모든 사람에게 이득이 될 경우에만 인정되어야 함을 요구한다.
> • 사회적으로 가장 불리한 입장에 있는 사람의 필요에 특히 신경 쓸 것을 요구한다.
> • 모든 사람이 평등하게 살아야 한다는 것이 아니라 어떤 사람이 다른 사람의 희생으로 잘 살게 되는 것을 금지하는 것이다.

① 공정한 경쟁의 원리   ② 최대이익의 원리
③ 차등의 원리   ④ 인간존중의 원리

06 평생교육의 6대 영역 중 인문교양교육에 해당하는 것은?

① 건강심성 프로그램
② 시민참여활동 프로그램
③ 생활문화예술 프로그램
④ 레저생활스포츠 프로그램

07 우리나라 개화기 교육에 대한 설명으로 옳지 않은 것은?

① 동문학은 통역관 양성을 위한 목적으로 출발하였다.
② 배재학당은 우리나라 최초로 설립된 민간 신식 교육기관이다.
③ 육영공원은 엘리트 양성을 위한 목적으로 설립된 관립 신식교육기관이다.
④ 안창호는 대성학교를 설립하여 무실역행을 강조하였다.

08 검사도구의 양호도에 대한 설명으로 옳은 것은?

① 실용도는 시간, 비용, 노력 측면에서 검사가 얼마나 경제적인지를 나타낸다.
② Cronbach's α 계수는 재검사 신뢰도의 일종이다.
③ 객관도는 신뢰도보다는 타당도에 가까운 개념이다.
④ 높은 신뢰도는 높은 타당도가 되기 위한 충분조건이다.

09 아리스토텔레스의 교육사상에 대한 설명으로 옳은 것만을 모두 고르면?

> ㄱ. 모든 인간은 장차 실현될 모습을 스스로 지니고 있다는 목적론적 세계관을 지향한다.
> ㄴ. 교육의 최종적인 목적은 행복한 삶을 영위할 수 있는 인간을 기르는 것이다.
> ㄷ. 자유교육은 직업을 준비하거나 실용적인 목적을 위해 행해지는 것이 아니라 지식 자체의 목적에 맞추어져 있다.

① ㄱ, ㄴ   ② ㄱ, ㄷ
③ ㄴ, ㄷ   ④ ㄱ, ㄴ, ㄷ

10 피어슨(Pearson)의 적률상관계수를 활용하여 독서량과 국어 원점수 간의 상관을 분석하는 과정에 나타날 수 있는 현상으로 옳은 것만을 모두 고르면?

> ㄱ. 극단값(outlier)의 영향을 크게 받을 수 있다.
> ㄴ. 두 변수가 곡선적인 관계를 보이면 상관이 과소추정될 우려가 있다.
> ㄷ. 국어 원점수를 T점수로 변환하면 두 변수 간의 상관계수는 달라진다.

① ㄱ, ㄴ   ② ㄱ, ㄷ
③ ㄴ, ㄷ   ④ ㄱ, ㄴ, ㄷ

11 원격교육에 대한 설명으로 옳지 않은 것은?

① 원격교육은 컴퓨터 통신망을 기반으로 등장하였다.
② 각종 교재개발과 학생지원 서비스 등을 위한 물리적·인적 조직이 필요하다.
③ 교수자와 학습자가 물리적으로 떨어져 있으나 교수·학습매체를 통해 의사소통을 한다.
④ 다수를 대상으로 하면서도 공학적인 기재를 사용하여 사전에 계획, 준비, 조직된 교재로 개별학습이 이루어진다.

12 구성주의 교육에 대한 설명으로 옳은 것만을 모두 고르면?

> ㄱ. 교수의 내용은 객관적 법칙이라고 밝혀진 체계화된 지식이다.
> ㄴ. 실재하는 지식을 효과적으로 전달할 수 있는 교수·학습 방법을 강조한다.
> ㄷ. 학습자가 정보를 획득하고 의미를 재구성할 수 있도록 복잡하고 비구조화된 과제를 제시한다.
> ㄹ. 협동 수업, 소집단 활동, 문제해결학습 등을 통해 사고와 메타인지를 촉진하는 다양한 교육방법을 적용한다.

① ㄱ, ㄴ   ② ㄱ, ㄹ
③ ㄴ, ㄷ   ④ ㄷ, ㄹ

13 다음 설명에 해당하는 것은?

> • 학교교사가 공동으로 노력하도록 함으로써 장학활동을 위해 학교의 인적 자원을 최대한 활용할 수 있다.
> • 수업개선 전략에 대한 책임감을 부여함으로써 수업개선에 기여할 수 있다는 성취감을 갖게 할 수 있다.
> • 교사관계를 증진할 수 있고, 학교 및 학생 교육에 대한 적극적인 자세와 전문적 신장을 도모할 수 있다.

① 임상장학   ② 동료장학
③ 약식장학   ④ 자기장학

14 칼슨(Carlson)의 분류에 따를 때, 공립학교가 해당되는 유형은?

조직의 고객선택권 \ 고객의 참여결정권	유	무
유	유형 Ⅰ	유형 Ⅲ
무	유형 Ⅱ	유형 Ⅳ

① 유형 Ⅰ
② 유형 Ⅱ
③ 유형 Ⅲ
④ 유형 Ⅳ

15 배스(Bass)의 변혁적 리더십 요인에 대한 설명으로 옳지 않은 것은?

① 지적 자극 – 기존 상황에 새롭고 개방적인 방식으로 접근함으로써 구성원이 혁신적이고 창의적이게 되도록 유도한다.
② 개별적 배려 – 구성원의 개인적 성장 욕구에 세심한 관심을 기울이고 학습 기회를 만들어 그들의 잠재력을 발전시킨다.
③ 추진력 – 결단력과 업무 추진력으로 조직을 변혁하고 높은 성과를 유도해야 한다.
④ 이상화된 영향력 – 구성원으로부터 신뢰와 존경을 받고 동일시와 모방의 대상이 되어 이상적인 영향력을 행사한다.

16 브루너(Bruner)의 교수이론에 대한 설명으로 옳지 않은 것은?

① 어떤 교과든지 지적으로 올바른 형식으로 표현하면 어떤 발달단계에 있는 아동에게도 효과적으로 가르칠 수 있다.
② 학습자의 발달단계에 맞게 학습내용을 구조화하고 조직함으로써 학습자가 교과내용을 잘 이해할 수 있다.
③ 지식의 표상 양식은 영상적 표상으로부터 작동(행동)적 표상을 거쳐 상징적 표상의 순서로 발달해 나간다.
④ 지식의 구조를 이해하게 되면 학습자 스스로가 사고를 진행할 수 있으며, 최소한의 지식으로 많은 것을 알 수 있다.

17 교수설계이론에 대한 설명으로 옳은 것은?

① 개발단계 – 학습을 위해 개발된 자원과 과정을 실제로 사용하는 것을 말한다.
② 실행단계 – 설계에서 구체화된 내용을 물리적으로 완성하는 단계로 실제 수업에서 사용할 자료를 만든다.
③ 평가단계 – 앞으로의 효과 및 결과를 예견하고 평가하는 과정으로 학습과 관련된 요인과 학습자 요구를 면밀히 분석한다.
④ 설계단계 – 설정된 목표를 달성하기 위해 어떤 내용을 어떻게 조직하고 제시해야 효과적인 결과를 얻을 것인가를 핵심 질문으로 하는 수업의 청사진이다.

18 아동의 인지발달과정에 대한 피아제(Piaget)와 비고츠키(Vygotsky) 이론의 차이점으로 옳지 않은 것은?

① 피아제는 학습이 발달을 주도한다고 보는 반면 비고츠키는 발달에 기초하여 학습이 이루어진다고 본다.

② 피아제는 아동은 스스로 세계를 구조화하고 이해하는 존재라고 생각한 반면 비고츠키는 아동이 타인과의 관계에서 영향받아 성장하는 사회적 존재임을 강조한다.

③ 피아제는 혼잣말을 미성숙하고 자기중심적 언어로 보지만 비고츠키는 혼잣말이 자신의 사고를 위한 수단, 문제해결을 위한 사고의 도구라고 생각한다.

④ 피아제는 개인 내적 지식이 사회적 지식으로 확대 또는 외면화된다고 보는 반면 비고츠키는 사회적 지식이 개인 내적 지식으로 내면화된다고 본다.

19 행동주의 학습이론에 대한 설명으로 옳은 것은?

① 고정비율 강화계획은 일정한 시간 간격을 기준으로 강화가 제시되는 것을 의미한다.

② 부적 강화란 어떤 행동 후 싫어하는 자극을 제거함으로써 특정 행동을 증가시키는 것을 의미한다.

③ 일차적 강화물은 그 자체로 강화능력을 가지고 있지 않은 자극이 다른 강화물과 연합하여 가치를 얻게 된 강화물이다.

④ 프리맥 원리는 차별적 강화를 이용하여 목표와 근접한 행동을 단계적으로 형성해 나가는 것이다.

20 상담이론에 대한 설명으로 옳은 것은?

① 내담자 중심 상담 – 미해결 갈등을 이해하는 것이 개인의 정신역동을 이해하는 방법이다.

② 행동주의 상담 – 인간의 행동을 개인이 선택한 것으로 바라보며 행동의 원인보다는 목적에 더 주목하면서 자아실현을 강조한다.

③ 의사교류분석 – 가족치료에서 시작된 이론으로 내담자의 욕구를 파악한 후 현실과 맞서도록 심리적인 힘을 개발할 수 있도록 돕는다.

④ 합리적·정서적 행동 상담 – 인간의 감정, 즉 정서적 문제의 원인이 비합리적 신념임을 가정하고 이를 합리적 신념으로 변화시키기 위한 치료기법을 개발하였다.

2019

교육학개론 기출문제

국가직 9급
지방직 9급

2019년 기출
2019.04.06. 시행

국가직 9급

01 교육재정의 특성으로 옳지 않은 것은?

① 재정은 공공의 이익을 도모하는 국가활동과 정부의 시책을 위해 사용되어야 한다는 공공성이 있다.

② 공권력을 통하여 기업과 국민 소득의 일부를 조세를 통해 정부의 수입으로 이전하는 강제성을 가지고 있다.

③ 수입이 결정된 후에 지출을 조정하는 양입제출 (量入制出)의 원칙이 적용된다.

④ 존속기간이 길다고 하는 영속성을 특성으로 한다.

02 학교 조직이 갖고 있는 관료제의 특성에 해당하지 않는 것은?

① 교장－교감－교사의 위계구조

② 과업수행의 통일성을 기하기 위한 규정과 규칙

③ 연공서열과 업적에 의해 결정되는 승진체계

④ 인간적인 감정 교류가 중시되는 교사－학생의 관계

03 2급 정교사인 사람이 1급 정교사가 되고자 할 때 받아야 하는 연수는?

① 직무연수　　　　② 자격연수

③ 특별연수　　　　④ 지정연수

04 다음 설명에 해당하는 방어기제는?

- 사회적으로 용인될 수 없는 충동을 정반대의 말이나 행동으로 표출하는 과정
- 친구를 좋아하면서도 표현하기가 힘든 아이가 긴장된 상황에서 '난 네가 싫어!'라고 말하는 것

① 억압(repression)

② 반동형성(reaction formation)

③ 치환(displacement)

④ 부인(denial)

05 구성원의 성숙도를 지도자 행동의 효과성에 영향을 주는 주요 요인으로 보는 리더십 이론에 대한 설명으로 옳은 것은?

① 조직의 상황과 관련 없이 최선의 리더십 유형이 있다고 본다.

② 허시(P. Hersey)와 블랜차드(K. Blanchard)의 상황적 리더십 이론이 대표적이다.

③ 블레이크(R. Blake)와 머튼(J. Mouton)에 의해 완성된 리더십 이론이다.

④ 유능한 지도자는 환경보다는 유전적인 특성에 달려 있다고 본다.

06 「초·중등교육법」상 국·공립학교 학교회계의 세입(歲入)에 해당하지 않는 것은?

① 지방자치단체의 교육비특별회계로부터 받은 전입금
② 학교발전기금으로부터 받은 전입금
③ 사용료 및 수수료
④ 지방교육세

07 법적용의 우선원칙에 대한 설명으로 옳은 것은?

① 「지방자치법」과 「지방교육자치에 관한 법률」이 충돌할 경우 전자를 우선적으로 적용한다.
② 「초·중등교육법」과 「초·중등교육법 시행령」이 충돌할 경우 후자를 우선적으로 적용한다.
③ 「노동조합 및 노동관계조정법」과 「교원의 노동조합 설립 및 운영 등에 관한 법률」이 충돌할 경우 후자를 우선적으로 적용한다.
④ 신법과 구법이 충돌할 때에는 먼저 제정된 법을 우선적으로 적용한다.

08 초·중등학교에 근무하는 교원과 직원의 신분에 대한 설명으로 옳은 것은?

① 수석교사는 교육전문직원이다.
② 공립학교 행정실장은 교육공무원이다.
③ 교장은 별정직 공무원이다.
④ 공무원인 교원은 특정직 공무원이다.

09 실존주의 교육철학관에 대한 설명으로 옳지 않은 것은?

① 교육의 목적은 자유롭고 주체적이며 창조적인 인간 형성에 있다.
② 교육은 자기결정적인 자아의 형성을 위한 것이다.
③ 교육에서는 인간적인 만남이 중요하다.
④ 인간의 본질을 규격화된 것으로 이해한다.

10 코메니우스(J. A. Comenius)의 교육사상에 대한 설명으로 옳지 않은 것은?

① 고전(古典)의 내용을 체계적으로 전달하고 이해하는 것이 중요하다.
② 감각교육의 중요성을 강조한다.
③ 교육을 이끌어가는 방법상의 원리를 자연에서 찾는다.
④ 수업에서는 사물이 사물에 대한 언어보다 앞서야 한다.

11 학생이 사전에 온라인 등으로 학습내용을 공부해 오게 한 후 학교 수업에서는 문제해결이나 토론 등의 상호작용에 중점을 두는 수업 형태는?

① 플립러닝(flipped learning)
② 탐구수업
③ 토론수업
④ 문제기반학습(problem-based learning)

12 "학교의 시설, 교사의 자질, 교육과정 등의 측면에서 학교 간의 차이가 없어야 한다."라는 관점에 해당하는 것은?

① 교육기회의 허용적 평등
② 장학금제도
③ 교육조건의 평등
④ 대학입학특별전형제도

13 학교교육의 기능을 보는 관점이 다른 것은?

① 학교는 불평등한 경제적 구조를 재생산한다.
② 학교의 문화 전달과 사회통합적 기능을 높이 평가한다.
③ 학교는 능력에 맞게 인재를 사회의 적재적소에 배치하는 데 기여한다.
④ 학교교육의 사회화 기능을 긍정적으로 평가한다.

14 인지주의 학습전략 중 기존에 가지고 있던 정보를 새로운 정보에 연결하여 정보를 유의미한 형태로 바꾸는 것은?

① 정적 강화
② 부적 강화
③ 체계적 둔감화
④ 정교화

15 형태주의 심리학(Gestalt psychology)에 대한 설명으로 옳지 않은 것은?

① 학습자는 세상을 지각할 때 외부자극을 단순히 합하는 것 이상의 작업을 수행한다.
② 문제 장면에 존재하는 다양한 요소의 관계를 파악하는 통찰에 주목한다.
③ 학습은 인지구조의 변화가 아니라 행동의 변화를 나타낸다.
④ 쾰러(W. Köhler)의 유인원 실험은 중요한 근거를 제공한다.

16 조선시대 성균관 유생의 출석 확인을 위한 방식은?

① 학교모범(學校模範)
② 원점법(圓點法)
③ 탕평책(蕩平策)
④ 학교사목(學校事目)

17 (가)와 (나)에 해당하는 평가의 유형을 옳게 짝지은 것은?

> (가) 학습목표를 설정해 놓고 이 목표에 비추어 학습자 개개인의 학업성취 정도를 따지려는 것이다.
> (나) 최종 성취수준 그 자체보다 사전 능력수준과 평가 시점에 측정된 능력수준 간의 차이에 관심을 두는 평가로 개별화교육을 촉진할 수 있다.

	(가)	(나)
①	준거참조평가	성장참조평가
②	준거참조평가	능력참조평가
③	규준참조평가	성장참조평가
④	규준참조평가	능력참조평가

18 사회인지이론에서 주장하는 관찰학습의 단계를 순서대로 바르게 나열한 것은?

① 파지단계 → 재생단계 → 동기화단계 → 주의집중단계

② 주의집중단계 → 파지단계 → 재생단계 → 동기화단계

③ 동기화단계 → 주의집중단계 → 파지단계 → 재생단계

④ 재생단계 → 주의집중단계 → 동기화단계 → 파지단계

19 상황학습(situated learning)의 설계원리에 대한 설명으로 옳지 않은 것은?

① 지식이나 기능은 유의미한 맥락 안에서 제공되어야 한다.

② 교실에서 학습한 것과 교실 밖에서 필요로 하는 것의 관계 형성을 돕는다.

③ 전이(transfer)를 촉진할 수 있도록 추상적인 형태의 지식을 제공한다.

④ 다양한 사례를 활용하여 능동적인 문제해결을 유도한다.

20 타일러(R. W. Tyler)의 교육과정이론에 대한 설명으로 옳지 않은 것은?

① 교육목표를 설정할 때 학습자, 사회, 교과를 균형 있게 고려한다.

② 교육과정을 교육목적, 교육내용, 교육방법, 학습활동까지 포함하는 경험으로 파악한다.

③ 학습목표를 행위동사로 진술할 것을 주장한다.

④ 기존 교육과정에 대해 기계적이고 절차적인 모형이라는 비판을 가하였다.

2019년 기출
2019.06.15. 시행

지방직 9급

01 「학교폭력예방 및 대책에 관한 법률」상 중학교에서 발생한 학교폭력 문제 처리과정에서 중학생인 가해학생에 대해 취할 수 있는 조치가 아닌 것은?

① 출석정지
② 학급교체
③ 전학
④ 퇴학처분

02 ㉠ ~ ㉢에 들어갈 평가 유형을 바르게 연결한 것은?

유형	(㉠)	(㉡)	(㉢)
시행 시기	수업 전	수업 중	수업 후
목적	출발점 행동과 학습결손의 원인을 확인하고자 한다.	수업지도방법을 개선하거나 학습행동을 강화하고자 한다.	수업목표의 달성 여부를 판단하고자 한다.

	㉠	㉡	㉢
①	진단평가	총괄평가	형성평가
②	진단평가	형성평가	총괄평가
③	형성평가	진단평가	총괄평가
④	총괄평가	형성평가	진단평가

03 행동주의 학습이론에 대한 설명으로 옳지 않은 것은?

① 환경은 학습자의 행동에 영향을 끼치는 변인이다.
② 학습자는 상황에 관계없이 스스로 사고하고 판단하는 존재이다.
③ 바람직한 행동뿐만 아니라 부적응 행동도 학습의 결과이다.
④ 학습은 외현적 행동으로 나타나기 때문에 과학적 연구가 가능하다.

04 교육과정이론에 대한 설명으로 옳지 않은 것은?

① 학문중심 교육과정은 나선형 교육과정의 원리를 채택한다.
② 인간중심 교육과정은 정의적 특성의 발달보다는 지적 능력의 성취를 강조한다.
③ 경험중심 교육과정은 학습자의 삶과 관련이 있는 다양한 경험을 주된 교육내용으로 삼는다.
④ 교과중심 교육과정은 문화유산의 전달을 목적으로 하는 내용을 논리적으로 체계화하여 교과로 분류한다.

05 신라시대의 국학(國學)에 대한 설명으로 옳은 것은?

① 교수와 훈도를 교관으로 두어 교육하게 하였다.
② 6두품 출신 자제들에게만 입학 자격이 부여되었다.
③ 독서삼품과를 도입하여 독서의 정도에 따라 관직에 진출시켰다.
④ 수학기간은 관직에 진출할 때까지 누구에게도 제한하지 않았다.

06 우리나라 지방교육자치제도에 대한 설명으로 옳지 않은 것은?

① 시·도의 교육·학예에 관한 경비를 따로 경리하기 위하여 해당 지방자치단체에 교육비특별회계를 둔다.
② 정당은 교육감선거에 후보자를 추천할 수 없다.
③ 지방자치단체의 교육·학예에 관한 사무를 효율적으로 처리하기 위하여 지방교육행정협의회를 둔다.
④ 시·도의 교육·학예에 관한 사무의 심의기관으로 교육감을 둔다.

07 다음 설명에 해당하는 동기이론은?

- 동기 행동이 유발되는 과정에 초점을 맞춘다.
- 유인가, 성과기대, 보상기대의 세 가지 기본 요소를 토대로 이론적 틀을 구축하였다.
- 개인의 가치와 태도는 역할기대, 학교문화와 같은 요소와 상호작용하여 행동에 영향을 미친다고 가정한다.

① 브룸(V. H. Vroom)의 기대이론
② 허즈버그(F. Herzberg)의 동기 − 위생이론
③ 아담스(J. H. Adams)의 공정성이론
④ 알더퍼(C. P. Alderfer)의 생존 − 관계 − 성장 이론

08 부르디외(P. Bourdieu)의 문화재생산이론에 부합하는 내용만을 모두 고르면?

ㄱ. 교육은 사회에 적합한 인간을 양성하는 순기능적인 사회화 과정이다.
ㄴ. 문화자본은 가정에서 자녀의 교육을 위해 지출하는 직접적인 교육비를 의미한다.
ㄷ. 지배집단은 자신들의 문화를 학교교육에 투입시켜 불평등한 사회적 관계를 정당화한다.
ㄹ. 학교에서 가치 있다고 여겨지는 문화자본을 많이 소유한 사람이 그렇지 못한 사람에 비해 성공할 가능성이 높다.

① ㄱ, ㄴ   ② ㄱ, ㄷ
③ ㄴ, ㄹ   ④ ㄷ, ㄹ

09 「교육공무원법」상 고등학교 이하 각급학교 기간제 교원으로 임용할 수 있는 경우가 아닌 것은?

① 교원이 병역 복무를 사유로 휴직하게 되어 후임자의 보충이 불가피한 경우
② 특정 교과를 한시적으로 담당하도록 할 필요가 있는 경우
③ 유치원 방과후 과정을 담당하도록 할 필요가 있는 경우
④ 학부모의 요구가 있는 경우

11 다음과 같은 주장을 하는 현대교육사상가는?

> 현대의 위기상황에서 잃어버린 인간의 본래적 모습을 회복할 수 있는 방안은 인간들 간의 대화적, 실존적 만남 속에서 서로의 독특성을 발견하는 데 있다. 교육도 이러한 인격적 만남에 기초해야만 한다. 따라서 교수 목표는 지식 교육이 아니라 아동과의 관계형성을 통한 정체성 확립에 있다.

① 부버(M. Buber)
② 듀이(J. Dewey)
③ 브라멜드(T. Brameld)
④ 허친스(R. M. Hutchins)

10 검사도구의 신뢰도를 높이기 위한 방법에 해당하지 않는 것은?

① 새로 실시한 검사와 이미 공인된 검사 사이의 유사도를 추정한다.
② 실시한 하나의 검사를 두 부분으로 나누어 각 부분의 측정 결과 간의 유사도를 추정한다.
③ 동일한 집단에게 동일한 검사를 일정한 간격을 두고 반복 실시하여 두 검사 간의 일관성 정도를 추정한다.
④ 동일한 집단에게 검사의 특성이 거의 같은 두 개의 검사를 실시하여 두 점수 간의 유사성 정도를 추정한다.

12 피아제(J. Piaget)의 인지발달단계를 순서대로 바르게 나열한 것은?

> ㄱ. 전조작기
> ㄴ. 형식적 조작기
> ㄷ. 감각운동기
> ㄹ. 구체적 조작기

① ㄱ → ㄴ → ㄷ → ㄹ
② ㄱ → ㄷ → ㄴ → ㄹ
③ ㄷ → ㄱ → ㄹ → ㄴ
④ ㄷ → ㄴ → ㄱ → ㄹ

13 다음의 특징을 가진 상담기법은?

> • 비(非)지시적 상담이라는 별칭을 갖고 있다.
> • 상담자와 내담자 사이의 촉진적 관계를 강조한다.
> • 인간은 합목적적이고 건설적이며 선한 존재라고 가정한다.
> • 상담의 목표는 내담자가 자신의 모습대로 살아가게 하고 잠재력을 실현하도록 하는 데 있다.

① 인지적 상담기법
② 행동주의 상담기법
③ 인간중심 상담기법
④ 정신분석 상담기법

14 브루너(J. S. Bruner)의 '지식의 구조'에 대한 설명으로 옳지 않은 것은?

① 경험중심 교육과정의 핵심적인 원리이다.
② 특정 학문에서의 학문 현상을 이해하기 위한 개념적 수단이다.
③ 학문에 내재해 있는 기본적인 아이디어나 개념들을 구조화한 것이다.
④ 배운 내용을 사태에 적용하기 쉽고 위계적인 지식 사이의 간격을 좁힐 수 있게 해준다.

15 플라톤이 『국가론』에서 주장한 내용으로 옳은 것은?

① 교육의 궁극적인 목적은 개인의 자아실현에 있다.
② 국가는 능력에 따라 구분된 계급에 적합한 교육을 시켜야 한다.
③ 모든 인간은 백지상태에서 태어나므로 개인의 사회적 역할은 평등하다.
④ 국가는 교육에 최소한으로 개입하여 개인의 발달을 보장해야 한다.

16 헌법 제31조에서 규정하고 있는 교육에 관한 내용으로 옳지 않은 것은?

① 균등하게 교육받을 권리
② 고등학교까지의 의무교육 무상화
③ 교육의 정치적 중립성
④ 교육제도의 법정주의

17 헤르바르트(J. F. Herbart) 4단계 교수론에서 다음이 설명하는 단계는?

> 이 단계에서는 지식 사이의 중요한 관련과 중요하지 않은 관련이 명백히 구분되고, 지식은 하나의 통일된 전체로 배열된다. 이 단계에서 학습의 성공은 학습자의 내부에 들어 있는 표상들이 완전한 통합을 이루도록 하는 데 있다.

① 명료화(clearness)
② 연합(association)
③ 방법(method)
④ 체계(system)

18 경제협력개발기구(OECD)가 제안한 순환교육에 대한 설명으로 옳지 않은 것은?

① 의무교육과 같은 정규교육 영역을 중심으로 제안한 전략이다.

② 사적 영역에서 이루어지고 있는 직무교육을 포함한다.

③ 교육은 개인의 전 생애 동안 순환적인 방법으로 배분될 수 있다고 가정한다.

④ 교육과 일, 자발적 비고용 기간, 은퇴가 서로 교차할 수 있다는 것을 기본 원리로 삼는다.

19 공·사교육비를 '공공의 회계절차를 거치는가'에 따라 분류할 때, 공교육비에 해당하지 않는 것은?

① 학생이 학교에 내는 입학금

② 학생이 사설학원에 내는 학원비

③ 학부모가 부담하는 학교운영지원비

④ 학교법인이 부담하는 법인전입금

20 콜버그(L. Kohlberg)의 도덕성 발달이론에 비추어 볼 때, 다음 상황에 대한 아동의 대답이 해당하는 발달단계는?

┌─ 상황 ─────────────

한 남자의 아내가 죽어가고 있다. 아내를 살릴 수 있는 약이 있지만 너무 비싸고, 약사는 싼 가격에는 약을 팔려고 하지 않는다. 남자는 아내를 위해 하는 수 없이 약을 훔쳤다. 남자는 정당한 일을 하였는가?

┌─ 아동의 대답 ─────────────

"나는 찬성한다. 좋은 남편은 아내를 잘 돌보아야 하기 때문에 사랑하는 아내를 살리기 위한 이러한 행위는 정당하다."

① 1단계 : 복종과 처벌 지향

② 2단계 : 개인적 쾌락주의

③ 3단계 : 착한 소년/소녀 지향

④ 4단계 : 사회질서와 권위 지향

2018

교육학개론 기출문제

국가직 9급

지방직 9급

2018 년 기출
2018.04.07. 시행

국가직 9급

01 다음은 뒤르켐(E. Durkheim) 저술의 일부이다. ㉠~㉢에 해당하지 않는 것은?

> "교육은 아직 사회생활에 준비를 갖추지 못한 어린 세대들에 대한 성인 세대들의 영향력 행사이다. 그 목적은 전체 사회로서의 정치 사회와 그가 종사해야 할 특수 환경의 양편에서 요구하는 (㉠), (㉡), (㉢) 제 특성을 아동에게 육성 계발하게 하는 데 있다."

① 지적
② 예술적
③ 도덕적
④ 신체적

02 정신분석 상담과 행동주의 상담의 공통점에 해당하는 것은?

① 상담과정에서 과거 경험보다 미래 경험을 중시한다.
② 상담기법보다는 상담자의 인간적 자질과 진솔한 태도를 중시한다.
③ 인간의 행동을 인과적 관계로 해석하는 결정론적 관점을 가진다.
④ 비합리적 신념을 인식하고 수정하는 논박 과정을 중시한다.

03 특수 학습자 유형을 바르게 설명한 것은?

① 학습부진(under achiever) - 정서적 혼란과 같은 의미로 사용되며 개인적 불만, 사회적 갈등, 학교성적 부진이 지속적으로 나타난다.
② 학습장애(learning disabilities) - 지능 수준이 낮지 않으면서도 말하기, 쓰기, 읽기, 셈하기 등 특정 학습에서 장애를 보인다.
③ 행동장애(behavior disorders) - 지적 수준이 심각할 정도로 낮고, 동시에 적응적 행동의 결함을 보인다.
④ 정신지체(mental retardation) - 선수학습 결손으로 인해 자신의 지적능력에 비해서 최저 수준에 미달하는 학업 성취를 보인다.

04 렝그랑(P. Lengrand)의 평생교육에 대한 견해와 가장 거리가 먼 것은?

① 학교교육과 학교 외 교육의 시간적·공간적 분리를 강조한다.
② 개인에게 사회의 발전에 충분히 참여할 수 있게 하는 교육이다.
③ 평생을 통해 개인이 가진 다방면의 소질을 계속적으로 발전시키는 교육이다.
④ 급속한 사회 변화와 인구 증가, 과학기술의 발달, 생활양식과 인간관계의 균형상실 등이 그 필요성을 증가시킨 배경이다.

05

다음은 지능 원점수 4개를 서로 다른 척도로 나타낸 것이다. 지능 원점수가 가장 낮은 것은? (단, 지능 원점수는 정규분포를 따른다)

① Z점수 1.5
② 백분위 90
③ T점수 60
④ 스테나인 2등급

06

에릭슨(E. Erikson)의 심리사회적 발달단계에 대한 설명으로 옳은 것만을 모두 고른 것은?

> ㄱ. 인생 주기 단계에서 심리사회적 위기가 우세하게 출현하는 최적의 시기는 개인에 따라 차이가 있지만, 그것이 출현하는 순서는 불변한다고 가정한다.
> ㄴ. 현 단계에서는 직전 단계에서 실패한 과업을 해결할 수 없다고 본다.
> ㄷ. 청소년기에는 이전 단계에서의 발달적 위기가 반복하여 나타난다고 본다.

① ㄱ
② ㄴ
③ ㄱ, ㄷ
④ ㄱ, ㄴ, ㄷ

07

베버(M. Weber)의 관료제 특성과 순기능 및 역기능을 연결한 것으로 옳지 않은 것은?

	관료제 특성	순기능	역기능
①	분업과 전문화	전문성	권태
②	몰인정성	합리성	사기저하
③	규정과 규칙	계속성과 통일성	경직성, 본말전도
④	경력지향성	유인체제	의사소통 저해

08

학교운영위원회에 대한 설명으로 옳지 않은 것은?

① 위원 수는 5명 이상 20명 이하의 범위에서 학교의 규모 등을 고려하여 교육부령으로 정한다.
② 국립·공립학교의 경우 학교의 예산안과 결산, 학교 교육과정의 운영방법, 학교급식 등을 심의한다.
③ 국립·공립학교의 경우 「교육공무원법」 제29조의3 제8항에 따른 공모 교장의 공모방법, 임용, 평가 등을 심의한다.
④ 학교운영의 자율성을 높이고 지역의 실정과 특성에 맞는 다양하고도 창의적인 교육을 할 수 있도록 하는 데 그 목적이 있다.

09

자유학기제에 대한 설명으로 옳은 것은?

① 자유학기제 기간에는 중간고사, 기말고사, 수행평가 등의 평가를 실시할 수 없다.
② 2013년도에 연구학교에서 시작되었고, 2015년도부터 모든 중학교에서 시행되었다.
③ 자유학기 활동으로는 진로탐색 활동, 주제선택 활동, 예술·체육 활동, 동아리 활동이 있다.
④ 중학교의 장은 해당 학교 교원 및 학부모의 의견을 수렴하여 자유학기제의 실시 여부를 결정할 수 있다.

10 지방교육재정교부금제도에 대한 설명으로 옳지 않은 것은?

① 기준재정수입액은 교육·학예에 관한 지방자치단체 교육비특별회계의 수입예상액으로 한다.

② 기준재정수입액을 산정하기 위한 각 측정단위의 단위당 금액을 단위비용이라 한다.

③ 교육부장관은 기준재정수입액이 기준재정수요액에 미치지 못하는 지방자치단체에 대해서는 그 부족한 금액을 기준으로 하여 보통교부금을 총액으로 교부한다.

④ 특별교부금은 지방교육행정 및 지방교육재정의 운용실적이 우수한 지방자치단체에 재정지원이 필요할 때 교부한다.

11 17세기 서양의 실학주의 철학사조에서 강조하는 교육의 특징으로 옳지 않은 것은?

① 인문적 실학주의 - 고전연구를 통해 현실생활에 잘 적응하는 유능한 인간 양성을 강조하였다.

② 사회적 실학주의 - 여행과 같은 경험 중심 교육을 통하여 사회적 조화와 신사 양성을 교육목적으로 강조하였다.

③ 감각적 실학주의 - 감각적 경험을 통하여 생활의 지식을 습득하며, 이해와 판단을 중시하는 교육방법을 강조하였다.

④ 인문적 실학주의 - 고전 중심의 교과를 토의와 설명에 의해 개별적으로 교육하는 것을 강조하였다.

12 다음은 자녀의 학업성취 향상에 도움을 줄 수 있는 부모활동이다. 이 활동에 해당하는 자본의 명칭은?

- 부모가 이웃에 사는 친구 부모들과 자녀 교육, 학습 보조 방법, 학습 분위기 조성에 관하여 대화하였다.
- 부모가 자신의 자녀가 다니는 학교의 학부모회에 참석하고 학생지도에 협력하였다.

① 재정자본(financial capital)

② 인간자본(human capital)

③ 문화자본(cultural capital)

④ 사회자본(social capital)

13 (가)와 (나)에 해당하는 교육과정 유형을 바르게 짝지은 것은?

(가) 교사가 계획하거나 의식하지 않았음에도 불구하고 학생들의 지식·태도·행동에 영향을 미치는 '교육실천과 환경' 및 '그 결과'를 의미한다.

(나) 가르칠 만한 가치가 있음에도 불구하고, 공식적 교육과정이나 수업에서 빠져 있는 교육내용이다.

	(가)	(나)
①	실제적 교육과정	영 교육과정
②	잠재적 교육과정	영 교육과정
③	영 교육과정	실제적 교육과정
④	영 교육과정	잠재적 교육과정

14 다음은 켈러(J. Keller)의 ARCS 이론에 기초하여 동기 유발·유지를 위해 수립한 교수학습 전략들이다. (가) ~ (라)에 해당하는 ARCS 요소를 바르게 짝지은 것은?

> (가) 비일상적인 내용이나 사건을 제시함으로써 학습자의 흥미를 유발한다.
> (나) 쉬운 것에서부터 어려운 것 순으로 과제를 제시해 준다.
> (다) 친밀한 예문이나 배경지식, 실용성에 중점을 둔 목표를 제시한다.
> (라) 적절한 강화계획을 세워, 의미 있는 강화나 보상을 제공한다.

	(가)	(나)	(다)	(라)
①	주의집중	관련성	만족감	자신감
②	자신감	주의집중	관련성	만족감
③	만족감	관련성	주의집중	자신감
④	주의집중	자신감	관련성	만족감

15 다음 설명에 해당하는 가네(R. Gagné)의 학습 결과 유형은?

> • 학습자가 그의 주위 환경을 개념화하여 반응하는 능력을 말한다.
> • 지식이나 정보의 내용(what)을 아는 것이 아니라, 그 방법(how)을 아는 것으로 정의한다.
> • 복잡성 수준에 따라 가장 단순한 것에서부터 변별, 개념, 규칙, 문제해결 등의 형태로 이루어져 있다.

① 지적기능 ② 인지전략
③ 언어정보 ④ 운동기능

16 새로운 교육의 방향을 제시하기 위해 고종이 갑오개혁 시기에 반포한 「교육입국조서」의 내용으로 옳은 것만을 모두 고른 것은?

> ㄱ. 초등단계의 의무교육을 시행할 것임을 선언하였다.
> ㄴ. 유교식 교육기관인 성균관을 근대식 대학으로 전환할 것을 천명하였다.
> ㄷ. 교육의 3대 강령으로 덕양(德養), 체양(體養), 지양(智養)을 제시하였다.
> ㄹ. 과거의 허명(虛名)교육을 버리고 실용(實用)교육을 중시할 것임을 밝혔다.

① ㄱ, ㄴ   ② ㄱ, ㄹ
③ ㄴ, ㄷ   ④ ㄷ, ㄹ

17 장학의 유형에 대한 설명으로 옳지 않은 것은?

① 임상장학 – 학급 내에서 수업의 질을 개선하기 위한 것으로, 교사와 학생 사이에서 이루어지는 상호작용에 초점을 둔다.
② 약식장학 – 평상시에 교장 및 교감의 계획과 주도하에 이루어지는 것으로, 다른 장학 형태의 보완적인 성격을 지닌다.
③ 동료장학 – 수업전략을 개발하기 위한 것으로, 교사 간에 상호 협력하는 장학 형태이다.
④ 요청장학 – 교내 자율장학으로, 사전 예방차원에서 전문적이고 집중적인 지원이 필요한 경우 이루어지는 장학 형태이다.

18 문항들 간의 동질성을 평가하기 위한 지수로 부적합한 것은?

① Cronbach's α계수
② Kuder-Richardson 20
③ Kuder-Richardson 21
④ Kappa 계수

19 독학학위제에 대한 설명으로 옳은 것만을 모두 고른 것은?

> ㄱ. 교양과정, 전공기초과정, 전공심화과정 등의 3개 인정시험을 통과하면, 학사학위를 수여하는 제도이다.
> ㄴ. 학점은행제로 취득한 학점은 일정조건을 갖추게 되면, 독학학위제의 시험 응시자격에 활용될 수 있다.
> ㄷ. 특성화고등학교를 졸업한 사람은 독학학위제에 응시할 수 없다.
> ㄹ. 교육부장관은 독학학위제의 시험 실시 권한을 소속 기관장이나 국립학교장에게 위탁하고 있다.

① ㄱ, ㄷ   ② ㄱ, ㄹ
③ ㄴ, ㄷ   ④ ㄴ, ㄹ

20 피터스(R. Peters)는 교육의 개념을 3가지 준거로 구분하였다. 그 중 규범적 준거(normative criterion)에 근거한 교육의 개념으로 옳은 것만을 모두 고른 것은?

> ㄱ. '무엇인가 가치 있는 것'을 추구하는 활동이다.
> ㄴ. 학습자의 의식과 자발성을 전제하는 것이다.
> ㄷ. 지식, 이해, 인지적 안목을 길러주는 것이다.

① ㄱ   ② ㄷ
③ ㄴ, ㄷ   ④ ㄱ, ㄴ, ㄷ

2018년 기출

2018.05.19. 시행

지방직 9급

01 다음 내용과 가장 관련이 깊은 것은?

- 핵심 주제는 정의, 즉 올바른 삶이다.
- 올바른 삶을 위해 가장 중요한 것은 이성의 덕인 지혜를 갖추는 것이다.
- 초기교육은 음악과 체육을 중심으로 하고, 후기교육은 철학 또는 변증법을 강조한다.

① 플라톤(Platon)의 『국가론』
② 루소(J. J. Rousseau)의 『에밀』
③ 듀이(J. Dewey)의 『민주주의와 교육』
④ 피터스(R. S. Peters)의 『윤리학과 교육』

02 다음은 학교장이 학부모 연수에서 강조한 내용이다. 이에 가장 부합하는 교육철학은?

우리 학교는 지금까지 지식 교육에 매진해 온 결과, 학업성취도에서는 우수한 성과를 거두었습니다. 하지만 학생들은 그다지 행복하지 않은 것 같고, 왜 교과 지식을 배우는지도 모르는 것 같습니다. 그래서 저는 앞으로 교과보다는 학생에 관심을 기울이고, 교사와 학생의 인격적 만남을 중시하며, 교과 지식도 학생 개개인의 삶에 의미 있는 것이 되도록 하는 학교를 만들어 가겠습니다.

① 분석적 교육철학
② 항존주의 교육철학
③ 본질주의 교육철학
④ 실존주의 교육철학

03 서양의 감각적 실학주의(Sensual Realism)에 관한 설명으로 가장 적절한 것은?

① 인문주의 교육을 비판한 몽테뉴(Montaigne)가 대표적인 사상가이다.
② 고전을 중시하지만, 고전을 가르치는 목적은 현실 생활을 이해하는 데 있다.
③ 세상은 가장 훌륭한 교과서이며, 세상사에 밝은 인간을 기르는 데 교육의 목적이 있다.
④ 자연과학의 지식과 방법론을 활용하여 교육의 현실적 적합성과 실용성을 추구한다.

04 조선시대 성균관의 학령에 대한 설명으로 옳은 것을 〈보기〉에서 고른 것은?

보기

ㄱ. 사서오경과 역사서뿐만 아니라 노자와 장자, 불교, 제자백가 관련 서적도 함께 공부하도록 하였다.
ㄴ. 매월 옷을 세탁하도록 주어지는 휴가일에는 활쏘기와 장기, 바둑, 사냥, 낚시 등의 여가 활동을 허용하였다.
ㄷ. 유생으로서 재물과 뇌물을 상의하는 자, 주색을 즐겨 말하는 자, 권세에 아부하여 벼슬을 꾀하는 자는 벌하도록 하였다.
ㄹ. 매년 여러 유생이 함께 의논하여 유생들 중 품행이 탁월하고 재주가 출중하며 시무에 통달한 자 한두 명을 천거하도록 하였다.

① ㄱ, ㄴ
② ㄱ, ㄹ
③ ㄴ, ㄷ
④ ㄷ, ㄹ

05 「평생교육법」상 학습휴가제에 대한 설명으로 옳은 것은?

① 도서비·교육비·연구비 등 학습비를 지원할 수 있다.

② 공공기관 소속 직원의 경우에는 무급으로만 가능하다.

③ 100인 이상의 사업장에서는 의무적으로 실시해야 한다.

④ 지방자치단체 소속 직원의 경우에는 적용 대상에서 제외한다.

06 다음 내용과 가장 관련이 깊은 학자는?

> • 교육과정이란 교육 속에서 개인들이 갖는 경험의 의미와 성질을 탐구하는 것이다.
> • 교수(teaching)는 학생들이 자신의 경험을 이해하고 해석하는 학습활동에 적극적으로 임할 수 있도록 안내하고 조력해 가는 과정이다.
> • 인간의 내면세계에 보다 가까이 다가가기 위해 학생 자신의 전기적(biographical) 상황에 주목하는 쿠레레(currere) 방법을 제시하였다.

① 보빗(F. Bobbit)

② 파이너(W. Pinar)

③ 타일러(R. W. Tyler)

④ 브루너(J. S. Bruner)

07 20개의 문항으로 구성된 검사도구를 앞의 10개 문항과 뒤의 10개 문항으로 나누어 반분검사신뢰도(split-half reliability)를 추정하려고 할 때, 이 검사도구가 갖추어야 할 가장 적절한 조건은?

	문항 간 동질성	평가 유형
①	낮음	속도검사
②	낮음	역량검사
③	높음	속도검사
④	높음	역량검사

08 2015 개정 교육과정(교육부 고시 제2015-74호)에서 신설된 것을 〈보기〉에서 모두 고른 것은?

> ─── 보기 ───
> ㄱ. 통합사회
> ㄴ. 통합과학
> ㄷ. 안전한 생활
> ㄹ. 창의적 체험활동
> ㅁ. 우리들은 1학년

① ㄱ, ㄴ

② ㄱ, ㄴ, ㄷ

③ ㄱ, ㄷ, ㄹ, ㅁ

④ ㄴ, ㄷ, ㄹ, ㅁ

09 정의적 영역의 평가를 위한 사회성 측정법에 관한 설명으로 옳지 않은 것은?

① 선택 집단의 범위가 명확해야 한다.

② 측정 결과를 개인 및 집단에 적용할 수 있다.

③ 문항 작성 절차가 복잡하고 검사 시간이 길다.

④ 집단 내 개인의 사회적 위치를 알아낼 수 있다.

10 다음 내용과 가장 관련이 깊은 학습이론은?

> 굶주린 침팬지가 들어 있는 우리의 높은 곳에 바나나를 매달아 놓았다. 침팬지는 처음에는 이 바나나를 먹으려고 손을 위로 뻗거나 뛰어오르는 등 시행착오 행동을 보였다. 몇 차례의 시도 후에 막대를 갖고 놀던 침팬지는 마치 무엇을 생각한 듯 행동을 멈추고 잠시 서 있다가 재빠르게 그 막대로 바나나를 쳐서 떨어뜨렸다. 쾰러(W. Köhler)는 이것이 통찰에 의해 전체적 관계를 파악함으로써 학습이 이루어지는 좋은 예라고 주장하였다.

① 구성주의 　　　　② 인간주의
③ 행동주의 　　　　④ 형태주의

11 (가), (나)에 해당하는 생활지도 영역을 바르게 짝지은 것은?

> (가) 생활지도 업무를 담당하는 김 교사는 학기 초에 생활지도 계획을 수립하기 위해 전교생에게 학교생활 적응검사를 실시하였다.
>
> (나) 취업지도 업무를 담당하는 송 교사는 기업체에 취업한 졸업생들에게 전화를 걸어 직장생활에 잘 적응하고 있는지를 점검하고 격려하였다.

	(가)	(나)
①	조사(調査)활동	정치(定置)활동
②	정보(情報)활동	정치(定置)활동
③	조사(調査)활동	추수(追隨)활동
④	정보(情報)활동	추수(追隨)활동

12 조건형성 원리에 기초한 상담기법을 〈보기〉에서 고른 것은?

> ──── 보기 ────
>
> ㄱ. 상담자는 내담자에게 상담 약속을 이행할 때마다 칭찬 스티커를 주고 그것을 다섯 개 모으면 즐거운 게임을 함께 하였다.
> ㄴ. 상담자는 '두 개의 빈 의자'를 사용하여 대인 갈등 상황에서 내담자가 경험하는 자신의 숨은 욕구와 감정을 자각하도록 촉진하였다.
> ㄷ. 집단상담자는 '타임아웃(time-out)'을 적용하여 집단원이 집단상담 규칙을 어길 때마다 지정된 공간에서 3분간 머물게 하여 참여를 제한하였다.
> ㄹ. 집단상담자는 집단원에게 "기적이 일어나서 각자의 소망이 이루어진다면 여러분의 삶은 어떻게 달라질까요?"라고 질문하여 변화에 대한 욕구를 확인하였다.

① ㄱ, ㄴ 　　　　② ㄱ, ㄷ
③ ㄴ, ㄹ 　　　　④ ㄷ, ㄹ

13 「초·중등교육법」 및 동법 시행령상 학생 징계의 종류 중 징계처분을 받은 학생 또는 그 보호자가 시·도학생징계조정위원회에 재심을 청구할 수 있는 것은?

① 사회봉사 　　　　② 출석정지
③ 퇴학처분 　　　　④ 특별교육이수

14 다음 내용과 가장 관련이 깊은 학습 형태는?

> • 무선 환경에서 네트워크에 접속하여 학습한다.
> • PDA, 태블릿 PC 등을 활용하여 물리적 공간에서 이동하면서 가상공간을 통하여 학습한다.
> • 기기의 4C(Content, Capture, Compute, Communicate) 기능을 활용하여 교수·학습을 촉진할 수 있다.

① 모바일 러닝(m-learning)
② 플립드 러닝(flipped learning)
③ 마이크로 러닝(micro learning)
④ 블렌디드 러닝(blended learning)

15 다음 내용과 가장 관련이 깊은 학자는?

> • 문화 자본에는 예술 작품과 같이 객체화된 것, 학력이나 자격과 같이 제도화된 것, 일종의 행동 성향처럼 습성화된 것이 있다.
> • 지배집단의 자녀들은 자신들이 상속받은 문화 자본을 학교가 제공하는 학벌과 같은 다른 형태의 문화 자본으로 쉽게 전환하여 부모 세대의 사회경제적 지위를 재획득한다.
> • 능력주의가 지배하는 현대사회에서 부모의 사회경제적 지위는 문화 재생산을 통해 자녀에게 합법적으로 세습된다.

① 베버(M. Weber)
② 일리치(I. Illich)
③ 파슨스(T. Parsons)
④ 부르디외(P. Bourdieu)

16 교사 중심의 교수·학습방법은?

① 학생들에게 정해진 교과 지식을 제시하고 설명한 후 형성평가를 실시하여 학습결과를 확인하였다.
② 학생들이 현실 생활에서 당면할 수 있는 문제를 소집단 협동학습을 통해 해결하도록 안내하였다.
③ 학생들의 사고력과 창의력을 향상시키기 위해 신문에 나온 기사와 칼럼을 활용하여 토론하게 하였다.
④ 학생들에게 학습 팀을 구성하여 자신들이 실제로 겪고 있는 문제를 확인하고 자료를 수집하여 해결 방안을 모색하게 하였다.

17 현행 법령상 교원을 〈보기〉에서 고른 것은?

> ── 보기 ──
> ㄱ. 교장 ㄴ. 교감
> ㄷ. 행정실장 ㄹ. 교육연구사

① ㄱ, ㄴ   ② ㄱ, ㄷ
③ ㄴ, ㄹ   ④ ㄷ, ㄹ

18 「초·중등교육법」상 수석교사의 역할을 〈보기〉에서 모두 고른 것은?

> ── 보기 ──
> ㄱ. 학생을 교육한다.
> ㄴ. 교사의 교수·연구 활동을 지원한다.
> ㄷ. 교무를 통할하고, 소속 교직원을 지도·감독한다.

① ㄱ   ② ㄱ, ㄴ
③ ㄴ, ㄷ   ④ ㄱ, ㄴ, ㄷ

19 교원의 **특별연수**에 해당하는 것은?

① 박 교사는 특수분야 연수기관에서 개설한 종이 접기 연수에 참여하였다.

② 황 교사는 지방직 소속 교육연수원에서 교육과 정 개정에 따른 연수를 받았다.

③ 최 교사는 학습연구년 교사로 선정되어 대학의 연구소에서 1년간 연구 활동을 수행하였다.

④ 교직 4년차인 김 교사는 특수학교 1급 정교사 자격증을 취득하기 위한 연수에 참여하였다.

20 김 교장이 실시하고자 하는 장학의 종류는?

김 교장: 교사들이 좀 더 수업을 잘 하도록 지 원하기 위해서는 수업 장면을 살펴봐 야겠습니다.

박 교감: 공개수업을 참관해 보면 미리 짠 각 본처럼 준비된 수업을 하니 정확한 실상을 알기가 어렵습니다.

김 교장: 교사들이 거부반응을 보일지 모르 지만 복도에서라도 교실 수업 장면 을 살펴보고 필요한 조언을 해야겠 습니다.

① 약식장학   ② 자기장학
③ 중앙장학   ④ 확인장학

교육학개론

기출문제집

교육학개론 기출문제

국가직 9급

지방직 9급

국가직 9급

2017 년 기출
2017.04.08. 시행

01 구성주의 학습이론에 기반한 교사의 교수기술로 적절하지 않은 것은?

① 지식을 효과적으로 전달하기 위해 구조화된 문제와 반복학습을 강조한다.

② 학생 스스로 사고과정을 통해 문제를 해결하도록 촉진한다.

③ 협동학습을 통해 학생이 생각을 능동적으로 발전시키도록 돕는다.

④ 실제 환경에서 직면하게 되는 문제를 학습과제로 제시하여 학습한 내용과 실제 세계를 연결하도록 한다.

02 다음에서 설명하는 개념은?

> • 학습자에게 교수학습 내용을 전달하는 모든 수단이나 방법을 총칭한다.
> • 교수학습을 위해 사용하는 시청각 기자재와 수업자료를 총칭한다.

① 교수매체   ② 시청각매체

③ 실물매체   ④ 디지털매체

03 피아제(J. Piaget)는 인지발달이론에서 "인간은 적응을 위해 새로운 경험과 도식을 서로 조정한다"라고 하였다. 다음의 예와 피아제가 제시한 적응의 유형이 옳게 짝지어진 것은?

> (가) 다른 나라를 방문할 때 그 나라의 문화와 음식, 언어에 빠르게 순응하려고 노력하는 것
> (나) 아빠는 양복을 입은 사람이라는 생각을 가진 유아가 양복을 입은 사람을 모두 '아빠'라고 부르는 것

	(가)	(나)
①	탈중심화	중심화
②	조절	동화
③	중심화	탈중심화
④	동화	조절

04 교육사상가들에 대한 설명으로 옳지 않은 것은?

① 파크허스트(H. Parkhurst)는 달톤플랜(Dalton plan)에서 학생과 교사가 계약을 맺는 계약학습을 제시하였다.

② 아들러(M. J. Adler)는 파이데이아 제안서(Paideia proposal)에서 학생들이 동일한 교육목표를 가지는 교육과정을 주장하였다.

③ 허친스(R. M. Hutchins)는 듀이(J. Dewey)와 함께 진보주의 교육협회를 설립하고 진보주의 교육운동을 전개하였다.

④ 킬패트릭(W. H. Kilpatrick)은 학생이 자신의 학습을 계획하고 활동을 수행하는 프로젝트학습법(project method)을 제시하였다.

05 교실생활의 군집성, 상찬, 권력구조 등이 학생들의 행동과 학습 결과에 미치는 영향을 설명하면서, 잠재적 교육과정의 개념을 제시한 인물은?

① 잭슨(P. Jackson)

② 보빗(F. Bobbitt)

③ 프레리(P. Freire)

④ 위긴스(G. Wiggins)

06 「초 · 중등교육법」상 우리나라 국 · 공립 초등학교 · 중학교 · 고등학교 및 특수학교의 학교회계제도에 대한 설명으로 옳지 않은 것은?

① 학교회계의 회계연도는 매년 3월 1일에 시작하여 다음 해 2월 말일에 끝난다.

② 학교운영위원회 심의를 거쳐 학부모가 부담하는 경비는 학교회계의 세입으로 한다.

③ 학교의 장은 회계연도마다 학교회계 세입세출 예산안을 편성하여 학교운영위원회에 제출하여야 한다.

④ 지방자치단체의 교육비특별회계의 전입금은 학교회계의 세입항목이 아니다.

07 로저스(C. Rogers)의 인간중심 상담이론에 대한 설명으로 적절하지 않은 것은?

① 인간에게는 선천적으로 자아실현의 경향이 있다고 본다.

② 내면의 경험을 자각하고 수용할 수 있도록 하기 위해 지금-여기보다 과거에 더 주목한다.

③ 상담자가 갖추어야 할 중요한 태도로 진솔성, 무조건적 긍정적 존중, 공감적 이해를 제안하였다.

④ 외적으로 부여된 가치의 조건화가 주관적인 경험을 왜곡하고 부정할 때 문제가 발생한다고 본다.

08 지방교육자치에 관한 법령상 교육감에 대한 설명으로 옳은 것만을 모두 고른 것은?

> ㄱ. 교육규칙의 제정에 관한 사항은 교육감의 관장사무에 해당한다.
> ㄴ. 주민은 교육감을 소환할 권리를 가진다.
> ㄷ. 시 · 도의회에 제출할 교육 · 학예에 관한 조례안과 관련하여 심의 · 의결할 권한을 가진다.
> ㄹ. 교육감의 임기는 4년으로 하며, 교육감의 계속 재임은 3기에 한정한다.

① ㄱ, ㄴ   ② ㄷ, ㄹ
③ ㄱ, ㄴ, ㄹ   ④ ㄱ, ㄴ, ㄷ, ㄹ

09 스키너(B. F. Skinner)의 행동주의 학습과 반두라(A. Bandura)의 사회인지 학습의 공통점에 해당하지 않는 것은?

① 강화와 처벌의 개념을 받아들인다.

② 학습의 요인으로 경험의 중요성을 인정한다.

③ 신념과 기대가 행동의 변화를 가져온다고 본다.

④ 행동을 촉진하기 위해서는 피드백이 중요하다고 본다.

10 우리나라 의무교육제도에 대한 설명으로 옳지 않은 것은?

① 지방자치단체는 국립 또는 사립의 초등학교 · 중학교 또는 특수학교에 일부 의무교육대상자에 대한 교육을 위탁할 수 있다.

② 지방자치단체로부터 의무교육대상자의 교육을 위탁받은 사립학교의 설립자 · 경영자는 의무교육을 받는 사람으로부터 수업료와 학교운영지원비를 받을 수 있다.

③ 모든 국민은 그 보호하는 자녀에게 6년의 초등교육과 3년의 중등교육을 받게 할 의무를 진다.

④ 취학아동명부의 작성을 담당하는 읍 · 면 · 동의 장은 입학연기신청서를 제출받은 경우 입학연기대상자를 취학아동명부에서 제외하고, 입학연기대상자 명단을 교육장에게 통보하여야 한다.

11 다음의 내용을 모두 포함하는 교육과정 개발이론은?

> • 강령을 표방하고, 해당 강령을 지지하는 자료를 검토하는 강령(platform)단계
> • 다양한 대안을 검토하고 이를 토대로 적절한 대안을 도출하는 숙의(deliberation)단계
> • 선택한 대안을 구체적 프로그램으로 만드는 설계(design)단계

① 타일러(R. Tyler)의 이론
② 아이스너(E. Eisner)의 이론
③ 타바(H. Taba)의 이론
④ 워커(D. Walker)의 이론

12 다음 설명에 해당하는 저서는?

> • 체계적 한자 학습을 위하여 엮은 교육용 교재로서 천자문의 결점을 극복하기 위하여 만들어졌다.
> • 상하 각각 1,000자를 수록하여 2,000자로 구성이 되었다.
> • 상권에는 유형적 개념에 해당하는 한자를 담았고, 하권에는 계절, 기구, 방위 등의 무형적 개념에 해당하는 한자를 담았다.

① 「아학편(兒學編)」
② 「성학집요(聖學輯要)」
③ 「격몽요결(擊蒙要訣)」
④ 「학교모범(學校模範)」

13 다음에서 설명하는 개념은?

> • 학생의 인지발달을 위해서 교사가 찾아야 하는 것
> • 학습자가 주위의 도움을 받아서 문제를 해결할 수 있는 범위
> • 학습자의 실제적 발달 수준과 잠재적 발달 수준 간의 차이

① 비계(scaffolding)
② 근접발달영역(ZPD)
③ 내면화(internalization)
④ 메타인지(metacognition)

14 우리나라 평생교육제도에 대한 설명으로 옳지 않은 것은?

① 국가무형문화재의 보유자로 인정된 사람과 그 전수교육을 받은 사람으로서 대통령령으로 정하는 사람은 그에 상당하는 학점을 인정받을 수 있다.
② 헌법은 "국가가 평생교육을 진흥하여야 한다"라고 규정하고 있다.
③ 평생교육사는 평생교육의 기획·진행·분석·평가 및 교수업무를 수행한다.
④ 대표적인 평생교육제도인 독학학위제, 학점은행제, 평생학습계좌제, 내일배움카드제는 국가평생교육진흥원에서 운영하고 있다.

15 「교육기본법」에 명시된 교원에 관한 규정이 아닌 것은?

① 교원은 법률로 정하는 바에 따라 다른 공직에 취임할 수 있다.

② 교원은 특정한 정당이나 정파를 지지하거나 반대하기 위하여 학생을 지도하거나 선동하여서는 아니 된다.

③ 교사는 전문성을 바탕으로 학생을 교육한다.

④ 교원은 교원의 경제적·사회적 지위를 향상시키기 위하여 각 지방자치단체와 중앙에 교원단체를 조직할 수 있다.

16 학교교육에 대한 다음 주장과 가장 거리가 먼 것은?

> • 학교는 지배집단의 '문화자본'을 재창조하고 정당화하는 역할을 수행한다.
> • 학습결과인 성적도 학생이 속해 있는 계급의 영향에서 벗어나지 못한다.
> • 경제구조가 학교교육을 일방적으로 결정한다고 비판한다.

① 부르디외(P. Bourdieu)

② 구조기능주의

③ 재생산이론

④ 보울스(S. Bowls)와 진티스(H. Gintis)

17 교육평등에 관한 관점 중 교육결과의 평등을 위한 정책에 해당하는 것은?

① 취학을 가로막는 경제적, 지리적, 사회적 제반 장애를 제거해 주는 취학 보장 대책

② 저소득층의 취학 전 어린이들을 위한 보상교육 (compensatory education)

③ 한국의 고교평준화 정책

④ 초·중등교육의 의무무상화

18 서양교육사에서 나타난 사실로 옳은 것은?

① 고대 그리스의 스파르타에서는 신체와 영혼의 균형을 교육의 목적으로 추구하여 교육과정에서 읽기, 쓰기, 문학, 철학의 비중이 컸다.

② 고대 로마시대에는 초기부터 공립학교 중심의 공교육체제가 확립되어 유행하였다.

③ 17세기 감각적 실학주의는 감각을 통한 지각, 관찰학습, 실물학습을 중시하였다.

④ 산업혁명기 벨(A. Bell)과 랭커스터(J. Lancaster)의 조교법(monitorial system)은 소규모 토론식 수업방법이었다.

19 표준화 검사도구를 활용할 때 유의할 점으로 적절하지 않은 것은?

① 검사 실시 목적에 적합한 내용의 검사를 선택한다.

② 검사의 타당도, 신뢰도, 객관도, 실용도를 고려하여 검사를 선택한다.

③ 상황에 맞춰 검사의 실시·채점·결과의 해석을 융통성 있게 변경한다.

④ 검사를 사용하는 사람이 검사에 대한 객관적인 식견이 있어야 한다.

20 2015 개정 국가교육과정에 대한 설명으로 옳지 않은 것은?

① 추구하는 인간상을 구현하기 위한 핵심역량으로 자기관리, 지식정보처리, 창의적 사고, 심미적 감성, 의사소통, 공동체 역량을 제시하였다.

② 고등학교 공통과목으로 통합사회와 통합과학을 신설하였다.

③ 초등학교에 '안전한 생활'을 신설하였다.

④ 초등학교 1~2학년의 학습부담을 줄이기 위하여 총수업시간 수를 감축하였다.

지방직 9급

01 다음 내용에 가장 부합하는 것은?

> - 교육은 학습자와 교육내용을 모두 고려해야 한다.
> - 교육내용의 내재적 가치는 선험적으로 정당화된다.
> - 교육은 합리적인 사고와 지적 안목을 도덕적인 방식으로 전달하는 과정이다.
> - 교육은 인류의 문화유산이라는 공적(公的) 전통으로 학생을 안내하는 과정이다.

① 주입(注入)으로서의 교육
② 주형(鑄型)으로서의 교육
③ 성년식(成年式)으로서의 교육
④ 행동수정(行動修正)으로서의 교육

02 조선시대 교육기관인 서원(書院)에 대한 설명으로 옳지 않은 것은?

① 관학(官學)인 향교(鄕校)와 대비되는 사학(私學)이다.
② 퇴계 이황은 서원의 교육목적을 위인지학(爲人之學)에 두었다.
③ 원규(院規) 혹은 학규(學規)라고 불리는 자체의 규약을 갖추고 있었다.
④ 교육의 기능뿐만 아니라 선현(先賢)을 숭상하고 그의 학덕을 기리는 제사의 기능도 겸하였다.

03 다음 내용과 관련이 있는 교육철학은?

> - 프랑크푸르트 학파의 이론적 성과를 수용하였다.
> - 교육 현상에 대해 규범적, 평가적, 실천적으로 접근하였다.
> - 자본주의 사회의 불평등 문제와 교육의 관련성에 주목하였다.
> - 인간의 의식과 지식이 사회, 정치, 경제에 의해 결정되는 것으로 보았다.

① 비판적 교육철학
② 분석적 교육철학
③ 홀리스틱 교육철학
④ 프래그머티즘 교육철학

04 16세기 서양의 인문주의 교육사상에 대한 설명으로 옳은 것은?

① 고대 그리스·로마의 자유교육의 이상을 계승하였다.
② 자연이나 실재하는 사물을 매개로 하는 실물교육을 도입하였다.
③ 민족적으로 각성된 관점에서 공동체 의식을 기르는 데 주력하였다.
④ 고등교육이 아닌 초등교육 수준에서 구체적인 교육 방안을 제안하였다.

05 다음 내용과 관련이 있는 교육사상가는?

> 교사는 학생에게 정답을 미리 알려주지 않고 학생이 알고 있는 것이 참인지 거짓인지를 판단하면서 학생 스스로 진리의 세계로 들어갈 수 있도록 돕는 역할을 한다. 이를 위해 교사는 반어적인 질문을 학생에게 던짐으로써 학생 자신이 무지를 깨닫게 한다. 지적(知的)인 혼란에 빠진 학생은 교사와의 끊임없는 대화를 통해 진리를 성찰하게 되면서 점차 참된 지식에 이를 수 있게 된다.

① 아퀴나스(T. Aquinas)
② 소크라테스(Socrates)
③ 프로타고라스(Protagoras)
④ 아리스토텔레스(Aristoteles)

06 〈보기〉는 타일러(R. Tyler)의 교육목표 설정절차에 대한 것이다. 그 순서가 올바른 것은?

───── 보기 ─────
> ㉠ 잠정적인 교육목표를 진술한다.
> ㉡ 교육철학과 학습심리학이라는 체에 거른다.
> ㉢ 학습자, 사회, 교과의 세 자원을 조사·연구한다.
> ㉣ 행동의 변화를 명시한 최종 교육목표를 진술한다.

① ㉠ → ㉡ → ㉢ → ㉣
② ㉠ → ㉢ → ㉡ → ㉣
③ ㉢ → ㉠ → ㉡ → ㉣
④ ㉢ → ㉡ → ㉠ → ㉣

07 (가)~(다)에 해당하는 교육과정의 개념을 바르게 짝지은 것은?

> (가) 교육적 가치가 있는 내용임에도 불구하고 학교 교육과정에서 배제하여 가르치지 않았다.
> (나) 국가 교육과정과 시·도 지방직 교육과정 편성·운영지침에 의거해 학교 교육과정을 편성하였다.
> (다) 학교 교육과정에서 계획하거나 의도하지 않았지만, 교육과정이 전개되는 동안 학생들은 바람직하지 못한 가치와 태도도 은연 중에 배우게 되었다.

	(가)	(나)	(다)
①	잠재적 교육과정	공식적 교육과정	영 교육과정
②	잠재적 교육과정	영 교육과정	공식적 교육과정
③	영 교육과정	잠재적 교육과정	공식적 교육과정
④	영 교육과정	공식적 교육과정	잠재적 교육과정

08 다음 내용에 가장 부합하는 교수·학습방법은?

> • 거꾸로 학습이나 거꾸로 교실로 알려져 있다.
> • 학습할 내용을 수업 이전에 온라인으로 미리 공부한다.
> • 일종의 블렌디드 러닝(blended learning)으로서 학습의 효과를 높이기 위한 전략이다.
> • 학교 수업에서 학습자는 질문, 토론, 모둠활동과 같은 형태로 수업에 적극적으로 참여한다.

① 플립드 러닝(flipped learning)
② 문제중심학습(problem-based learning)
③ 자원기반학습(resource-based learning)
④ 교사주도학습(teacher-directed learning)

09 다음 내용에 해당하는 가네(R. Gagne)의 학습 성과(learning outcomes) 영역은?

> • 방법적 지식 혹은 절차적 지식에 해당한다.
> • 여러 가지 기호나 상징을 규칙에 따라 활용하는 것을 말한다.
> • 변별학습, 구체적 개념학습, 정의된 개념학습, 원리학습, 고차원리학습으로 세분되며, 이들은 위계적 관계에 있다.

① 언어정보　　　② 운동기능
③ 인지전략　　　④ 지적기능

10 아동의 혼잣말(private speech)에 대한 비고츠키(L. Vygotsky)의 견해로 옳지 않은 것은?

① 자기중심적 언어로서 미성숙한 사고를 보여준다.
② 자신의 사고과정과 행동을 스스로 조절하고 주도한다.
③ 연령이 증가함에 따라 점차 줄어들면서 내적 언어로 바뀐다.
④ 쉬운 과제보다 어려운 과제를 해결할 때 더 많이 사용한다.

11 프로이트(S. Freud)의 정신분석학적 상담이론에 대한 설명으로 옳지 않은 것은?

① 내담자는 합리적으로 불안을 조절할 수 없을 때 자아방어기제에 의존한다.
② 상담자는 내담자의 불안을 초래한 행동자극을 분석하고 체계적 둔감법을 활용한다.
③ 상담자는 내담자의 저항과 전이 감정을 분석하여 무의식적 갈등을 해결하도록 돕는다.
④ 내담자의 행동은 무의식 속에 억압된 과거의 경험과 심리성적인 에너지에 의해서 결정된다.

12 다음 내용에 가장 부합하는 교육평가의 유형은?

> • 교과내용 및 평가 전문가가 제작한 검사를 주로 사용한다.
> • 서열화, 자격증 부여, 프로그램 시행 여부 결정의 목적을 위해 시행한다.
> • 교수・학습이 완료된 시점에서 교육목표의 달성 정도를 종합적으로 판정한다.

① 총괄평가(summative evaluation)
② 형성평가(formative evaluation)
③ 능력참조평가(ability-referenced evaluation)
④ 성장참조평가(growth-referenced evaluation)

13 검사도구의 타당도에 대한 옳은 설명을 〈보기〉에서 고른 것은?

> ─── 보기 ───
> ㄱ. 검사점수가 사용목적에 얼마나 부합하는가를 의미한다.
> ㄴ. 검사대상을 얼마나 정확하게 무선오차(random error) 없이 측정하는지를 의미한다.
> ㄷ. 동일한 검사에 대한 채점자들 간 채점 결과의 일치 정도를 의미한다.
> ㄹ. 측정하고자 하는 특성을 검사점수가 얼마나 잘 나타내 주는지를 의미한다.

① ㄱ, ㄷ　　　② ㄱ, ㄹ
③ ㄴ, ㄷ　　　④ ㄴ, ㄹ

14 다음은 정보처리이론에서 부호화(encoding)를 촉진하기 위한 전략을 설명한 것이다. (가)~(다)에 해당하는 전략을 바르게 짝지은 것은?

> (가) 개별적 정보를 범주나 유형으로 묶는다. 도표나 그래프, 위계도를 작성하는 것이 그 예이다.
>
> (나) 정보를 시각적인 형태인 그림으로 저장한다. 자동차를 언어적 서술 대신에 그림으로 기억하는 것이 그 예이다.
>
> (다) 새로운 정보를 기존의 지식과 관련짓는다. 학습한 정보를 자신의 말로 바꾸어 보거나 또래에게 설명해 보는 것이 그 예이다.

	<u>(가)</u>	<u>(나)</u>	<u>(다)</u>
①	정교화	심상	조직화
②	정교화	조직화	심상
③	조직화	정교화	심상
④	조직화	심상	정교화

15 보상적(補償的) 교육평등관에 해당하는 내용을 〈보기〉에서 고른 것은?

---보기---
> ㄱ. 성별이나 인종의 차별 없이 교육에 접근할 수 있는 기회를 부여한다.
> ㄴ. 교육복지우선지원사업으로 사회적 취약계층의 교육 결과를 제고한다.
> ㄷ. 대학 입시에서 농어촌지역 학생들을 배려하기 위한 특별전형을 실시한다.
> ㄹ. 학교의 시설 및 여건, 교사의 전문성, 교육과정에서 학교 간 차이를 줄인다.

① ㄱ, ㄷ   ② ㄱ, ㄹ
③ ㄴ, ㄷ   ④ ㄴ, ㄹ

16 학교교육의 측면에서, 콜만(J. Coleman)의 사회자본에 대한 설명으로 가장 적절한 것은?

① 학교에서 배운 지식과 기술에 따라 개인의 노동력에 차이가 발생한다.
② 학교교육과 경제생산체제 간의 상응관계를 통해 학교가 자본주의 경제구조를 재생산한다.
③ 교사, 학생, 학부모 간의 친밀한 관계 형성은 학생의 학업성취도에 긍정적인 영향을 미친다.
④ 학교가 특정 계층의 문화를 보편적 가치로 가르치기 때문에 학업에서 상위계층의 자녀가 유리하다.

17 다음 내용과 관련이 있는 학자는?

> • 문해교육에서는 성인 각자의 삶이 반영된 일상용어를 활용해야 효과적이다.
> • 진정한 교육은 학습자가 탐구(inquiry)와 의식적 실천(praxis)활동을 하는 것이다.
> • 교육은 주어진 지식을 전달하는 은행저금식이 아니라 문제제기식으로 이루어져야 한다.

① 일리치(I. Illich)
② 프레이리(P. Freire)
③ 노울즈(M. Knowles)
④ 메지로우(J. Mezirow)

18 현행 교육공무원법에 규정된 용어의 정의로 옳지 않은 것은?

① 직위란 1명의 교육공무원에게 부여할 수 있는 직무와 책임을 말한다.

② 전직이란 교육공무원의 종류와 자격을 달리하여 임용하는 것을 말한다.

③ 강임이란 교육공무원의 직렬을 달리하여 하위 직위에 임용하는 것을 말한다.

④ 전보란 교육공무원을 같은 직위 및 자격에서 근무기관이나 부서를 달리하여 임용하는 것을 말한다.

19 다음 내용에 해당하는 교육행정의 원리는?

> • 이 원리를 지나치게 강조하면 교육행정의 전문성이 경시될 수 있다.
> • 이 원리로 공무원의 부당한 직무수행과 행정재량권의 남용을 방지할 수 있다.
> • 이 원리에 따라 교육공무원으로서의 신분을 보장받아서 업무를 소신 있게 수행할 수 있다.

① 수월성   ② 능률성

③ 효과성   ④ 합법성

20 국·공립학교의 학교운영위원회에 대한 옳은 설명만을 〈보기〉에서 있는 대로 고른 것은?

─── 보기 ───

ㄱ. 학칙의 제정 또는 개정사항을 심의한다.

ㄴ. 학교운동부의 구성·운영사항을 심의한다.

ㄷ. 학부모위원은 교직원전체회의에서 선출한다.

ㄹ. 학교의 장은 운영위원회의 당연직 교원위원이다.

① ㄱ, ㄷ   ② ㄱ, ㄴ, ㄹ

③ ㄴ, ㄷ, ㄹ   ④ ㄱ, ㄴ, ㄷ, ㄹ

교육학개론 기출문제

국가직 9급

지방직 9급

국가직 9급

2016년 기출
2016.04.09. 시행

01 다음에 해당하는 교육과정 관점은?

- 교사가 아니라 학생 중심의 수업을 강조한다.
- 교육내용을 학생과 환경 간의 상호작용이라는 측면에서 이해한다.
- 교육과정은 사전에 계획되는 것이 아니라 교육의 과정에서 생성되는 것으로 본다.

① 경험중심 교육과정
② 교과중심 교육과정
③ 학문중심 교육과정
④ 행동주의 교육과정

02 다음에 해당하는 현대 교육철학 사조는?

- 교육이 처해 있는 사회구조나 제도에 대해 의문을 제기한다.
- 의사소통적 합리성이라는 개념을 통해 교육에서 조작이나 기만, 부당한 권력 남용 등을 극복할 수 있는 발판을 마련하였다.
- 교육을 교육의 논리가 아니라 정치·경제·사회의 논리에 의해 해석하는 경향이 있다.

① 실존주의 교육철학
② 분석적 교육철학
③ 비판적 교육철학
④ 포스트모더니즘 교육철학

03 다음에 해당하는 장학의 유형은?

- 학생들의 수업평가 결과 활용
- 자신의 수업을 녹화하여 분석·평가
- 대학원에 진학하여 전공 교과 또는 교육학 영역의 전문성 신장

① 약식 장학
② 자기 장학
③ 컨설팅 장학
④ 동료 장학

04 발달학자들이 제시하는 발달의 일반적 원리로 볼 수 없는 것은?

① 발달은 일정한 순서와 단계를 따른다.
② 발달은 성숙과 학습의 상호작용의 결과이다.
③ 발달 속도는 개인 간 및 개인 내 차이가 있다.
④ 특수한 반응에서 전체적인 반응으로 이행하며 발달해 나간다.

05 2009 개정 교육과정에 대한 설명으로 옳은 것은?

① 총론 중심의 교육과정 개정이었다.
② 초등학교에 창의적 체험활동을 없애고 '우리들은 1학년'을 신설하였다.
③ 중학교와 고등학교에 재량활동을 신설하였다.
④ 초등학교 1학년부터 고등학교 1학년까지 국민 공통기본교육 과정을 적용하였다.

06 학교교육의 사회적 기능에 대한 기능주의적 관점으로 볼 수 없는 것은?

① 사회구성원을 선발·분류하여 적재적소에 배치한다.
② 체제 적응기능을 수행해 전체 사회의 유지에 기여한다.
③ 지배집단의 신념과 가치를 보편적 가치로 내면화시킨다.
④ 새로운 세대에게 기존 사회의 생활양식, 가치와 규범을 전수한다.

07 조선시대 성균관에 대한 설명으로 옳지 않은 것은?

① 문묘와 학당이 공존하는 묘학(廟學)의 형태를 띠고 있었다.
② 고려의 국자감과 달리 순수한 유학(儒學) 교육기관으로 운영되었다.
③ 유생들이 생활하며 공부할 때 지켜야 할 수칙으로 학령(學令)이 존재하였다.
④ 재학 유생이 정원에 미달하면 지방 향교(鄕校)의 교생을 우선적으로 승보시켰다.

08 다음에 해당하는 학습이론은?

- 강화 없이 관찰하는 것만으로 학습이 일어날 수 있다.
- 강화는 수행을 위해 필요한 조건이지 학습을 위해 반드시 필요한 조건은 아니다.
- 인간의 행동은 보상이나 처벌보다는 자기조절에 의해 이루어진다.

① 형태주의 학습이론
② 사회인지이론
③ 행동주의 학습이론
④ 병렬분산처리이론

09 변별도에 대한 설명으로 옳은 것만을 모두 고른 것은?

> ㄱ. 난이도가 어려울수록 변별도는 높아진다.
> ㄴ. 정답률이 50%인 문항의 변별도는 1이다.
> ㄷ. 모든 학생이 맞힌 문항의 변별도는 0이다.

① ㄴ
② ㄷ
③ ㄱ, ㄴ
④ ㄱ, ㄷ

10 지능에 대한 학자의 설명으로 옳은 것은?

① 길포드(J. P. Guilford)는 지능이 내용, 형식, 조작, 산출이라는 4개의 차원으로 구성된다고 가정하였다.
② 스턴버그(R. J. Sternberg)는 지능이 맥락적 요소, 정신적 요소, 시간적 요소로 구성된다는 삼위일체이론을 주장하였다.
③ 가드너(H. Gardner)는 지능이 사회문화적 맥락의 영향을 받지 않는, 서로 독립적이며 다양한 능력으로 구성되어 있다고 보았다.
④ 카텔(R. B. Cattell)은 지능을 유동적 지능과 결정적 지능으로 구분하고, 결정적 지능은 교육이나 훈련의 결과로 형성되는 것으로 보았다.

11 르네상스 시기의 인문주의 교육에 대한 설명으로 옳지 않은 것은?

① 인간중심적 사고를 강조하였다.
② 감각적 실학주의를 비판하며 등장하였다.
③ 북유럽의 인문주의 교육은 개인보다는 사회개혁에 주된 관심을 가졌다.
④ 이탈리아의 인문주의 교육에서는 자기 표현 및 창조적 능력의 실현을 강조하였다.

12 다음 「교육기본법」 제6조의 내용과 관계가 깊은 교육행정의 원리는?

교육은 교육 본래의 목적에 따라 그 기능을 다하도록 운영되어야 하며, 정치적·파당적 또는 개인적 편견을 전파하기 위한 방편으로 이용되어서는 아니 된다.

① 자주성의 원리
② 합법성의 원리
③ 기회균등의 원리
④ 지방분권의 원리

13 개별화 수업의 특징으로 볼 수 없는 것은?

① 교육목표는 학습자 개인의 동기·능력·희망·흥미에 따라 선택되고 결정된다.
② 평가 결과에 따라 교정이 이루어지거나 보충·심화 과제가 주어진다.
③ 효율적인 수업을 위해 교수자가 주도권을 가진다.
④ 학생의 수준과 속도에 따라 학습내용의 분량과 진도 등이 결정된다.

14 「초·중등교육법」에 따른 각급학교의 장이 「평생교육법」에 의거하여 학교의 평생교육을 실시하고자 할 때, 그 방법으로 옳지 않은 것은?

① 평생교육을 직접 실시하거나 영리를 목적으로 하는 법인 및 단체에 위탁하여 실시할 수 있다.
② 학교의 평생교육을 실시하기 위하여 각급학교의 교실·도서관·체육관, 그 밖의 시설을 활용하여야 한다.
③ 평생교육을 실시함에 있어서 평생교육의 이념에 따라 교육과정과 방법을 수요자 관점으로 개발·시행하도록 한다.
④ 학교를 개방할 경우 개방시간 동안의 해당 시설의 관리·운영에 필요한 사항은 해당 지방자치단체의 조례로 정한다.

15 학교예산 편성기법 중 영기준 예산제도(Zero Based Budgeting System)의 장점으로 볼 수 없는 것은?

① 우선순위가 높은 사업에 대한 집중 지원이 가능하다.
② 학교경영에 구성원의 폭넓은 참여를 유도할 수 있다.
③ 점증주의적 예산편성방식을 통해 시간과 노력의 부담을 경감할 수 있다.
④ 학교경영 계획과 예산이 일치함으로써 교장의 합리적이고 과학적인 학교경영을 지원할 수 있다.

16 「공교육 정상화 촉진 및 선행교육 규제에 관한 특별법」에서 금지하는 행위에 포함되지 않는 것은?

① 지필평가, 수행평가 등 학교 시험에서 학생이 배운 학교교육 과정의 범위와 수준을 벗어난 내용을 출제하여 평가하는 행위

② 각종 교내 대회에서 학생이 배운 학교교육과정의 범위와 수준을 벗어난 내용을 출제하여 평가하는 행위

③ 「영재교육 진흥법」에 따른 영재교육기관에서 학교교육과정의 범위와 수준을 벗어난 내용으로 영재교육을 실시하는 행위

④ 대학의 입학전형에서 고등학교 교육과정의 범위와 수준을 벗어난 내용을 출제 또는 평가하는 대학별고사를 실시하는 행위

17 브루너(J. Bruner)의 교수이론에 근거한 수업으로 보기 어려운 것은?

① 내재적 보상보다 외재적 보상을 강조한다.

② 각각의 교과목이 가지고 있는 나름의 지식의 구조를 학생에게 탐색하도록 한다.

③ 기본적 원리나 개념의 이해를 통해 전이의 가능성을 최대로 한다.

④ 아동의 사고방식과 지적 수준을 고려하여 교과의 내용을 가르친다.

18 수학성취도 평가를 실시한 결과, 전체 학생의 수학 원점수는 평균이 70, 표준편차가 10인 정규분포를 따랐다. 원점수 80을 받은 학생이 포함된 백분위 구간은?

① 60 이상 70 미만

② 70 이상 80 미만

③ 80 이상 90 미만

④ 90 이상 100 미만

19 다음은 유네스코의 21세기 국제교육위원회에서 제시한 21세기를 준비하는 4가지 학습이다. 이 내용을 담고 있는 보고서는?

- 알기 위한 학습(learning to know)
- 행하기 위한 학습(learning to do)
- 존재하기 위한 학습(learning to be)
- 함께 살기 위한 학습(learning to live together)

① 만인을 위한 평생학습(Lifelong Learning for All)

② 학습 : 감추어진 보물(Learning : The Treasure Within)

③ 지구 지식경제에서의 평생학습(Lifelong Learning in the Global Knowledge Economy)

④ 순환교육 : 평생학습을 위한 전략(Recurrent Education : A Strategy for Lifelong Learning)

20 정보처리이론의 부호화 과정에 해당하지 않는 것은?

① 필요한 정보를 도표, 개념지도, 개요 등으로 조직화한다.

② 새로운 정보를 장기기억에 저장되어 있는 선행지식과 연결시키는 작업을 한다.

③ 새로운 정보를 유사하고 유관한 정보 조각과 연합하여 유의미하게 한다.

④ 새로운 자극에 주의를 기울일 수 있도록 화려한 멀티미디어를 사용한다.

지방직 9급

01 다음과 같이 주장하는 교육철학은?

> 교육철학은 철학이론들로부터 교육실천의 함의를 이끌어 내는 데 주력하지 말고, 교육의 목적이나 교육의 실제 그 자체에 대해 철학적으로 사고하는 일에 집중해야 한다. 또한 기존 교육 사상들이 가정하고 있는 개념적 구조를 명료화하고 개념의 일관성과 타당성을 검토함으로써 언어의 혼란으로 인해 빚어진 교육문제를 제거하는 일에 관심을 두어야 한다.

① 분석적 교육철학
② 비판적 교육철학
③ 실존주의 교육철학
④ 프래그머티즘 교육철학

02 포스트모던 교육철학을 반영한 교육적 실천으로 볼 수 없는 것은?

① 학교 내 소수자를 보호하는 방안을 모색한다.
② 발표 수업에서 학생들의 다양한 관점을 수용한다.
③ 대화와 타협의 과정에 충실한 토론식 수업을 권장한다.
④ 학습과정에서 지식의 실재성과 가치의 중립성을 강조한다.

03 다음에서 조선의 성리학자들이 공통적으로 말하고 있는 것은?

> • 도리(道理)를 우리들이 마땅히 알아야 할 것으로 삼고 덕행(德行)을 우리들이 마땅히 실천해야 할 것으로 삼아 먼 곳보다 가까운 데서 겉보다 속부터 공부를 시작해서 마음으로 터득하여 몸소 실천해야 한다.
>   – 퇴계 이황, 「퇴계집」의 「언행록」 –
>
> • 처음 배우는 이는 먼저 뜻을 세우되, 반드시 성인(聖人)이 될 것을 스스로 기약해야 하며 조금이라도 자신을 별 볼 일 없게 여겨 물러나려는 생각을 가져서는 안 된다.
>   – 율곡 이이, 「격몽요결」의 「입지」 –

① 위기지학(爲己之學)
② 격물치지(格物致知)
③ 실사구시(實事求是)
④ 권학절목(勸學節目)

04 아리스토텔레스의 교육사상에 대한 설명으로 옳지 않은 것은?

① 교육은 시민들의 행복한 삶을 다룬다는 점에서 정치와 동일하다.
② 도덕적 탁월성이란 개인이 가진 내적 소질을 최대한 발현시키는 것이다.
③ 인간을 포함하여 존재하는 모든 것은 장차 실현될 모습을 스스로 지니고 있다.
④ 반어법(反語法)과 산파술(産婆術)은 학습자의 무지를 일깨우기 위한 교수법이다.

05 다음 (가), (나)의 내용에 부합하는 교육과정 유형을 바르게 짝지은 것은?

> (가) 인류가 축적한 문화유산을 체계화한 지식을 중심으로 교육과정을 설계한다. 교육의 주된 목적을 지식의 전수에 두고 있으며, 교사 중심의 강의식 수업을 중시한다.
> (나) 이론적 체계가 갖추어진 지식의 구조를 중심으로 교육과정을 설계한다. 학생의 탐구활동을 통한 발견학습과 지식의 전이를 강조한다.

	(가)	(나)
①	인간중심 교육과정	학문중심 교육과정
②	인간중심 교육과정	경험중심 교육과정
③	교과중심 교육과정	학문중심 교육과정
④	교과중심 교육과정	경험중심 교육과정

06 영 교육과정(null curriculum)에 대한 설명으로 옳은 것을 <보기>에서 고른 것은?

> ─── 보기 ───
> ㄱ. 아이즈너(E. Eisner)가 제시한 개념이다.
> ㄴ. 교과 지식을 아동의 흥미와 요구에 맞추어 재구성한 것이다.
> ㄷ. 학생이 학교생활을 통해 은연 중에 가지게 되는 경험의 총화이다.
> ㄹ. 교육적 가치가 있음에도 불구하고 학교에서 학생들이 학습할 기회를 갖지 못하는 내용이다.

① ㄱ, ㄷ   ② ㄱ, ㄹ
③ ㄴ, ㄷ   ④ ㄴ, ㄹ

07 다음 사례에 가장 잘 부합하는 협동학습모형은?

> 박 교사는 한국사 수업을 다음과 같이 진행하였다.
> (1) 고려시대의 학습내용을 사회, 경제, 정치, 문화의 4개 주제로 구분하였다.
> (2) 학급 인원수를 고려하여 모둠을 구성하고, 모둠에서 각 주제를 담당할 학생을 지정하였다.
> (3) 주제별 담당 학생을 따로 모아 전문가 집단에서 학습하도록 하였다.
> (4) 전문가 집단에서 학습한 학생들을 원래의 모둠으로 돌려보내 각자 학습한 내용을 서로 가르쳐 주도록 하였다.
> (5) 모둠학습이 끝난 후, 쪽지 시험을 실시하여 우수 학생에게 개별보상을 하고 수업을 종료하였다.

① 팀경쟁학습(TGT) 모형
② 팀보조개별학습(TAI) 모형
③ 과제분담학습 I (Jigsaw I) 모형
④ 학습자팀성취분담(STAD) 모형

08 딕과 캐리(W. Dick & L. Carey)의 교수설계모형에 대한 설명으로 옳지 않은 것은?

① 교수설계자의 입장에 초점을 두어 개발된 체제적 교수설계모형이다.
② 교수분석단계에서는 수업목표의 유형을 구분하고 세부 과제를 도출한다.
③ 수행목표 진술단계에서는 학습자에게 기대되는 성과를 구체적으로 진술한다.
④ 각 단계명의 영어 첫째 글자를 조합하여 ASSURE 모형으로 명명하기도 한다.

09 생활지도의 활동 중 정치(定置)활동으로 옳은 것을 〈보기〉에서 고른 것은?

───── 보기 ─────

ㄱ. 학생의 희망 및 능력에 맞추어 동아리를 선택하도록 도와주고 배정하는 활동
ㄴ. 학생을 이해하고 지도하는 데 필요한 가정환경, 교우관계, 심리적 특성 등에 관한 기초 자료를 수집하는 활동
ㄷ. 학생이 진로를 현명하게 선택할 수 있도록 학생의 적성과 흥미 등을 고려하여 도와주거나 안내하는 활동
ㄹ. 생활지도를 일차 완료한 후 학생의 적응 상태와 변화 정도를 점검하고, 필요하면 추가로 도움을 제공하는 활동

① ㄱ, ㄷ   ② ㄱ, ㄹ
③ ㄴ, ㄷ   ④ ㄴ, ㄹ

10 엘리스(A. Ellis)의 합리적 · 정서적 상담에 대한 설명으로 옳은 것은?

① 내담자의 이상적 자아와 현실적 자아의 일치를 정신건강의 지표로 간주한다.
② 주요 상담기법으로 자유연상, 꿈의 분석, 전이의 분석, 저항의 해석이 있다.
③ 상담자는 내담자로 하여금 자신의 문제가 왜곡된 지각과 신념에 기인한 것임을 깨닫도록 논박한다.
④ 내담자는 부모, 어른, 아이의 세 가지 자아를 필요에 따라 적절하게 사용할 수 있는 능력을 갖추는 것이 중요하다.

11 고전검사이론에서의 문항변별도에 대한 설명으로 옳은 것을 〈보기〉에서 고른 것은?

───── 보기 ─────

ㄱ. 문항변별도 지수는 0~100 사이의 값을 갖는다.
ㄴ. 각 문항이 학생들의 능력 수준을 구분해 주는 정도를 나타낸다.
ㄷ. 능력 수준이 다른 두 집단을 대상으로 각각 계산하더라도 문항변별도는 동일하다.
ㄹ. 검사 총점이 높은 학생이 낮은 학생에 비해 문항변별도가 높은 문항에서 정답을 맞힐 가능성이 높다.

① ㄱ, ㄷ   ② ㄱ, ㄹ
③ ㄴ, ㄷ   ④ ㄴ, ㄹ

12 콜버그(L. Kohlberg)의 도덕성 발달이론에 대한 설명으로 옳은 것을 〈보기〉에서 고른 것은?

───── 보기 ─────

ㄱ. 피아제(J. Piaget)가 구분한 아동의 도덕성 발달단계를 더 세분화하여 성인기까지 확장하였다.
ㄴ. 도덕적 사고력을 길러 주기 위해서는 성인에 의한 사회적 전수가 중요한 교육방법이라고 하였다.
ㄷ. 다섯 번째 단계인 '사회계약 정신 지향'단계에서는 '착한 소년 · 소녀'처럼 타인으로부터 도덕적이라고 인정받는 것이 중요하다.
ㄹ. 길리건(C. Gilligan)은 콜버그의 도덕성 발달이론에 대해 남성 중심의 이론이며 여성의 도덕성 판단기준은 남성과 다르다고 비판하였다.

① ㄱ, ㄷ   ② ㄱ, ㄹ
③ ㄴ, ㄷ   ④ ㄴ, ㄹ

13 학교교육에 대한 기능론적 관점으로 옳은 것만을 〈보기〉에서 모두 고른 것은?

> ── 보기 ──
> ㄱ. 기존의 계층 간 사회 불평등을 유지·심화
> 한다.
> ㄴ. 자본주의 이데올로기에 순응하는 노동력을
> 양산한다.
> ㄷ. 개인을 능력에 따라 합리적으로 분류·선발
> ·배치한다.
> ㄹ. 사회구성원에게 보편적 가치를 내면화하여
> 구성원의 동질성을 확보한다.

① ㄱ, ㄴ ② ㄷ, ㄹ
③ ㄱ, ㄴ, ㄷ ④ ㄴ, ㄷ, ㄹ

14 학생의 학업성취에 관한 학자의 주장을 바르게 진술한 것은?

① 젠슨(A. Jensen)은 유전적 요인이 아닌 환경적 요인 때문에 소수 인종의 학업성취가 낮다고 주장하였다.
② 콜만(J. Coleman)은 학교 시설·자원이 가정 배경보다 학업성취에 더 큰 영향을 미친다고 주장하였다.
③ 로젠탈(R. Rosenthal)과 제이콥슨(L. Jacobson)은 학업성취가 올라가리라는 교사의 기대가 학생의 학업성취를 높인다고 주장하였다.
④ 번스타인(B. Bernstein)은 노동자 계층 자녀의 학업성취가 낮은 이유는 가정에서 제한된 언어 코드가 아닌 정교한 언어 코드를 사용하기 때문이라고 주장하였다.

15 「평생교육법」에 근거할 때, 평생교육기관이 아닌 것은?

① 교육감에게 등록된 학교교과교습학원
② 관할청에 보고된 대학 부설 평생교육원
③ 교육감에게 신고된 시민사회단체의 평생교육 시설
④ 교육부장관의 인가를 받은 사업장 부설 사내 대학

16 다음 (가), (나)의 내용에 해당하는 평생교육제도를 바르게 짝지은 것은?

> (가) 개인의 다양한 학습경험을 공식적인 이력
> 부에 종합적으로 누적·관리하고 그 결과
> 를 학력이나 자격 인정과 연계하거나 고
> 용 정보로 활용하는 제도이다.
> (나) 학교에서뿐만 아니라 학교 밖에서 이루어
> 지는 다양한 형태의 학습경험 및 자격을
> 학점으로 인정하고, 학점이 누적되어 일
> 정 기준을 충족하면 학위취득을 가능하게
> 하는 제도이다.

	(가)	(나)
①	평생학습계좌제	학점은행제
②	문하생학력인정제	학점은행제
③	평생학습계좌제	독학학위제
④	문하생학력인정제	독학학위제

17 과학적 관리론을 학교 상황에 적용한 것으로 가장 적절한 것은?

① 학교장은 구성원들의 동기를 파악하여, 내재적 동기를 적극적으로 유발한다.

② 학교장은 학교조직을 개방체제로 파악하고, 학교 문제해결을 위해 학부모들의 요구를 적극 반영한다.

③ 교사들 간의 적절한 갈등은 학교의 발전에 도움이 된다고 보고, 학교장은 적절한 갈등 자극 전략을 사용한다.

④ 교사는 교수자로서 학생을 가르치는 데 전념하고, 학교장은 관리자로서 학교행정을 책임지는 일에 집중한다.

18 학교장의 변혁적 지도성 행동으로 볼 수 없는 것은?

① 학교구성원이 혁신적이고 창의적으로 사고하고 행동하도록 유도한다.

② 높은 기준의 도덕적 행위를 보여 줌으로써 학교구성원의 신뢰를 얻는다.

③ 학교구성원이 원하는 보상을 제공하고 그 대가로 주어진 과업을 달성하도록 한다.

④ 학교구성원과 더불어 학교의 비전을 설정하고 공유하여 학교의 변화를 도모한다.

19 교육공무원의 징계 효력에 대한 설명으로 옳은 것은?

① 정직된 자는 직무에는 종사하지만 3개월간 보수를 받지 못한다.

② 견책된 자는 직무에는 종사하지만 6개월간 승진과 승급이 제한된다.

③ 해임된 자는 공무원 신분은 보유하나 3개월간 직무에 종사할 수 없다.

④ 파면된 자는 공무원 관계로부터 배제되고 1년간 공무원으로 임용될 수 없다.

20 「초·중등교육법」에 근거할 때, 학교회계에 대한 설명으로 옳은 것은?

① 단위 학교 행정실장이 학교회계 세입세출예산안을 편성한다.

② 학교회계 세입세출예산안은 학교운영위원회의 심의를 거쳐야 한다.

③ 학교회계의 회계연도는 매년 1월 1일에 시작하여 12월 말일에 종료된다.

④ 학교발전기금으로부터 받은 전입금은 학교회계의 세입으로 할 수 없다.

교육학개론 기출문제

국가직 9급

지방직 9급

국가직 9급

01 다음 설명에 해당하는 동기이론은?

> • 학생은 자기 자신의 행동과 운명을 자율적으로 선택할 수 있다.
> • 학습에 대한 선택권을 제공함으로써 학생의 자율성을 신장시킬 수 있다.
> • 학생이 스스로 과제를 선택할 때, 보다 오랫동안 과제에 참여하고 즐거운 학습경험을 하게 된다.

① 귀인이론
② 기대−가치 이론
③ 자기결정성 이론
④ 자기효능감 이론

02 다음 설명에 해당하는 교육과정 조직의 원리는?

> • 교육과정 내용이 제시되는 시간적 순서를 의미
> • 단순한 내용에서 복잡한 내용 순으로 제시
> • 친숙한 내용에서 낯선 내용 순으로 제시
> • 구체적인 개념에서 추상적인 개념 순으로 제시

① 범위   ② 계속성
③ 계열성   ④ 균형성

03 다음과 같이 주장한 사람은?

> • 학습이 학교에 의해서만 이루어지는 것은 아니고, 학교가 반드시 학습의 증진을 가져다주는 것도 아니다.
> • '조작적 제도'에 대치되는 것으로 '상호친화적 제도'를 만들어야 한다.
> • 기존의 학교제도를 대신해 '학습을 위한 네트워크'를 만들어야 한다.

① 일리치(I. Illich)
② 라이머(E. Reimer)
③ 프레이리(P. Freire)
④ 슈타이너(R. Steiner)

04 「교육공무원법」상 교원의 전보에 해당하는 것은?

① 교사가 장학사로 임용된 경우
② 도교육청 장학관이 교장으로 임용된 경우
③ 중학교 교사가 초등학교 교사로 임용된 경우
④ 교육지원청 장학사가 도교육청 장학사로 임용된 경우

05 일제 강점기의 제2차 조선교육령에 대한 설명으로 옳지 않은 것은?

① 조선어를 필수과목으로 정했다.
② 고등보통학교의 수업 연한을 3년으로 정했다.
③ 대학 설립에 관한 조항을 두었다.
④ 3·1 운동으로 표출된 반일감정을 무마하기 위한 회유책이었다.

06 다음은 「평생교육법」 조항의 일부이다. 괄호 안에 공통으로 들어가는 말은?

> 제2조(정의) 이 법에서 사용하는 용어의 정의는 다음과 같다.
> 1. "평생교육"이란 학교의 정규교육과정을 제외한 학력보완교육, 성인 (   )교육, 직업능력 향상교육, 인문교양교육, 문화예술교육, 시민참여교육 등을 포함하는 모든 형태의 조직적인 교육활동을 말한다.
> 제39조(문해교육의 실시 등)
> ① 국가 및 지방자치단체는 성인의 사회생활에 필요한 (   )능력 등 기초능력을 높이기 위하여 노력하여야 한다.

① 취업
② 문자해득
③ 의사소통
④ 정보통신

07 학생이 문제해결능력이 없는 경우, 교사가 어떤 역할을 해야 하는지에 대한 비고츠키(L. Vygotsky)의 관점으로 보기 어려운 것은?

① 구조화를 형성할 수 있는 단서를 제공한다.
② 세부사항과 단계를 기억할 수 있도록 조력하고 격려한다.
③ 표준화 지능검사 문항을 풀게 하여 학생의 지적 발달 수준을 측정한다.
④ 학생이 혼자서 풀 수 있는 문제와 도움을 받아야 하는 문제를 모두 평가하여 지적 발달 수준을 측정한다.

08 브론펜브레너(U. Bronfenbrenner)에 의해 제안된 인간발달의 생태이론에서 중간체계(mesosystem)에 대한 설명으로 가장 적절한 것은?

① 아동이 속해 있는 사회의 이념, 가치, 관습, 제도 등을 의미한다.
② 아동과 아주 가까운 주변에서 일어나는 활동과 상호작용을 나타낸다.
③ 가정, 학교, 또래집단과 같은 미시체계들 간의 연결이나 상호 관계를 나타낸다.
④ 아동이 직접적으로 접촉하고 있지는 않지만 아동에게 영향을 주는 환경(부모의 직장, 보건소 등)을 나타낸다.

09 우리나라의 지방교육자치제에 대한 설명으로 옳지 않은 것은?

① 교육지원청에 교육장을 두되 장학관으로 보한다.
② 교육감은 시·도의 교육·학예에 관한 사무의 집행기관이다.
③ 교육감의 임기는 4년으로 하며, 교육감의 계속 재임은 2기에 한정한다.
④ 부교육감은 해당 시·도의 교육감이 추천한 사람을 교육부장관의 제청으로 국무총리를 거쳐 대통령이 임명한다.

10 우리나라의 지방교육재정에 대한 설명으로 옳은 것은?

① 교육세는 지방교육재정교부금의 재원에 포함되지 않는다.

② 광역시는 담배소비세의 100분의 45에 해당하는 금액을 교육비 특별회계로 전출하여야 한다.

③ 교육부장관은 특별교부금의 사용에 관하여 조건을 붙이거나 용도를 제한할 수 없다.

④ 시·군·자치구는 고등학교 이하 각급학교의 교육에 소요되는 경비를 보조할 수 없다.

11 다음에 나타난 관료제의 역기능은?

김 교장은 교사들이 수업을 충실하게 진행하도록 유도하기 위해 모든 수업에 대한 지도안을 사전에 작성하여 제출하도록 하였다. 그 후로 교사들이 수업지도안을 작성해서 제출하느라 수업시간에 늦는 사례가 빈발했다.

① 권태

② 인간 경시

③ 실적과 연공의 갈등

④ 목표와 수단의 전도

12 다음과 같은 학교조직의 특성을 나타내는 말은?

• 교원의 직무수행에 대한 엄격하고 분명한 감독이나 평가방법이 없다.

• 교사들의 가치관과 신념, 전문적 지식, 문화·사회적 배경에 따라 교육내용에 대한 해석이나 교수방법이 다르다.

• 체제나 조직 내의 참여자에게 보다 많은 자유재량권과 자기결정권을 제공한다.

① 관료체제   ② 계선조직

③ 비공식조직   ④ 이완결합체제

13 정신분석이론에 기초한 상담기법이 아닌 것은?

① 자유연상

② 꿈의 분석

③ 전이의 분석

④ 무조건적인 긍정적 수용

14 다음 설명에 해당하는 교육평가 유형은?

• 학습보조의 개별화를 위한 자료를 제공한다.

• 학습진전의 효율화를 확인하기 위한 자료를 제공한다.

• 교수-학습방법의 개선을 위한 자료를 제공한다.

① 형성평가   ② 진단평가

③ 절대평가   ④ 총괄평가

15 행동변화를 위한 행동주의 수업기법에 해당하지 않는 것은?

① 모델링
② 행동조성
③ 체계적 둔감화
④ 선행조직자 제시

16 교육공학의 기본영역별 하위영역에 대한 설명으로 옳지 않은 것은?

① 평가영역에는 문제분석, 준거지향 측정, 형성평가, 총괄평가가 있다.
② 활용영역에는 프로젝트 관리, 자원관리, 전달체제 관리, 정보관리가 있다.
③ 설계영역에는 교수체제 설계, 메시지 디자인, 교수전략, 학습자 특성이 있다.
④ 개발영역에는 인쇄 테크놀로지, 시청각 테크놀로지, 컴퓨터 기반 테크놀로지, 통합 테크놀로지가 있다.

17 문제중심학습(Problem-Based Learning)의 특징이라고 보기 어려운 것은?

① 실제성   ② 협동학습
③ 자기주도학습   ④ 구조적인 문제

18 우리나라의 독학자 학위취득시험 단계에서 ☐ 에 들어갈 것은?

① 심층면접
② 학위취득 종합시험
③ 실무능력 인정시험
④ 독학능력 인정시험

19 우리나라 학교운영위원회의 구성 및 운영에 대한 설명으로 옳은 것은?

① 국·공립학교의 교감은 운영위원회의 당연직 교원위원이 된다.
② 국·공립학교에 두는 운영위원회의 회의는 학교장이 소집한다.
③ 국·공립학교에 두는 운영위원회는 학교교육과정의 운영방법에 대해서 심의한다.
④ 사립학교에 두는 운영위원회는 학교발전기금의 조성·운용 및 사용에 관한 사항을 심의할 수 없다.

20 「초·중등교육법」 및 동법 시행령상 학교에 대한 설명으로 옳지 않은 것은?

① 자율고등학교는 자율형 사립고와 자율형 공립고, 자율학교로 구분된다.
② 교육감이 특성화중학교를 지정·고시하고자 하는 경우에는 미리 교육부장관의 동의를 받아야 한다.
③ 교육감이 특성화중학교의 지정을 취소하는 경우에는 미리 교육부장관의 동의를 받아야 한다.
④ 교육감이 외국어 계열의 특수목적고등학교를 지정·고시하고자 하는 경우에는 미리 교육부장관의 동의를 받아야 한다.

지방직 9급

01 교육의 목적을 내재적 · 외재적 목적으로 구분할 때, 〈보기〉에서 외재적 목적에 해당하는 것으로만 묶은 것은?

───── 보기 ─────
ㄱ. 국가 경쟁력 강화
ㄴ. 지식의 형식 추구
ㄷ. 인적자원의 개발
ㄹ. 합리적 마음의 계발

① ㄱ, ㄴ   ② ㄱ, ㄷ
③ ㄴ, ㄹ   ④ ㄷ, ㄹ

02 18세기 유럽의 계몽주의 교육사조에 대한 설명으로 틀린 것은?

① 인간의 이성적 능력을 신뢰하였다.
② 전통적인 관습과 권위에 도전하였다.
③ 인문 · 예술 교과를 통한 감성교육을 강조하였다.
④ 교육을 통한 무지의 타파와 사회개혁을 추구하였다.

03 다음 내용에 해당하는 우리나라 교육제도는?

• 유(儒) · 불(佛) · 선(禪) 삼교의 융합
• 청소년들의 심신을 수련하는 교육집단
• 원광(圓光)의 세속오계를 통한 교육이념의 체계화

① 고구려의 경당   ② 신라의 화랑도
③ 고려의 국자감   ④ 조선의 성균관

04 고대 그리스의 소크라테스 교육사상에 대한 설명으로 틀린 것은?

① 덕(德)과 지식은 동일하다고 주장하였다.
② 도덕성 함양을 위해 습관 형성을 강조하였다.
③ 교육방법으로 대화법과 산파술을 사용하였다.
④ 절대적이고 객관적인 진리의 존재를 역설하였다.

05 다음 ㉠과 ㉡에 해당하는 용어로 올바른 것은?

• 타일러(R. Tyler)는 교육과정 개발단계를 (㉠), 학습경험 선정, 학습경험 조직, 교육평가로 제시하였다.
• 워커(D. Walker)가 제안한 교육과정 개발단계는 강령(platform), (㉡), 설계(design)로 구성된다.

	㉠	㉡
①	교육목표 설정	숙의(deliberation)
②	교육내용 결정	숙의(deliberation)
③	교육목표 설정	처방(prescription)
④	교육내용 결정	처방(prescription)

06 경험중심 교육과정에 대한 설명으로 가장 옳은 것은?

① 사전에 계획된 조직적이고 계통적인 수업을 선호한다.

② 학문의 핵심적인 아이디어 또는 기본원리 및 개념을 중시한다.

③ 문화유산 가운데 영구적이고 객관적인 사실, 개념, 법칙을 강조한다.

④ 학생의 실생활 내용을 주로 다루며, 학생 흥미 위주의 수업을 지향한다.

07 다음에서 설명하는 교수·학습방법은?

> • 브루너(J. Bruner)에 의해 제시되었다.
> • 수업의 과정은 '문제인식, 가설설정, 가설검증, 적용'의 순으로 진행된다.
> • 교사는 지시를 최소한으로 줄이고, 학생 스스로 자발적인 학습을 통해서 학습목표를 달성하도록 지도한다.

① 설명학습 ② 협동학습

③ 발견학습 ④ 개별학습

08 체제적 교수설계(ADDIE)모형에서 '개발(development)' 단계에 해당하는 활동은?

① 교수자료 및 매체를 제작한다.

② 학습자의 선수지식 정도를 확인한다.

③ 수업목표에 따라 단원의 계열을 결정한다.

④ 학습과제의 특성과 하위요소 간의 관계를 파악한다.

09 인지 양식을 장독립적 양식과 장의존적 양식으로 구분할 때, 장독립적 양식을 지닌 학습자의 일반적인 특성으로 옳은 것은?

① 정보를 분석적으로 처리한다.

② 개별학습보다는 협동학습을 선호한다.

③ 비구조화된 과제의 수행에 어려움을 겪는다.

④ 교사 또는 동료 학생과의 대인관계를 중시한다.

10 다음 내용에 가장 부합하는 동기이론은?

> 학생들의 학습동기는 두 가지로 구분할 수 있다. 첫째, 숙달(mastery)에 초점을 맞추는 학생은 공부의 목적을 학습 자체에 두고 지식이나 기능을 습득하며, 적극적으로 학습활동에 참여하고, 도전적인 과제를 선택하는 경향이 있다. 둘째, 수행(performance)에 초점을 맞추는 학생은 다른 사람에게 자신의 능력을 과시하거나 인정을 받기 위해 공부하며, 어려운 과제보다 쉬운 과제를 선택하는 경향이 있다.

① 강화이론(reinforcement theory)

② 충동감소이론(drive reduction theory)

③ 목표지향성이론(goal orientation theory)

④ 인지부조화이론(cognitive dissonance theory)

11 다음 내용과 가장 관련이 깊은 상담이론가는?

- 비지시적 상담 혹은 내담자 중심 상담을 제안하였다.
- 인간의 잠재력과 성장 가능성을 신뢰하며, 상담자와 내담자 사이의 인간관계를 중시하였다.
- 상담자의 자세로 진실성(congruence), 무조건적인 긍정적 존중, 공감적 이해를 강조하였다.
- 충분히 기능하는 인간(fully functioning person)이 되는 것을 상담의 목표로 하였다.

① 올포트(G. Allport)
② 로저스(C. Rogers)
③ 프랭클(V. Frankle)
④ 매슬로(A. Maslow)

12 규준참조(norm-referenced)평가와 비교할 때, 준거참조(criterion-referenced)평가의 특징으로 가장 옳은 것은?

① 정규분포곡선과 표준점수를 기초로 한다.
② 선발적 교육관보다는 발달적 교육관에 근거한다.
③ 검사도구의 타당도보다는 신뢰도와 문항곤란도를 중시한다.
④ 학생들 사이의 개인차를 강조함으로써 경쟁심을 조장할 수 있다.

13 다음 내용과 다른 입장을 가진 교육사회학자는?

- 사회를 유기체에 비유한다.
- 사회의 각 부분은 상호의존적이다.
- 학교의 사회적 기능은 사회화, 선발 및 배치에 있다.
- 사회의 각 부분은 사회 전체의 유지와 조화에 기여한다.

① 파슨스(T. Parsons)
② 드리븐(R. Dreeben)
③ 뒤르켐(E. Durkheim)
④ 번스타인(B. Bernstein)

14 다음 내용에 가장 부합하는 '교육의 평등'은?

- 학업성취도가 낮은 학생들에게 보충교육을 실시한다.
- 농촌과 도서 벽지의 학생들에게 추가적인 교육자료를 제공한다.
- 구체적 정책으로는 농어촌지역학생 대학입학특별전형제, 기회균등할당제 등이 있다.

① 교육조건의 평등
② 교육투입의 평등
③ 교육과정의 평등
④ 교육결과의 평등

15 평생교육에 이론적 기초를 제공한 학자와 그가 주장한 핵심 개념이 올바르게 연결된 것은?

① 일리치(I. Illich) − 인간자본론
② 랑그랑(P. Lengrand) − 순환교육
③ 허친스(R. Hutchins) − 문화재생산이론
④ 놀스(K. Knowles) − 안드라고지(andragogy)

16 다음은 학교장이 교직원들에게 당부한 내용이다. 이 내용과 가장 부합하는 교육행정의 원리는?

> 학교의 주요 결정에 교육주체의 참여를 보장하고, 공익에 초점을 두면서 행정의 과정을 공개하며, 학교 내 다른 부서들과 이해와 협조를 바탕으로 사무를 집행해 주기를 바랍니다.

① 민주성의 원리   ② 자주성의 원리
③ 합법성의 원리   ④ 효율성의 원리

17 토마스(K. Thomas)의 갈등관리이론에 근거할 때, 다음 모든 상황에서 가장 효과적인 갈등관리의 방식은?

> • 조화와 안정이 특히 중요할 때
> • 자신이 잘못한 것을 알았을 때
> • 다른 사람에게 더 중요한 사항일 때
> • 패배가 불가피하여 손실을 극소화할 필요가 있을 때

① 경쟁   ② 회피
③ 수용   ④ 타협

18 목표관리기법(MBO)의 절차를 다음과 같이 4단계로 구분할 때, ( )에 들어갈 활동으로 가장 적합한 것은?

> 1단계 : 전체 교육목적을 명확하게 개발한다.
> 2단계 : 직위별로 성취해야 할 목표를 정한다.
> 3단계 : 서로 다른 목표들을 전체 목적에 따라 조정하고 통합한다.
> 4단계 : (   )

① 의사결정의 목록을 작성한다.
② 세부 사업계획 및 소요예산을 산출한다.
③ 활동에 걸리는 기대소요시간을 산정한다.
④ 성과 및 결과를 측정할 수 있는 방법을 개발한다.

19 다음의 특징과 가장 일치하는 학교예산편성제도는?

> • 전년도 예산편성과 상관없이 신년도 사업을 평가하여 예산을 결정한다.
> • 창의적이고 자발적인 사업의 구상과 실행을 유도할 수 있다.
> • 사업이 기각되거나 평가절하되면 비협조적 풍토가 야기될 수 있다.

① 기획 예산제도   ② 품목별 예산제도
③ 영기준 예산제도   ④ 성과주의 예산제도

20 현행 「국가공무원법」에 근거할 때, 교육공무원의 의무가 아닌 것은?

① 종교에 따른 차별 없이 직무를 수행하여야 한다.
② 직무를 수행할 때 소속 상관의 직무상 명령에 복종하여야 한다.
③ 국민 전체의 봉사자로서 친절하고 공정하게 직무를 수행하여야 한다.
④ 직무의 전문성을 높이기 위해서 자기 개발과 부단한 연구를 하여야 한다.

교육학개론
기출문제집

교육학개론 기출문제

국가직 9급

국가직 9급

01 시험의 교육적 기능에 대비한 사회적 기능이 아닌 것은?

① 지식의 공식화와 위계화
② 교육과정 결정
③ 문화의 형성과 변화
④ 사회적 선발

02 서책형 교과서와 비교하여 디지털 교과서의 장점으로 보기 어려운 것은?

① 사용에 있어 시공간의 제약이 적다.
② 학습자의 능력 및 수준에 따른 맞춤형 학습이 용이하다.
③ 다양한 멀티미디어 콘텐츠의 활용을 통해 학습 동기를 높일 수 있다.
④ 특정한 장비와 프로그램이 없어도 접근이 가능하여 시간과 비용을 절약할 수 있다.

03 학교조직에서 관료제의 특징과 설명의 연결이 옳지 않은 것은?

① 몰인정지향성 - 개인적인 감정에 좌우되지 않고 원리원칙에 의해 조직을 운영한다.
② 경력지향성 - 조직 구성원의 직무경력을 중요하게 여겨 한 조직에 오랫동안 남게 하는 유인이 된다.
③ 분업과 전문화 - 과업을 효율적으로 수행하기 위하여 직위 간에 직무를 적정하게 배분하고 전문화를 도모한다.
④ 규칙과 규정 - 모든 직위가 공식적 명령계통을 중심으로 계층구조를 가지고 있어 부서 및 개인 활동의 조정이 용이하다.

04 교육행정의 특성으로 옳은 것은?

① 교육행정은 조직, 인사, 내용, 운영 등에서의 자율성과 민주성을 중요시한다.
② 교육행정은 교육과 행정을 구분하기 때문에 정치적 측면에 강조점을 두지 않는다.
③ 교육이 전문적 활동이기 때문에 이를 지원하는 교육행정은 특별한 훈련 없이도 수월하게 이루어질 수 있다.
④ 교육행정은 교수-학습활동의 감독을 중요한 출발점으로 한다.

05 현대 교육철학 사조 중 본질주의에 대한 설명으로 옳은 것은?

① 인류의 전통과 문화유산을 소중히 여기며 교육을 통해 문화의 주요 요소들을 다음 세대에 전달할 것을 강조한다.
② 진리를 인간의 경험에서 나오는 실험적 혹은 가설적인 것으로 간주한다.
③ 교육에서 전통과 고전의 원리를 강조하고 불변의 진리를 인정한다.
④ 교육이 문화의 기본적인 가치를 실현시키는 새로운 사회질서를 창조하는 일에 전념할 것을 강조한다.

06 렌줄리(J. S. Renzulli)가 제안한 영재성 개념의 구성요인이 아닌 것은?

① 평균 이상의 일반능력
② 평균 이상의 지도성
③ 높은 수준의 창의성
④ 높은 수준의 과제집착력

07 평가도구의 양호도에 대한 설명으로 옳지 않은 것은?

① 규준지향평가의 신뢰도에서는 원점수 자체의 의미가 중요하다.
② 평가도구의 문항 수는 신뢰도에 영향을 미친다.
③ 최근에는 타당도를 평가 결과의 해석이 얼마나 타당한가에 대한 근거를 수집하는 과정으로 본다.
④ 입학시험과 입학 이후의 학업성적과의 상관이 높다면 입학시험의 예측 타당도가 높다고 할 수 있다.

08 지능이론에 대한 설명으로 옳지 않은 것은?

① 유동지능은 탈문화적이고 비언어적인 능력과 관련되며 두뇌 발달에 영향을 받는다.
② 삼원지능이론에서는 일상적인 문제와 사회적 상황을 효과적으로 처리하고 반응하는 것이 지능의 주요 요소 중 하나이다.
③ g요인설을 통해 언어 능력과 추론 능력이 동시에 우수한 사람에 대한 설명이 가능하다.
④ 결정지능은 태어날 때 이미 결정되어 있기 때문에 새로운 지식이나 경험이 영향을 미치지 않는다.

09 조선시대 과거제도에 대한 설명으로 옳지 않은 것은?

① 문과 대과에 급제한 자에게는 홍패(紅牌)가 지급되었다.
② 생진과의 복시(覆試)에 합격한 자에게는 성균관에 입학할 수 있는 자격이 주어졌다.
③ 생원시에서는 유교경전을, 진사시에서는 부(賦), 시(詩) 등의 문학을 시험보았다.
④ 과거시험은 정규시험인 정시(庭試)와 특별시험인 별시(別試)로 구분된다.

10 우리나라 교육재정에 대한 설명으로 옳지 않은 것은?

① 공교육비는 공부담 교육비와 사부담 교육비로 나뉘는데, 학생 납입금은 사부담 교육비에 해당된다.
② 지방교육재정의 가장 큰 재원은 지방교육재정교부금 및 보조금이다.
③ 국가의 재정이 국민의 납세의무에 의해 재원을 확보하듯이 교육예산도 공권력에 의한 강제성을 전제로 한다.
④ 교육재정의 지출 가운데 시설비가 차지하는 비중이 인건비에 비해서 상대적으로 크다.

11 평생교육제도에 대한 설명으로 옳은 것은?

① 학점은행제는 다양한 학습 경험을 학점으로 인정하나 학위 취득은 불가능한 제도이다.
② 학습계좌제는 학습자에게 교육비를 무상으로 지원해주기 위한 제도이다.
③ 시간제 등록제는 대학의 입학 자격이 있는 사람이 시간제로 등록하여 수업을 받을 수 있게 하는 제도이다.
④ 산업대학은 원격교육을 통해 정식 학위를 수여하는 제도이다.

12 다음 글에 해당하는 교육사상가는?

> "모든 것은 조물주의 손에서 나올 때는 순전히 선하나 인간의 손에 넘어오면서 타락한다."고 주장하며, 인위적 교육을 비판하고 자연의 원리에 맞는 교육을 해야 한다고 강조하였다.

① 니일(A. S. Neill)
② 루소(J. J. Rousseau)
③ 듀이(J. Dewey)
④ 로크(J. Locke)

13 학교교육에서 생활지도의 기본원리로 옳지 않은 것은?

① 치료나 교정보다 예방에 중점을 두고 있다.
② 학교 교육과정과 통합될 필요가 있다.
③ 문제유발 가능성이 없는 학생은 대상에 포함되지 않는다.
④ 개인의 권리와 존엄성 및 가치의 인정을 기초로 한다.

14 뱅크스(J. A. Banks)가 제시한 다문화 교육의 목적이 아닌 것은?

① 특정 인종이나 민족 또는 소외받은 자만을 대상으로 교육하는 것이다.
② 학생들에게 다른 문화의 관점을 통해 자신의 문화를 바라보게 함으로써 자기 이해를 증진시키는 것이다.
③ 학생들에게 문화적, 민족적, 언어적 대안과 선택을 가르치는 것이다.
④ 학생들이 전 지구적이며 테크놀로지화된 세계에서 살아가는 데 필요한 읽기, 쓰기, 수리적 능력을 습득하도록 돕는 것이다.

15 다음에 해당하는 의사결정모형은?

> 학교 조직의 의사결정은 다양한 문제와 해결방안들 사이의 혼란스러운 상호작용 속에서 비합리적이고 우연적 방식으로 이루어진다.

① 혼합모형
② 만족모형
③ 최적화모형
④ 쓰레기통모형

16 아이즈너(E. W. Eisner)가 제시한 영교육과정(Null Curriculum)에 대한 설명으로 옳은 것은?

① 공식적 교육과정에서 의도하지 않았으나 학생들이 은연중에 배우게 되는 경험된 교육과정이다.
② 교사가 교실에서 실제로 가르친 교육과정이다.
③ 교육적 가치가 있음에도 불구하고 공식적 교육과정에서 배제된 교육과정이다.
④ 공적 문서 속에 기술되어 있는 교육계획으로서의 교육과정이다.

17 교육과정의 내용조직원리에 대한 설명으로 옳은 것은?

① 범위성(scope)은 교과목이나 단원의 폭과 영역을 결정하는 것이다.
② 통합성(integration)은 교육 내용을 결정할 때 생길 수 있는 여러 결절부를 중복, 비약, 후퇴, 누락 등이 없도록 부드럽게 조절하는 것이다.
③ 계열성(sequence)은 같은 내용이 반복되도록 조직하는 것이다.
④ 연속성(continuity)은 교육 내용이 위계적·논리적 순서에 따라 심화 및 확대되도록 조직하는 것이다.

18 학업성취격차에 관한 설명으로 옳지 않은 것은?

① 번스타인(B. Bernstein)은 가정에서 사용하는 언어의 특성이 학업성취에 영향을 미치지 않는다고 설명하였다.

② 부르디외(P. Bourdieu)의 문화자본이론은 특정 문화에 익숙한 계층이 학업성취에 유리하다고 설명하였다.

③ 사회자본이론은 가정환경이 지역사회 및 학교와의 사회적 관계를 통하여 학업성취에 영향을 미친다고 설명한다.

④ 학업성취에 대한 결과로서의 평등 측면에서 보상교육 프로그램이 실시되었다.

19 행동주의에 기반한 교수설계원리로 옳지 않은 것은?

① 학습목표는 수업이 끝났을 때 학습자가 성취해야 하는 결과를 관찰 가능한 행동목표로 진술해야 한다.

② 학습이 이루어질 수 있도록 내재적 동기를 유발할 수 있는 교수전략을 수립해야 한다.

③ 수업의 내용은 쉬운 것에서부터 어려운 것으로 점진적으로 제시해야 한다.

④ 바람직한 수행을 유도하기 위하여 지속적인 평가와 피드백을 제공해야 한다.

20 「학교폭력예방 및 대책에 관한 법률」상 내용으로 옳은 것은?

① 학교폭력 가해 중학생의 경우 퇴학처분이 가능하다.

② 학교의 장은 학교폭력과 관련한 개인정보 등을 경찰청장, 시·도경찰청장, 관할 경찰서장 및 관계기관의 장에게 요청할 수 없다.

③ 교육감은 학교폭력의 실태를 파악하고 학교폭력에 대한 효율적인 예방대책을 수립하기 위하여 학교폭력 실태조사를 연 2회 이상 실시하여야 한다.

④ 교육감은 학교폭력대책심의위원회가 처리한 학교의 학교폭력 빈도를 학교의 장에 대한 업무수행 평가에 부정적 자료로 사용할 수 있다.

교육학개론
기출문제집

교육학개론 기출문제

국가직 9급

2013 년 기출

2013.07.27. 시행

국가직 9급

01 형성평가와 총괄평가에 대한 설명으로 옳지 않은 것은?

① 형성평가는 학생 성적의 판정 및 진급 자격을 부여하거나 당락을 결정짓기 위해 시행된다.

② 형성평가는 교사의 학습지도방법 개선에 큰 도움을 준다.

③ 총괄평가는 교수·학습이 완료된 시점에서 교육목표의 달성 여부나 정도를 종합적으로 판정할 때 활용한다.

④ 형성평가는 학생의 학습에 대한 강화 역할을 한다.

02 인지학습이론(cognitive learning theories)에 기초한 수업방식으로 적절하지 않은 것은?

① 관련된 모든 내용을 학생들에게 제공하여 더 많은 정보를 얻게 한다.

② 주어진 내용을 분명하게 조직적으로 제시한다.

③ 학생들의 주의를 환기하고 유지하기 위해 다양성, 호기심, 놀라움을 강조한다.

④ 새로운 내용과 이미 알고 있는 내용을 연결할 수 있도록 도와준다.

03 조선시대 성균관에 대한 설명으로 옳은 것은?

① 양반(귀족)의 자제면 누구나 입학할 수 있다.

② 성현의 제사를 지내는 것이 주목적이다.

③ 강독, 제술, 서법 등이 교육 내용이다.

④ 생원이나 진사가 되기 위한 준비기관이다.

04 에릭슨(Erikson)의 심리사회적 발달단계에 따라 취학전 아동의 주도성(initiative)을 격려하기 위한 수업지침으로 가장 적절한 것은?

① 어린이들이 좋아하는 이야기에 어울리는 옷을 스스로 선택하고 등장인물이 되어 실연하면서 학습에 참여하게 한다.

② 짧고 간단한 숙제부터 시작해서 점차 양이 많은 과제를 내어주고, 향상 점검점(check point)을 설정하여 목표를 향해 열심히 학습하도록 격려한다.

③ 유명한 위인들의 생일을 표시한 달력을 만들어 각각의 생일마다 그 사람의 업적에 대해서 토론하고 자신의 미래 직업에 대해 탐색하게 한다.

④ 수학문제를 틀렸을 경우, 다른 어린이들의 모범답안을 보여 주어 자신의 문제풀이 과정과 비교할 수 있게 한다.

05 수업모형의 하나인 '협동학습'에 대한 설명으로 옳지 않은 것은?

① 모든 구성원이 함께 참여하여 성취할 수 있는 명확한 공동의 목표가 있어야 효과적이다.
② 효과적인 협동학습이 되기 위해서는 기본적으로 동질집단으로 구성되어야 한다.
③ 자신의 역할을 완수하지 않으면 구성원이 불이익을 받게 된다.
④ 협동학습이 잘 이루어지기 위해서는 신뢰에 바탕을 둔 구성원 간의 상호의존관계가 필요하다.

06 평생교육체제의 특징에 대한 설명으로 옳지 않은 것은?

① 인간의 통합적이고 유기적인 발달을 고려하여 여러 교육 간의 연계와 결합을 추구한다.
② 때와 상황에 따라 사회 전 영역에서 교육의 기회가 제공될 수 있어야 한다고 본다.
③ 지식, 인격, 이성이 변증법적으로 생성될 수 있다는 관점을 가지고 있다.
④ 교육은 문화유산의 전달수단이 되고, 인재선별의 기능을 한다.

07 갈등론적 관점에서의 학교교육에 대한 설명으로 옳지 않은 것은?

① 학교교육의 기능을 부정적, 비판적으로 본다.
② 학교교육은 기존의 사회구조를 재생산한다.
③ 학교교육은 사회의 안정과 질서에 기여하는 제도이다.
④ 학교교육은 계급구조와 불평등을 정당화한다.

08 '교육결과의 평등'을 위한 조치로 옳은 것은?

① 교육을 받을 수 있는 신분적, 법적 제약을 철폐한다.
② 교육을 위한 경제적, 지리적, 사회적 장애를 제거한다.
③ 모든 학생들이 평등한 조건에서 학습을 받을 수 있도록 교육조건을 정비한다.
④ 저소득층 아동들의 기초학습능력을 길러주기 위해 보상교육을 제공한다.

09 듀이(Dewey) 교육관의 특징에 해당하지 않는 것은?

① 사회적 가치보다는 아동의 흥미를 더 중시하는 아동 중심적 교육관이다.
② 이론 중심의 전통적 교육관에 대해 비판적이다.
③ 학습자 경험의 재구성과 성장을 중시하는 교육관이다.
④ 전통주의와 진보주의 교육 사이에서 극단적인 입장을 취하기보다는 절충적인 입장을 취한다.

10 현행 교육 관련법에서 교원에 대하여 규정하고 있는 내용으로 옳지 않은 것은?

① 교원은 교육자로서 갖추어야 할 품성과 자질을 향상시키기 위하여 노력하여야 한다.
② 교권은 존중되어야 하며, 교원은 그 전문적 지위나 신분에 영향을 미치는 부당한 간섭을 받지 아니한다.
③ 교원은 특정한 정당이나 정파를 지지하거나 반대하기 위하여 학생을 지도하거나 선동하여서는 아니 된다.
④ 교원은 어떠한 경우에도 소속 학교의 장의 동의 없이 학원 안에서 체포되지 아니한다.

11 교육의 개념에 대한 설명으로 옳지 않은 것은?

① 교육의 사회적 기능이 부각되면서 사회가 요구하는 가치나 규범을 내면화하는 개념으로 사회화라는 개념이 쓰이게 되었다.

② 교육의 기초인 양육은 물질적인 원조뿐만 아니라 정신적, 심리적 조력을 모두 포괄하는 개념이다.

③ 조작적 정의를 견지하는 학자들은 교육을 '인간행동을 계획적으로 변화시키는 과정'이라고 본다.

④ 훈련(training)은 자연의 원리에 따르는 교육에서 유래한 것으로, 신념체계 전체를 변화시키는 '전인적' 교육이다.

12 다음 글은 어느 동기이론에 관한 설명인가?

> • A교사는 평소 수업준비 및 연수에 많은 시간과 열정을 쏟아온 결과, 학생들의 성적 및 수업 만족도가 높은 편이다. 반면 같은 학교 동료교사 B는 그동안 수업준비나 연수에 시간과 열정을 훨씬 더 적게 쏟는 편이어서 늘 학생들의 성적이나 수업 만족도가 낮았다.
> • 그런데 최근 실시한 연구수업에서 동료교사 B가 학교장과의 관계가 좋다는 이유로 A 자신보다 더 높은 학교장의 평가를 받은 것으로 보였다. 그 일 이후 A교사는 수업에 대한 열정에 회의를 느끼면서 수업준비를 위한 시간이나 연수시간을 현저히 줄이게 되었다.
> • 이처럼 사람들은 자신의 노력에 대한 성과의 비율과 타인의 노력에 대한 성과의 비율을 비교하여 같지 않다고 느낄 경우 원래의 동기를 변화시키게 된다.

① 목표설정이론　　② 동기위생이론
③ 공정성이론　　　④ 기대이론

13 민간경제와 교육재정의 특성을 비교한 설명으로 옳은 것은?

① 민간경제는 등가교환의 원칙에 의하여 수입을 조달하지만, 교육재정은 합의의 원칙에 의한다.

② 민간경제는 수입과 지출이 균형을 유지해야 하는 특성을 가지고 있는 반면, 교육재정은 항상 잉여획득을 기본원칙으로 하여 거래가 이루어지고 있다.

③ 민간경제는 존속기간이 영속성을 가지고 있는 데 비해, 교육재정은 단기성을 가진다.

④ 민간경제는 양입제출의 회계원칙이 적용되는 데 반해, 교육재정은 양출제입의 원칙이 적용된다.

14 교육행정의 원리로서 '민주성의 원리'를 가장 잘 표현한 것은?

① 교육행정은 일반행정으로부터 분리·독립되고 정치와 종교로부터 중립성을 유지해야 한다.

② 다양한 구성원들의 의사를 반영하기 위해 위원회, 협의회 등을 둔다.

③ 가계가 곤란한 학생이 능력이 있을 경우 장학금을 지급하여 교육기회를 제공한다.

④ 교육행정 활동에서는 최소한의 인적·물적 자원과 시간을 들여서 최대의 성과를 거두도록 해야 한다.

15 현재 우리나라에서 시행되고 있는 지방교육자치제도에 대한 설명으로 옳은 것은?

① 교육위원회는 집행기관이고, 교육감은 의결기관이다.
② 교육위원회는 지방의회와 독립되어 있다.
③ 교육감의 임기는 4년으로 하며, 교육감의 계속 재임은 3기에 한정한다.
④ 교육감은 학교운영위원에 의한 간선제로 선출된다.

16 사물이나 사람의 특성을 측정하기 위해서는 측정단위를 설정하여야 한다. 다음 중 '절대영점'을 포함하고 있는 척도는?

① 명명척도(nominal scale)
② 서열척도(ordinal scale)
③ 동간척도(interval scale)
④ 비율척도(ratio scale)

17 상대평가와 절대평가의 특성에 대한 설명으로 옳지 않은 것은?

	상대평가	절대평가
①	신뢰도 강조	타당도 강조
②	규준지향	목표지향
③	편포곡선 기대	정상분포곡선 기대
④	선발적 교육관 강조	발달적 교육관 강조

18 수행평가에 대한 설명으로 옳지 않은 것은?

① 실기 중심의 평가에 기원을 두고 있는 수행평가는 인지적 영역 중심의 교과에서는 적절하지 않다.
② 수행평가는 아는 것과 수행능력이 일치하지 않을 수 있다는 자각에서 대두되었다.
③ 수행평가는 결과에만 초점을 두는 것이 아니라 수행의 과정과 결과를 다양한 방법에 의해 종합적으로 평가하는 것이다.
④ 수행평가는 학생 개인의 활동뿐만 아니라 여러 사람이 수행한 공동 활동에 대해서도 평가한다.

19 평생학습사회에서 학력은 전통적인 학교체제를 통해서 뿐만 아니라 다양한 학습과 경험을 통해서도 얻을 수 있다. 우리나라가 시행하고 있는 평생학습인증시스템이 아닌 것은?

① 학점은행제
② 평생교육사 자격제
③ 독학학위제
④ 문하생 학점·학력인정제

20 다음 설명에 해당하는 상담이론으로 가장 적절한 것은?

> 내담자의 사고과정을 수정 또는 변화시켜 정서적 장애와 행동적 장애를 극복하게 하는 데 상담의 중점을 둔다. 정서적 장애는 주로 비적응적인 사고과정의 결과로서, 이 잘못된 사고과정을 재구성하는 것이 상담의 주요 과제라고 본다.

① 인지적 상담
② 행동수정 상담
③ 인간중심 상담
④ 의사결정적 상담

교육학개론
기출문제집

정답 및 해설편

2023년~2013년

2023년 기출
2023.04.08. 시행

국가직 9급 정답 및 해설

⊘ 정답

01 ③	02 ②	03 ①	04 ③	05 ①
06 ②	07 ②	08 ③	09 ④	10 ①
11 ①	12 ④	13 ④	14 ②	15 ①
16 ④	17 ②	18 ③	19 ③	20 ②

01

✦ 정답해설

③ 항존주의 교육철학은 미국 사회의 진보주의 교육 운동을 비판하며 등장한 보수적인 교육철학 이념으로 교육에서 전통과 고전의 원리, 지식이나 진리의 영원성을 강조한다.

✦ 오답해설

①, ④ 진보주의 교육은 아동중심 교육관에 기반하여 아동의 흥미를 중시하며 교육은 현재 생활 그 자체로 실제적인 삶의 문제를 해결하는 데 초점을 둔다고 본다.

② 교육을 통한 사회 개조를 중시하는 재건주의 교육은 문화의 기본적인 가치를 실현시키는 새로운 사회질서를 창조하는 일에 전념할 것을 강조한다.

02

✦ 정답해설

② 비고츠키(Vygotsky)는 근접발달영역이란 '독립적 문제해결에 의해 결정되는 실제 발달수준과 성인의 도움을 받거나 또는 더 유능한 또래들과 협동하여 이루어지는 문제해결에 의해 결정되는 잠재적 발달수준 사이의 거리'라고 표현하였다.

03

✦ 정답해설

① 분산적 지도성은 구성원은 각기 다른 역량을 가지고 있으므로 모든 구성원을 의사결정에 참여시키며, 구성원의 전문성을 극대화하고 조직의 네트워크를 활성화하여 전문지식을 공유하여 협력적으로 문제를 해결하려고 한다.

✦ 오답해설

② 상황적 지도성에는 피들러(Fiedler)의 상황이론, 허시와 블랜차드(Hersey&Blandchard)의 상황적 리더십 이론 등이 있다.

③, ④ 거래적 지도성은 변혁적 지도성의 반대개념으로 거래적 지도자가 보상을 강조하는 반면, 변혁적 지도자는 조직의 변화와 혁신을 중시한다.

04

✦ 정답해설

③ 플라톤은 '국가론'에서 동굴의 비유를 통해 교육이란 어둠에서 빛으로 인도하고, 가장 먼저 빛을 깨닫게 되는 철인은 다시 동굴로 들어가 나머지 사람들이 빛을 볼 수 있게 인도해야 한다는 비유로 교육을 표현하였다.

05

✦ 정답해설

① 교수-학습 과정 중 출발점 행동 진단은 학습자의 현재 상태를 확인하여 학습자의 선수학습 요소, 적성, 흥미, 성취수준 등의 정도를 확인하는 것이다.
학습내용과 매체의 선정하고 수업절차를 확인하는 것은 출발점 행동 진단이 아닌 수업분석 단계에서 이루어진다.

06

✦ 정답해설

② 전인습 수준에는 복종과 벌의 1단계와 욕구 충족수단으로서의 도덕성인 2단계가 있다. 도덕성 발달의 시작은 처벌을 피하기 위한 행동에서 비롯된다는 것은 전인습 수준의 1단계에 관한 설명이다.

✦ 오답해설

① 콜버그(Kohlberg)의 도덕성 발달은 아동 초기에 초점을 둔 이론이 아니라, 인지발달 단계에 따른 도덕성 발달 능력을 추론하는 이론이다.

③ 초자아의 작동에 의한 도덕성의 발달은 콜버그의 도덕성 발달이론과는 관련이 없다. 콜버그의 도덕성 발달이론에서는 인지발달에 따른 도덕적 추론 능력이 발달한다고 본다.

④ 인습 수준에서 대인관계의 조화를 위한 도덕성 단계와 법과 질서의 단계를 통해 사회적 규범 및 법을 지향한다.

합격생
Guide 콜버그(L. Kohlberg)의 도덕성 발달이론 6단계

수준	단계	도덕적 판단기준
인습 이전 수준	1단계 복종과 처벌 지향	벌의 회피와 힘의 복종
	2단계 개인적 쾌락주의	욕구 충족, 상호 교환관계, 도구적 쾌락주의
인습 수준	3단계 착한 소년/소녀 지향	자기 주변 대다수의 공통된 생각
	4단계 사회질서와 권위 지향	법과 질서
인습 이후 수준	5단계 사회계약 지향	사회 전체가 합의한 기준
	6단계 보편적 도덕원리 지향	자기양심, 보편적 도덕원리

07

✦ 정답해설

② 가해학생 → 피해학생

제13조의2(학교의 장의 자체해결)
① 제13조 제2항 제4호 및 제5호에도 불구하고 피해학생 및 그 보호자가 심의위원회의 개최를 원하지 아니하는 다음 각 호에 모두 해당하는 경미한 학교폭력의 경우 학교의 장은 학교폭력사건을 자체적으로 해결할 수 있다. 이 경우 학교의 장은 지체 없이 이를 심의위원회에 보고하여야 한다.
1. 2주 이상의 신체적·정신적 치료가 필요한 진단서를 발급받지 않은 경우
2. 재산상 피해가 없거나 즉각 복구된 경우
3. 학교폭력이 지속적이지 않은 경우
4. 학교폭력에 대한 신고, 진술, 자료제공 등에 대한 보복행위가 아닌 경우

✦ 오답해설

① "학교폭력"이란 학교 내외에서 학생을 대상으로 발생한 상해, 폭행, 감금, 협박, 약취·유인, 명예훼손·모욕, 공갈, 강요·강제적인 심부름 및 성폭력, 따돌림, 사이버 따돌림, 정보통신망을 이용한 음란·폭력 정보 등에 의하여 신체·정신 또는 재산상의 피해를 수반하는 행위를 말한다(학교폭력예방 및 대책에 관한 법률 제2조 제1호).
③ 학교폭력예방 및 대책에 관한 법률 제15조 제2항
④ 학교폭력예방 및 대책에 관한 법률 제16조 제1항

08

✦ 정답해설

③ 가상현실(VR) 기술을 활용한 교육에서는 스마트폰의 증강현실 혹은 가상현실 앱 등을 핵심장치로 이용한다.

09

✦ 정답해설

④ 블룸(Bloom)의 교육목표 분류학의 인지적 영역에서 지식, 이해, 적용, 분석, 종합, 평가의 체계 중 분석에 관한 설명이다.

10

✦ 정답해설

① 『일반교육학』을 저술한 사람은 헤르바르트(Herbart)이다.

11

✦ 정답해설

① 교육행정의 과정 중 기획 혹은 계획에 관한 설명이다.

12

✦ 정답해설

④ 동기요인은 직무 만족에 기여하는 요인으로서 승진, 보상, 인정 등이며 위생요인은 직무 불만족에 기여하는 근무조건, 직업안정성, 보수 등이 해당한다.
X 이론은 인간을 관리의 대상으로 보며 X 이론에 의한 경영은 억압적이고 제한적인 조직문화를 형성한다. 반면에 Y 이론에 바탕을 둔 경영은 자유방임적이고 개발지향적이다.

13

✦ 정답해설

④ 비합리적 신념 논박은 인지적 기법에서의 상담 기법으로 사건에 대한 비합리적인 신념에 의해 부정적인 정서와 행동이 나왔으므로 이에 대하여 논박하여 인지적 재구조화를 통해 정서와 행동을 바꾼다는 것으로 엘리스(A.Ellis)의 ABCED 기법을 통해 주로 이루어진다.

14

✦ 정답해설

② 자유학기제는 학교운영위원회의 심의사항에 해당하지 않는다.

✦ 오답해설

① 「초·중등교육법」 제32조 제1항 제10호
③ 「초·중등교육법」 제32조 제1항 제4호
④ 「초·중등교육법」 제32조 제1항 제11호

합격생 Guide

제32조(기능)
① 학교에 두는 학교운영위원회는 다음 각 호의 사항을 심의한다. 다만, 사립학교에 두는 학교운영위원회의 경우 제7호 및 제8호의 사항은 제외하고, 제1호의 사항에 대하여는 자문한다.
1. 학교헌장과 학칙의 제정 또는 개정
2. 학교의 예산안과 결산
3. 학교교육과정의 운영방법
4. 교과용 도서와 교육 자료의 선정
5. 교복·체육복·졸업앨범 등 학부모 경비 부담 사항
6. 정규학습시간 종료 후 또는 방학기간 중의 교육활동 및 수련활동
7. 「교육공무원법」 제29조의3 제8항에 따른 공모 교장의 공모 방법, 임용, 평가 등
8. 「교육공무원법」 제31조 제2항에 따른 초빙교사의 추천
9. 학교운영지원비의 조성·운용 및 사용
10. 학교급식
11. 대학입학 특별전형 중 학교장 추천
12. 학교운동부의 구성·운영
13. 학교운영에 대한 제안 및 건의 사항
14. 그 밖에 대통령령이나 시·도의 조례로 정하는 사항

15

✦ 정답해설

① 교육사회학자 애플(Apple)의 문화적 헤게모니에 관한 내용이다.

✦ 오답해설

② 파슨스 - 역할사회화를 강조
③ 로젠탈 - 피그말리온 효과를 주장
④ 드리븐 - 규범적 사회화를 강조

16

✦ 정답해설

④ 학교시설, 실험실 등 물리적, 객관적 여건은 사회자본이 아니다. 사회자본은 사회적 관계를 가리키는 개념이다.

17

✦ 정답해설

② 학습 정도를 시간의 함수로 보고 시간의 개인차를 변수로 학업성취도 제고를 설계한 것은 캐롤(Carroll)의 학교학습모형에 해당한다.

18

✦ 오답해설

① 역량검사에 관한 내용
② 규준지향평가에 관한 내용
④ 형성평가에 관한 내용

19

✦ 오답해설

① 낙인 이론 - 사소한 잘못이 낙인이 되어 계속해서 더욱 심각한 비행을 저지르게 된다.
② 사회통제 이론 - 타고난 비행 성향을 통제해 줄 수 있는 유대감이 약화될 때 비행을 저지르게 된다.
④ 합리적 선택이론 - 합리적인 동시에 전략적인 개인을 상정한다.

20

✦ 오답해설

① 배치 활동
③ 추수 활동
④ 학생조사 활동

지방직 9급 정답 및 해설

☑ 정답

01 ③	02 ④	03 ④	04 ①	05 ②
06 ②	07 ①	08 ④	09 ②	10 ④
11 ②	12 ②	13 ④	14 ②	15 ②
16 ③	17 ①	18 ④	19 ④	20 ③

01

✦ 정답해설

ㄴ, ㄷ : 아이즈너(Eisner)의 교육과정은 예술적 교육과정 개발모형에서 예술가가 상상력을 발휘하듯이 학습기회의 유형을 개발할 때 교육적 상상력을 발휘해야 한다고 보았다. 아이즈너(Eisner)는 영 교육과정과 함께 교육적 상상력, 교육적 감식안 등을 중요시하였다.

✦ 오답해설

ㄱ, ㄹ : 타일러 모형에 관한 설명으로 타일러의 교육과정은 합리적인 개발모형으로 목표 중심 모형이다.

02

✦ 정답해설

④ 평가도구를 제작하고 평가를 실시하는 것은 개발 단계이다. 개발 단계에서는 교수-학습자료를 개발하고 형성평가를 통한 수정과 보완이 이루어진다.
평가 단계는 교수자료의 효율성을 측정하는 과정으로서 프로그램 만족도, 학습자의 변화 정도 및 전이 등을 평가하는 과정이다.

03

✦ 정답해설

④ 통찰학습이론은 인지주의 학습이론과 관련이 있다.
통찰학습은 서로 관련이 없던 요인들이 갑자기 전체로 재구성되면서 문제해결이 이루어지는 a-ha현상을 설명한다.

04

✦ 정답해설

① 경험을 통한 생활적응학습을 강조하는 것은 경험중심 교육과정이다.
학문중심 교육과정은 지식의 구조, 나선형 교육과정, 발견학습의 방법을 중요시한다.

05

✦ 정답해설

② 상징적 폭력과 문화자본을 설명하고 있는 문화재생산이론에 관한 내용이다.

✦ 오답해설

④ 지위경쟁이론 : 사회적 지위획득을 위해 계속적으로 더 높은 학력을 취득하고자 한다.

06

✦ 정답해설

② 학습망이란 획일적인 학교중심의 교육에서 벗어나 교육자료와 교육자에 대한 참고자료망, 동료연결망, 기술교환망의 학습의 네트워크를 통한 다양한 학습방법과 과정을 말한다. 일리치(Illich)는 기존의 학교제도를 대체할 수 있는 학습망이라는 개념을 제시하였다.

07

✦ 정답해설

① 성인학습자의 개인차는 나이가 들수록 증가한다.

08

✦ 정답해설

④ 인지적 기준으로 교육내용에 관한 것이다.

✦ 오답해설

① 규범적 기준 : 교육의 내재적 가치를 추구하는 일이다.

③ 과정적 기준 : 교육방법이 도덕적으로 온당한 방식으로 이루어져야 한다.

09

✦ 정답해설

② 갑오개혁은 1894년 7월~1896년 2월까지의 개혁운동이며 소학교령은 1895년, 외국어학교 관제는 1895년에 공포, 한성사범학교는 1895년에 설립되었다. 중학교 관제는 1899년에 제정되었으므로 문제의 연도기준(1894년부터 1896년까지)에 중학교는 포함되지 않는다.

10

✦ 정답해설

④ 헤르바르트(Herbart)는 도덕적 품성을 목적으로 하는 교육을 주장하였으며 심리학과 윤리학을 기반으로 하여 교육학을 체계화시킨 학자이다.

✦ 오답해설

① 페스탈로치(Pestalozzi)는 루소의 교육사상을 교육 실제에 적용하여 구체적인 형태로 실현시킨 학자이다.
② 피히테(Fichte)는 국가를 위한 국민교육을 주장한 학자이다.
③ 프뢰벨(Fröbel)은 유치원 교육의 선구자로서 유아교육사상의 기틀을 잡은 학자이다.

11

✦ 정답해설

② 기간제교원의 임용기간은 1년 이내로 하되, 필요한 경우 3년의 범위에서 그 기간을 연장할 수 있다(사립학교법 제54조의4 제3항).

✦ 오답해설

① 법 제10조 제2항
③ 법 제56조 제2항
④ 법 제53조 제1항

12

✦ 정답해설

② 피험자의 능력과 문항의 답을 맞힐 확률 간의 관계를 나타내는 문항특성곡선을 사용하는 것은 문항반응이론이다.

13

✦ 정답해설

④ 글래서(Glasser)의 현실치료는 내담자의 기본 욕구를 파악하여 바람직한 방식으로 욕구를 충족할 수 있도록 해주는 상담이론이다.

합격생 Guide 현실치료의 상담의 절차(WDEP)

바람(Want) – 질문을 통해 내담자가 자신의 생존, 소속, 즐거움, 자유 등의 현재 욕구를 탐색하도록 한다.

지시와 행동(Direction&Doing) – 욕구충족을 위한 내담자의 현재 행동을 파악한다.

평가(Evaluation) – 내담자로 하여금 자신의 행동을 현실성, 책임성, 공정성을 기준으로 평가하도록 한다.

계획과 활동(planning) – 내담자가 자신의 잘못된 행동을 찾아 성공적으로 바꾸는 구체적인 계획을 수립하여 실행하도록 한다.

14

✦ 정답해설

② 사회적 통제기제의 약화에 따른 비행행동을 설명하고, 개인과 사회 간의 결속이 약화될수록 일탈할 확률이 높아진다고 보는 청소년 비행 관련 이론은 사회통제이론이다. 사회통제이론은 일탈행동이 내적 규제 능력이 약화하거나 사회통제 매커니즘이 깨질 때 발생한다고 본다.

✦ 오답해설

① 낙인이론은 사회나 공동체가 낙인을 찍으면 부정적인 자아 정체감을 형성해 일탈 혹은 비행으로 이어진다고 보는 이론이다.
③ 아노미이론은 문화적인 가치와 사회적 수단 간의 불일치로 인한 괴리를 느끼면 일탈행위가 발생한다고 보는 이론이다.
④ 차별접촉이론은 모든 종류의 비행이 학습된 것으로 비행학습은 가까운 친구들로부터 이루어진다고 보는 이론이다.

15

✦ 정답해설

② 공동의 목표가 있고 이를 달성하기 위해 최선의 선택을 하며, 의사결정을 관련 당사자 간의 논의를 통한 합의의 결과로 이해하는 관점은 참여적 관점이다. 참여적 관점은 전문적 조직에 적합하다.

✦ 오답해설

① 합리적 관점 : 목표달성을 극대화하는 선택으로 관료제 조직에 적합하다.

③ 정치적 관점 : 협상에 의한 선택으로 다수의 이익집단이 존재하고 협상가능 조직에 적합하다.

④ 우연적 관점 : 우연에 의한 선택으로 조직화된 무질서 조직에 적합하다.

16

✦ 정답해설

③ 독학학위법 제5조에 따르면 교양과정 인정시험, 전공기초과정 인정시험, 전공심화과정 인정시험에 한해서 각 과정별 인정시험 또는 시험과목의 전부 또는 일부를 면제할 수 있다. 그러나 어떠한 경우에도 4단계 학위취득 종합시험은 반드시 거쳐야 한다.

합격생 Guide 독학에 의한 학위취득에 관한 법률 제5조 (시험의 과정 및 과목)

① 시험은 다음 각 호의 과정별 시험을 거쳐야 하며, 제4호의 학위취득 종합시험에 응시하려는 사람은 제1호부터 제3호까지의 각 과정별 시험을 모두 거쳐야 한다. 다만, 대통령령으로 정하는 바에 따라 일정한 학력(學歷)이나 자격이 있는 사람에 대하여는 제1호부터 제3호까지의 각 과정별 인정시험 또는 시험과목의 전부 또는 일부를 면제할 수 있다.
1. 교양과정 인정시험
2. 전공기초과정 인정시험
3. 전공심화과정 인정시험
4. 학위취득 종합시험

17

✦ 정답해설

① 학생이 교육을 받는 기간 동안 미취업에 따른 유실소득은 공부담이 아니라 사부담 교육기회비용에 해당된다.

공교육비	공부담 공교육비 : 국가, 지방자치단체, 학교법인이 지출하는 비용
	사부담 공교육비 : 입학금, 수업료, 학교운영지원비 등
사교육비	교재대, 부교재대, 학용품비, 학원비, 과외비 등
간접교육비	교육의 기회비용, 교육을 받음으로써 잃게 되는 포기된 소득

18

✦ 정답해설

④ 허즈버그(Herzberg)의 동기-위생이론에서 동기요인은 직무 그 자체와 관련된 것으로 성취, 자신의 인정, 발전감, 성장가능성 등과 관련이 있다. 동기요인은 충족되면 만족에 기여한다.

✦ 오답해설

ㄱ, ㄴ은 모두 위생요인에 속한다.
위생요인은 보수, 대인관계, 승진, 근무조건 등으로 충족되지 않으면 불만족에 기여한다.

19

✦ 정답해설

④ 교육과정을 통하여 학습자가 얼마나 성장하였는가에 관심을 두는 평가는 성장참조평가이다. 성장참조평가는 평가의 교수적 기능과 상담적 기능을 강조하고 학업증진의 기회를 제공할 수 있다.

✦ 오답해설

① 규준참조평가 : 상대평가로 개인의 점수를 집단의 규준에 비추어 상대적 위치를 보는 평가 방식이다.

② 준거참조평가 : 절대평가로 개인의 점수를 절대적인 기준에 준거에 비추어 해석하는 평가 방식이다. 절대적인 기준인 학습목표를 설정해 놓고 이 목표에 맞추어 학습과 개개인의 학업성취 정도를 보는 평가방식이다.

③ 능력참조평가 : 학습자가 가지고 있는 자신의 능력에 비해 얼마나 노력하였는지를 평가하는 방식이다. 능력참조평가는 학생들의 잠재능력을 측정할 수 있으며 개인을 위주로 개별적 평가를 실시할 수 있다.

20

✦ 정답해설

③ 일반(general) 전이는 선행학습과 후행학습이 유사성이 없을 때 발생한다. 수학 시간에 배운 사칙연산을 완전히 새로운 장면에 적용한 사례가 아니라고 본다면 일반 전이는 사례에 해당하는 전이가 아니다.

✦ 오답해설

① 긍정적(positive) 전이는 선행학습이 후행학습을 촉진하는 경우이다. 수학 시간에 배운 사칙연산이 새로운 상황의 이해를 촉진하는 현상이므로 긍정적 전이에 해당한다.

② 특수(specific) 전이는 선행학습과 후행학습이 구체적 유
사성이 있을 때 발생한다. 학교에서 배운 것을 구체적인
상황에 적용하고 있으므로 수평적 전이에 해당한다.
④ 수평적(lateral) 전이는 선행학습 과제와 후행학습 과제의
수준이 비슷한 경우에 발생한다. 한 분야에서 학습한 것
을 실생활에 적용하고 있으므로 수평적 전이에 해당한다.

2022년 기출
2022.04.02. 시행

국가직 9급 정답 및 해설

☑ 정답

01 ③	02 ④	03 ③	04 ②	05 ④
06 ③	07 ④	08 ②	09 ①	10 ③
11 ①	12 ②	13 ①	14 ④	15 ②
16 ①	17 ③	18 ④	19 ③	20 ②

01

✦ 정답해설

③ Ubiquitous(시간·장소 등에 구애받지 않고 네트워크에 접속한다는 뜻)와 Learning(교육을 뜻함)을 합한 u-러닝(ubiquitous learning)을 설명하고 있다. u-러닝은 새로운 형태의 학습법으로 컴퓨터 앞에서 인터넷 강의를 듣는 e-러닝(electronic learning)의 한계를 넘어서 언제 어디서나 원하는 것을 배울 수 있는 학습형태라고 할 수 있다.

02

✦ 정답해설

④ 교육의 사회적 기능 중 사회충원의 기능에 대한 설명이다. 사회의 존속과 발전을 위해 교육을 통한 인력의 선발, 분류, 배치 등의 기능을 한다.

✦ 오답해설

① 문화전승의 기능은 교육의 1차적 기능으로서 공인된 가치관, 행동양식, 문화를 교육을 통해 다음 세대로 전달하는 것을 의미한다.

③ 사회통합의 기능은 여러 다른 요소들이 고유의 기능을 유지하면서 사회의 조화를 함께 이루는 기능으로 문화전승의 2차적 기능이라고도 불린다.

03

✦ 정답해설

③ 능력에서의 사회구조적 불평등을 고려하는 것은 갈등이론의 주장이다. 갈등이론에서는 경제적 불평등이 학교 교육을 통해 재생산된다고 주장하기 때문에 가정환경이 사회적 지위에 큰 영향을 끼친다고 주장한다.

04

✦ 정답해설

② 협동학습의 원리에는 1. 긍정적 상호의존성, 2. 개별 책무성, 3. 대면적 상호작용, 4. 사회적 기술, 5. 집단 과정이 있다. 협동학습은 동질적이 아닌 이질집단의 소집단을 구성하여 공동의 목표를 성취하기 위하여 구성원들이 서로 긍정적으로 상호작용하면서 학습하도록 하는 수업방법이다.

05

✦ 정답해설

④ 한 검사를 같은 집단에서 시간 간격을 두고 2회 진행하는 것은 재검사 신뢰도에 대한 설명이다.
동형검사신뢰도는 두 개의 동형검사를 같은 집단에서 거의 동시에 두 번 실시하여 두 검사의 상관계수를 산출하는 것으로 시험 간격의 영향을 안 받는 장점이 있지만 동형검사를 제작하는 데 어려움이 있다는 단점이 있다.

06

✦ 정답해설

③ 고전적 조건형성 이론은 러시아의 생리학자 파블로프가 주장한 것으로 특정한 자극에 따라 생기는 반응은 그와 다른 성질의 자극으로도 똑같이 만들 수 있다는 것이다. 불안, 기쁨 등의 정서 반응, 생리적 반응 형성을 설명하는 데 유용한 학습이론으로서 고전적 조건반사 이론이라고도 불린다. '꾸중'은 무조건자극, '얼굴이 붉어짐'은 무조건반응, '국어 선생님'은 중립자극에 해당한다고 할 수 있다.

07

✦ 정답해설

④ • 원초아 – 생물학적 자아, 쾌락을 추구하는 본능적 욕망으로 구성
• 자아 – 심리적 자아, 원초아와 초자아의 요구를 조정
• 초자아 – 사회적 도덕적 자아, 양심과 자아이상이라는 하위체계로 구성

08

✦ 정답해설

② • 주의집중(attention) - 관찰을 통해 학습이 이루어지도
록 관찰 대상의 행동과 결과에 주의를 집중해야 하는
과정이다.
• 파지(retention) - 관찰한 것을 이후에 모방으로 나타내
기 위해 어느 정도의 시간 동안 상징적인 형태로 저장
하는 것으로 상징적 부호화 과정이라고 할 수 있다.
• 재생(reproduction) - 관찰한 행동을 필요할 때 스스로
할 수 있기 위해서는 기억 속에 저장된 것을 실제로 수
행하는 능력이 있어야 한다.
• 동기화(motivation) - 어떤 행동을 관찰하고 기억한 후
에 행동으로 재생할 수 있을지라도, 반응하려는 동기가
없으면 관찰한 것을 재생하지 않는다. 따라서 관찰을
통하여 학습한 것을 실제로 행동으로 발현하기 위해서
는 동기요인이 필요하다.

09

✦ 정답해설

① 성장참조평가는 최종 성취수준 그 자체보다는 평가대상
자의 초기수준에 비해 능력의 향상이나 성장된 정도를
강조하는 평가방식이다.

✦ 오답해설

ㄷ. 사전 측정치와 현재 측정치의 상관이 낮을수록 타당한
결과를 얻을 수 있다.
ㄹ. 규준참조평가에 대한 설명이다.

10

✦ 정답해설

③은 교과중심 교육과정에 대한 설명이다.
학문중심 교육과정은 지식의 구조를 강조하며 나선형의
교육과정조직으로서 학습자의 발달단계를 고려하여 기
본개념과 원리를 반복하면서 점점 깊이를 더해나가는 교
육과정이라고 할 수 있다.

11

✦ 정답해설

① 분석적 교육철학은 애매하거나 모호한 의미로 사용되는
교육의 주요 개념이나 의미를 명료하게 분석하고 그 논
리적 관계를 밝히는 것이다. 하지만 교육의 가치지향성을
충분히 고려하지 못하고, 교육적 언어의 역사적 사회적
측면을 소홀히 한다.
따라서 위대한 사상가의 교육사상이나 교육적 주장에서
교육의 목적과 방향을 찾으려 했다는 ①은 옳지 않은 설
명이다.

12

✦ 정답해설

② 스폴딩(Spaulding)은 평생교육의 유형을 형식적, 비형식
적, 무형식적 교육으로 구분하였다. 비형식적 교육은 정
규 학교교육 체계 밖에서 이루어지는 조직적 교육활동으
로 사설기관에서 이루어지는 학력보충교육, 연수원에서
의 기업교육 등이 해당된다.

13

✦ 정답해설

① 변혁적 리더십 - 번즈(Burns)와 배스(Bass)가 주장한 유형
으로 구성원의 성장욕구를 자극하여 동기화시킴으로써 구
성원의 태도와 신념을 변화시키고 성과를 달성하게 하는
지도성을 의미한다. 변혁적 리더십은 4I, 이상적인 완전한
영향력(idealized influence), 영감적 동기화(inspirational
motivation), 지적 자극(intellectual stimulation), 개발적 고
려(individualized consideration)의 특징을 갖는다.

✦ 오답해설

② 문화적 리더십 - 서지오바니(Sergiovanni)가 주장한 것
으로 구성원의 의미추구 욕구를 만족시켜 조직의 제도적
통합을 추구한다.
③ 도덕적 리더십 - 지도자의 도덕성과 구성원의 자율성을
바탕으로 구성원 각자가 셀프리더가 되는 유형으로 오웬
스(Owens)가 주장하였다.
④ 슈퍼 리더십 - 지도자가 구성원 각자를 지도자로 성장시
켜 자율적으로 지도하는 슈퍼리더십을 가지도록 하는 유
형으로 만즈와 심스(Mans & Sims)가 주장하였다.

14

✦ 정답해설

④ 경당은 427년 평양 천도 이후 건립되었다고 추정되는 고
구려의 지방 교육기관이다. 유교경전인 오경, 삼사, 문선
등을 독서하고 활쏘기를 연습하여 문무를 겸비한 인재를
양성하는 교육기관이었다.

사서(四書)는 고려 말에 안향이 중국으로부터 주자전서를 가져오면서 고려 말과 조선 시대 교육과정에서 중시되었다.

15

✦ 정답해설

② 아학편은 정약용이 아동의 한자학습을 위해 지은 교재로 2권 1책, 상하 두 권으로 나누어 각각 1,000자의 문자를 수록하였다. 상권에는 구체적인 명사, 실제적 현상에 부합하는 개념을, 하권에는 추상명사, 계절, 방위개념 등의 무형적 개념을 수록하였다.

✦ 오답해설

① 사소절 - 조선 후기 실학자 이덕무가 선비들의 수신, 제가에 관한 교훈 등을 설명한 수양서
③ 아희원람 - 조선 후기 장혼이 공부를 시작하는 아동들을 위해 만든 교육용 책
④ 하학지남 - 조선 후기 안정복이 만든 교육 지침서

16

✦ 정답해설

① 「학점인정 등에 관한 법률」 제7조 제2항 제2호에 따르면 중등교육이 아닌 대학교육(고등교육)에 상응하는 교육과정을 마친 자에게 학점을 인정할 수 있다.

합격생 Guide 학점인정 등에 관한 법률 제7조(학점인정)

① 교육부장관은 제3조 제1항에 따라 평가인정을 받은 학습과정을 마친 자에게 그에 상당하는 학점을 인정한다.
② 교육부장관은 다음 각 호의 어느 하나에 해당하는 자에게 그에 상당하는 학점을 인정할 수 있다.
 1. 대통령령으로 정하는 학교 또는 평생교육시설에서 「고등교육법」, 「평생교육법」 또는 학칙으로 정하는 바에 따라 교육과정을 마친 자
 2. 외국이나 군사분계선 이북지역에서 대학교육에 상응하는 교육과정을 마친 자
 3. 「고등교육법」 제36조 제1항, 「평생교육법」 제32조 또는 제33조에 따라 시간제로 등록하여 수업을 받은 자
 4. 대통령령으로 정하는 자격을 취득하거나 그 자격 취득에 필요한 교육과정을 마친 자
 5. 대통령령으로 정하는 시험에 합격하거나 그 시험이 면제되는 교육과정을 마친 자
 6. 「무형문화재 보전 및 진흥에 관한 법률」 제17조에 따라 국가무형문화재의 보유자로 인정된 사람과 그 전수교육을 받은 사람으로서 대통령령으로 정하는 사람

③ 삭제 〈2001.3.28.〉
④ 거짓이나 그 밖의 부정한 방법으로 제1항 또는 제2항에 따른 학점인정을 받은 경우 교육부장관은 이를 취소할 수 있다.
⑤ 제1항과 제2항에 따른 학점인정의 기준, 절차, 그 밖에 필요한 사항은 대통령령으로 정한다.

17

✦ 정답해설

③ 주관적 합리성을 추구하는 만족 모형에 대한 올바른 설명이다.

✦ 오답해설

① 혼합 모형은 합리성 모형의 이상주의와 점증 모형의 보수주의를 혼합하여 발전시킨 모형이다.
② 점증 모형이 아닌 합리성 모형에 대한 설명이다.
④ 합리성 모형이 아닌 점증 모형에 대한 설명이다.

18

✦ 정답해설

④ 보비트의 과학적 관리론은 인간의 작업과정을 분석하여 과학적으로 관리하면 능률을 극대화할 수 있다는 이론으로 교원들에게 학교행정을 맡기기보다는 학생들을 가르치는 데에 전념하도록 해야 한다고 본다.

19

✦ 정답해설

③ 몰입풍토에서 교장은 폐쇄적이지만, 교사들은 개방적이다. 교장은 비효과적인 통제를 하며 교사들은 전문적인 업무를 수행한다.

20

✦ 정답해설

② 성과주의 예산제도(Performance Budgeting System)는 종래의 항목별예산제도가 갖는 한계를 극복하기 위해 고안된 것으로 예산을 사업별로 편성하여 그 집행성과를 측정, 분석하여 내년 예산 편성에 반영하는 제도이다. 효율성을 강조하지만 자원의 최적배분, 예산의 질적 측면을 파악하기 힘든 점도 있다.

2022년 기출
2022.06.18. 시행

지방직 9급 정답 및 해설

⊘ 정답

01	④	02	③	03	②	04	①	05	①
06	②	07	①	08	③	09	④	10	④
11	③	12	①	13	③	14	②	15	④
16	①	17	①	18	④	19	②	20	③

01

✦ 정답해설

④ 적응성의 원리는 변화가 급격하게 이루어지는 현대 사회에서 필요한 원리로 변화하는 환경변화에 신축적이고 적극적으로 대처해야 한다는 것이다.

✦ 오답해설

① 민주성의 원리 : 운영측면의 원리 중의 하나로 광범위한 국민의 참여를 통하여 공정한 민의를 반영하는 것을 의미한다.
② 안정성의 원리 : 안정성의 원리는 교육활동의 지속성과 안정성을 유지하기 위해 필요한 운영측면의 원리 중에 하나이다.
③ 전문성의 원리 : 전문적인 지식과 기술을 습득한 전문가를 통해 교육행정의 고도의 수월성을 의도하는 원리이다.

02

✦ 정답해설

③ 가드너(Gardner)의 다중지능론에서 지능이란 현실의 당면한 문제를 해결하는 능력을 의미한다. 다중지능은 언어 지능, 논리 수학 지능, 음악 지능, 공간 지능, 신체기능 지능, 대인관계 지능, 개인내적 지능, 자연친화 지능, 실존 지능의 하위영역을 가지고 있다.

03

✦ 정답해설

② 학교조직은 순수한 관료제 조직이라기보다는 분권화와 표준화가 동시에 이루어지며 일정한 자율성을 가지고 있는 조직에 가깝다고 할 수 있다. 호이와 미스켈(Hoy & Miskel), 홀(Hall) 등에 따르면, 학교는 관료적·전문적 성격을 함께 가지고 있는 전문적 관료제 조직에 해당한다.

04

✦ 정답해설

① (가) 기능주의적 관점 : 기능주의는 교육과 사회의 긍정적 측면을 중시한다. 기능주의적 관점에서 학교는 능력주의에 따라 학생을 선발하고 인재충원의 기능을 한다고 본다.
   (나) 갈등론적 관점 : 갈등론적 관점에서는 교육과 사회의 부정적 측면을 중시한다. 학교가 불평등을 재생산하고 기존의 계층구조를 정당화하는 역할을 한다고 본다.

05

✦ 정답해설

① 로저스(Rogers)의 인간중심적 상담에서는 공감적 이해, 일치성, 무조건적인 긍정적 존중을 상담자에게 필요한 태도로 본다.
   체계적 둔감은 행동주의적 상담에서 불안 또는 긴장을 감소시켜 정서적 문제나 행동을 변화시키는 행동수정 기법이다.

06

✦ 정답해설

② 온라인 학습과 면대면 교육의 장점을 취하고 단점을 극복하려는 학습법은 블렌디드 러닝(blended learning)이다.

✦ 오답해설

① 상황학습(situated learning) : 구성주의 학습방법으로 실제 상황의 모의실험을 중시한다.
③ 모바일 러닝(mobile learning) : 무선인터넷 기술과 이동통신 기기를 활용한 학습법이다.
④ 팀기반학습(team-based learning) : 협동학습의 일종으로 적정 규모의 팀원이 문제를 해결하고 공동의 목표를 달성하기 위한 학습법이다.

07

✦ 정답해설

① 『에밀(Emile)』에서 자연주의 교육사상을 주장하고 아동의 관점에서 교육이 시작되어야 한다고 주장한 교육사상가는 루소(Rousseau)이다.

08

✦ 정답해설

③ 진보주의는 프래그머티즘의 철학에서 비롯된 교육철학으로 자유교양교육보다는 실용적 교육을 강조하였다.

09

✦ 정답해설

④

> 독학에 의한 학위취득에 관한 법률 제4조(응시자격)
> ① 시험에 응시할 수 있는 사람은 고등학교 졸업이나 이와 같은 수준 이상의 학력(學力)이 있다고 인정된 사람이어야 한다.

10

✦ 정답해설

④ 단순한 내용에서 복잡한 내용으로, 깊이와 너비가 증가되는 것은 교육내용의 조직 원리 중 하나인 계열성에 관한 내용이다. 계열성은 종적 조직의 원리로 선행학습보다 후행학습의 내용이 확대되고 심화되도록 조직하는 것을 뜻한다.

11

✦ 정답해설

③

> 지방교육자치에 관한 법률 제24조(교육감후보자의 자격)
> ② 교육감후보자가 되려는 사람은 후보자등록신청개시일을 기준으로 다음 각 호의 어느 하나에 해당하는 경력이 3년 이상 있거나 다음 각 호의 어느 하나에 해당하는 경력을 합한 경력이 3년 이상 있는 사람이어야 한다.
> 1. 교육경력: 「유아교육법」 제2조 제2호에 따른 유치원, 「초·중등교육법」 제2조 및 「고등교육법」 제2조에 따른 학교(이와 동등한 학력이 인정되는 교육기관 또는 평생교육시설로서 다른 법률에 따라 설치된 교육기관 또는 평생교육시설을 포함한다)에서 교원으로 근무한 경력

> 2. 교육행정경력: 국가 또는 지방자치단체의 교육기관에서 국가공무원 또는 지방공무원으로 교육·학예에 관한 사무에 종사한 경력과 「교육공무원법」 제2조 제1항 제2호 또는 제3호에 따른 교육공무원으로 근무한 경력

✦ 오답해설

① 법 제18조(교육감) 제1항
② 법 제20조(관장사무) 제4호
④ 법 제24조의2(교육감의 소환) 제1항

12

✦ 정답해설

① 예언타당도는 검사의 결과가 피험자의 장래의 행동이나 특성을 어느 정도 정확하게 예측하느냐를 알아보는 정도로 대학수학능력시험, 적성검사 등의 선발, 채용, 배치 등을 목적으로 하는 시험에서 강조된다.

13

✦ 정답해설

③ 정교화에 대한 올바른 설명이다.

✦ 오답해설

① 감각기억이 아니라 메타인지에 관한 설명이다.
② 시연이 아니라 조직화에 관한 설명이다.
④ 조직화가 아니라 심상화에 관한 설명이다.

14

✦ 정답해설

② 오수벨(Ausubel)의 유의미학습이론은 설명식 수업이론으로 여러 개념들 간의 관계를 가르칠 때 적용가치가 높으며 선행학습의 중요성에 대한 이론적 근거를 제공해 준다.

15

✦ 정답해설

④

> 교육기본법 제6조(교육의 중립성) ② 국가와 지방자치단체가 설립한 학교에서는 특정한 종교를 위한 종교교육을 하여서는 아니 된다.

✦ **오답해설**

① 교육기본법 제6조 제1항
② 교원의 노동조합 설립 및 운영 등에 관한 법률 제3조(정치활동의 금지)
③ 교육기본법 제14조(교원) 제4항

16

✦ **정답해설**

① 엘리스(Ellis)가 창시한 합리적·정서적 행동 상담(REBT)에 관한 설명이다. 합리적·정서적 행동 상담은 정서적 혼란을 가져오는 선행사건(A), 선행사건에 대한 신념(B), B 때문에 야기된 결과(C), 비합리적 신념에 대해 도전하기 위한 논박(D), 논박을 통해 얻은 효과(E)의 ABCDE 상담기법의 과정으로 진행된다.

17

✦ **정답해설**

① 문제중심학습(problem-based learning)은 구성주의 학습의 일종으로 추론기능과 자기 주도적 학습기능을 향상시킬 수 있는 학습방법이다. 따라서 비구조적 문제를 교수자가 사전에 제거하는 것이 아니라 학습자가 많이 직면하도록 하는 것이 좋다는 교수학습 방법이다.

18

✦ **정답해설**

④ 의도적인 사전 계획과 지속적인 훈련을 강조하는 것은 실존주의 교육철학이 아닌 전통적 교육철학의 관점이다. 실존주의 교육철학에서 부버(Buber), 볼르노(Bollnow) 등의 학자들은 교사와 학생의 실존적 만남을 강조한다. 실존주의 교육철학에서는 학생의 자유와 개성을 중시하고 교사는 있는 그대로의 학생을 인정하고 존중해야 한다.

19

✦ **정답해설**

②

> **지방교육재정교부금법 제11조(지방자치단체의 부담)** ① 시·도의 교육·학예에 필요한 경비는 해당 지방자치단체의 교육비특별회계에서 부담하되, 의무교육과 관련된 경비는 교육비특별회계의 재원 중 교부금과 제2항에 따른 일반회계로부터의 전입금으로 충당하고, 의무교육

> 외 교육과 관련된 경비는 교육비특별회계 재원 중 교부금, 제2항에 따른 일반회계로부터의 전입금, 수업료 및 입학금 등으로 충당한다.

✦ **오답해설**

① 지방교육재정교부금법 제1조(목적)
③ 지방교육재정교부금법 제9조(예산 계상) 제1항
④ 지방교육재정교부금법 제3조(교부금의 종류와 재원) 제1항

20

✦ **정답해설**

③ 교육의 과정을 통한 기회균등을 강조하고 교육시설, 교사의 자질, 교육방법, 교육과정 등의 균등화를 강조하는 것이 교육조건의 평등이다. 고교 평준화 정책이 대표적인 교육조건의 평등에 해당하는 예이다.

국가직 9급 정답 및 해설

☑ 정답

01 ③	02 ②	03 ①	04 ④	05 ③
06 ②	07 ④	08 ③	09 ④	10 ④
11 ②	12 ③	13 ①	14 ③	15 ②
16 ③	17 ①	18 ②	19 ②	20 ④

01

✦ 정답해설

③ 공식적 교육과정은 가르칠 내용을 선택하고 포함시켜 배울 기회를 마련하기도 하지만, 특정 내용이 배제되어 배울 기회를 놓치게 하는 점도 있기 때문에, 학교에서 공식적으로 가르치지 않는 교과, 지식 등을 고려한 것이 영 교육과정이다.

02

✦ 정답해설

② 객관도(objectivity)는 '채점자 간 신뢰도'로서, 여러 검사자(채점자)가 어느 정도로 일치된 평가를 하느냐의 정도를 말한다.

✦ 오답해설

① 타당도는 측정하고자 하는 내용을 검사가 제대로 측정하고 있는가의 정도이다.

③ 실용도는 검사의 유용성 정도로 검사를 할 때 비용과 이익을 비교 분석한 것이다.

④ 변별도는 검사에서 각 문항이 피험자들의 능력 수준을 변별할 수 있는 정도를 말한다.

03

✦ 정답해설

① 정적 강화란 어떤 행동이 일어난 후에 좋아하는 것을 보상해 줌으로써 그 행동의 빈도나 확률이 높아지도록 하는 것이다.

✦ 오답해설

② 부적 강화란 원하지 않는 어떤 불쾌한 자극을 제거함으로써 바람직한 행동의 빈도나 강도를 증가시키는 것이다.

③ 수여성 벌은 어떤 행동이 일어난 후에 불쾌한 자극(체벌등)을 제공하여 행동을 감소시키는 것이다.

④ 제거성 벌은 박탈성 벌로 어떤 행동 후 좋은 자극을 제거하여 행동을 감소시키는 것이다.

04

✦ 정답해설

④ 아비투스(habitus)는 부르디외(Bourdieu)에 의해 제시된 개념으로 내면화된 능력과 구조화된 욕구 체계를 뜻하며, 계급이 관행을 생산, 재생산하면서 지속적으로 생성력이 있는 성향을 보이는 것을 뜻한다.

✦ 오답해설

① 아노미(anomie)는 사회적 규범이 붕괴되면서 생기는 혼돈상태를 뜻한다.

② 쿠레레(currere)는 커리큘럼(Curriculum)의 어원으로 교육활동에 대한 아동 개개인이 가지는 경험의 본질적 의미를 뜻한다.

③ 패러다임(paradigm)은 어떤 한 시대의 사람들이 가지는 견해와 사고를 지배하는 개념의 집합체를 뜻한다.

05

✦ 정답해설

③ ARCS 모형은 켈러(Keller)가 학습자의 동기를 증진하기 위해 만든 모형으로 학습에서 성공기회, 학습의 필요조건, 개인적 조절감 증대 기회를 제시하는 것은 자신감(Confidence)에 해당하는 내용이다.

✦ 오답해설

① 주의집중(Attention)은 지각적 주의 환기, 탐구적 주의 환기, 다양성 추구와 관련된 내용이다.

② 관련성(Relevance)은 친밀성, 목적 지향성, 필요나 동기와의 부합성과 관련된 내용이다.

④ 만족감(Satisfaction)은 내적 강화, 외적 강화, 공정성 강조와 관련된 내용이다.

06

✦ 정답해설

② 설계(Design)단계는 학습목표를 명세화하고 평가도구를 설계, 개발, 구조화하며 교수매체와 교수전략 등을 선정하는 단계이다.

✦ 오답해설

① 분석(Analysis)단계는 학습과 관련된 요인들을 분석하는 단계로 학습자분석, 환경분석, 직무 및 과제분석 등의 활동단계이다.
③ 개발(Development)단계는 교수자료를 개발하고 교수자료의 초안 등을 수정하고 제작하는 단계이다.
④ 실행(Implement)단계는 교수자료를 사용 및 설치, 유지 및 관리하는 단계이다.

합격생 Guide | ADDIE 모형

교수설계 과정	활동
분석(Analysis)	요구분석, 학습자분석, 환경 분석, 직무 및 과제분석
설계(Design)	수행목표 명세화, 평가전략 개발, 교수전략 및 매체선정
개발(Development)	교수자료 개발, 형성평가 및 교수자료 수정·제작
실행(Implement)	사용 및 설치, 유지 및 관리
평가(Evaluation)	교육훈련의 성과 평가

07

✦ 정답해설

④ 와이너(B.Weiner)는 사람이 귀인을 어디로 돌리느냐에 따라 동기부여의 수준이 달라진다는 귀인 이론을 통해 귀인 과정을 체계화하였다. 운, 능력, 노력, 과제난이도 등을 귀인요소로 보았는데 이 중 외적이며, 안정적이고 통제 불가능한 귀인은 과제난이도에 해당한다.

✦ 오답해설

① 운은 외적이며, 불안정적이고 통제 불가능한 원인에 해당한다.
② 능력은 내적이며, 안정적이고 통제 불가능한 원인에 해당한다.
③ 노력은 내적이며, 불안정적이고 통제 가능한 원인에 해당한다.

합격생 Guide | 귀인이론의 기본모형

귀인요소	귀인의 차원		
	소재	안정성	통제 가능성
능력	내적	안정적	통제 불가능
노력	내적	불안정적	통제 가능
운	외적	불안정적	통제 불가능
과제난이도	외적	안정적	통제 불가능

08

✦ 정답해설

③ 2015 개정 교육과정에는 국가수준의 지원사항과 교육청 수준의 지원사항을 규정하고 있으며, 교과별 평가활동에 활용할 수 있는 다양한 평가방법, 절차, 도구 등을 개발하여 학교에 제공하는 것은 국가 수준의 지원사항에 해당한다.

09

✦ 정답해설

④ 신교육사회학은 비판적 관점에서 학교 교육과정을 분석하였다. 구조 기능주의에 기반하여 교육의 사회적 기능을 탐구한 것은 비판적 관점이 아닌 기능론적 관점과 관련된 내용이다.

✦ 오답해설

①, ②, ③ 기능주의나 갈등주의는 교육의 문제를 거시적으로 살펴 실제 안에서 어떤 일이 발생하고 그것이 어떤 의미가 있는지 보지 못하고 있다고 하며, 실제 학교 내부의 교육과정과 교육내용에 주목하고, 불평등의 문제를 학교 교육 안에서 찾고, 학교에서 가르치는 지식의 사회적 성격을 탐구하는 것이 바로 신교육사회학의 특징이라고 할 수 있다.

10

✦ 정답해설

④ 알성시는 국왕이 문묘에서 제례를 올릴 때 성균관 유생에게 시험을 보이는 것이고, 황감제는 성균관 유생에게 제주도에서 진상된 귤을 나눠주고 그들만을 대상으로 실시한 과거였다. 또한 도기과는 성균관 유생들을 대상으로 실시한 식년문과 초시에 해당한 과거시험이었다.

11

✦ 정답해설

② 학습계좌제는 국민의 평생교육을 위해 국가가 정규 학교 교육 이후의 모든 개인별 교육정도를 수록해 종합적으로 관리하는 제도이다.

✦ 오답해설

① 학습휴가제는 직장인이나 공무원이 계속교육 또는 재교육을 위해서 일정기간 동안 유·무급 휴가를 실시하는 제도이다.

③ 시간제 등록제란 고등학교 졸업자 및 동등학력 인정자에게 시간제로 대학에 등록을 하여 그 대학의 수업을 들을 수 있게 한 제도이다.

④ 평생교육 바우처는 정부가 제공하는 평생교육 이용권으로 만 19세 이상 성인 중 기초생활수급자, 차상위계층 또는 기준 중위소득 65% 이하인 가구의 학습자가 자율적으로 학습에 참여할 수 있게 하는 제도이다.

12

✦ 정답해설

③ 조직화된 무질서(organized anarchy) 조직은 목표의 불명료성, 기술의 다양성, 조직 구성원의 유동성 등의 특징이 있다.

✦ 오답해설

① 야생 조직(wild organization)은 조직과 고객 모두가 독자적인 선택권을 가지고 있는 조직이다.

② 관료제 조직(bureaucratic organization)은 대규모화된 조직의 업무를 처리하는 데 효율적인 사회의 피라미드식 조직 형태를 뜻한다.

④ 온상 조직(domesticated organization)은 조직과 고객 모두가 선택권을 가지고 있지 못한 조직이다.

13

✦ 정답해설

① 허즈버그(Herzberg)의 동기-위생이론 : 인간의 욕구에는 조직구성원에게 만족을 주고 동기를 유발하는 동기요인과 조직구성원에게 불만족을 초래하고 직무수행 동기를 적극적으로 유발하지 않는 위생요인이 있고 이 두 요인은 상호 독립되어 있다고 본다.

✦ 오답해설

② 매슬로우(Maslow)의 욕구위계이론 : 생리적 욕구, 안전욕구, 사회적 욕구, 존경욕구, 자아실현욕구의 순서대로 인간의 욕구는 진행된다고 본다.

③ 맥그리거(McGregor)의 X-Y이론 : 동기부여의 관점에서 전통적 인간관을 X이론으로, 새로운 인간관을 Y이론으로 분류한 이론이다.

④ 해크만과 올드햄(Hackman & Oldham)의 직무특성이론 : 직무의 특성이 개인의 내적 심리상태에 영향을 주어 생산성에 영향을 끼친다는 이론이다.

14

✦ 정답해설

③ 정체감 유실(foreclosure) : 자신의 중요한 문제를 스스로 고민하지 않고 타인의 결정이나 가치를 수용하는 것

✦ 오답해설

① 정체감 성취(achievement) : 자신의 가치, 신념 등을 형성하기 위해 정체감 위기를 극복한 상태

② 정체감 유예(moratorium) : 자신의 정체감을 형성하지 못했지만 많은 노력을 하고 있는 상태

④ 정체감 혼미(diffusion) : 자신의 문제에 대해 결정하지 않고 아무런 관심이 없는 상태

15

✦ 정답해설

② 사회적 실제에 기반을 둔 교육을 강조한 허스트(Hirst)와 관련된 내용이다.

✦ 오답해설

① 피터스(Peters) : 교육의 활동과 과정은 바람직한 것이어야 한다고 주장한 영국의 교육학자

③ 프레이리(Freire) : 문맹퇴치 교육과 민중교육 관심을 가진 브라질의 교육학자

④ 마르쿠제(Marcuse) : 프랑크푸르트 학파의 사회주의 사회학자

16

✦ **정답해설**

③ 고도의 전문화가 집단을 가장 효율적인 조직으로 이끈다는 것은 관료조직의 특징이다. 인간관계론은 인간의 태도, 감정 등과 같은 인간적 측면이 중요하며 조직 구성원간의 의사소통의 중요성 등을 강조한다.

17

✦ **정답해설**

① 허쉬-블랜차드(Hersey-Blanchard)는 피들러(Fiedler)의 상황이론을 발전시켜 4가지 리더십 유형을 제시하였고 구성원의 성숙도를 중요하게 여겼다.

✦ **오답해설**

②, ③, ④ 피들러의 리더십 상황 이론에서 지도자와 구성원의 관계, 집단의 과업구조, 리더의 직위 권력은 상황적 조절 변수로 부하의 성과에 대해 리더가 영향력을 행사하는 상황의 범위를 보여준다.

18

✦ **정답해설**

② 3.1운동 이후 일본의 통치 방식이 문화 통치로 바뀐 후 공포된 제2차 조선교육령의 내용이다.

✦ **오답해설**

① 제1차 조선교육령 : 식민통치에 부합되는 조선인을 양성하기 위해 실업교육에 중점을 두고 대학교육은 하지 않음
③ 제3차 조선교육령 : 민족말살정책으로 황국신민화 교육이 시작되고 보통학교가 소학교로 변경됨
④ 제4차 조선교육령 : 소학교가 국민학교로 개칭되고 조선어와 조선역사의 교육이 전면 금지됨

19

✦ **정답해설**

② ㄱ : 평생교육법 시행령 제16조 제1항

> **평생교육법 시행령 제16조(평생교육사의 등급 등)**
> ① 법 제24조 제4항에 따른 평생교육사의 등급은 1급부터 3급까지로 구분한다.

ㄷ : 평생교육법 제24조 제1항 제2호

> **평생교육법 제24조(평생교육사)**
> ① 교육부장관은 평생교육 전문인력을 양성하기 위하여 다음 각 호의 어느 하나에 해당하는 사람에게 평생교육사의 자격을 부여하며, 자격을 부여받은 사람에게는 자격증을 발급하여야 한다.
> 　2.「학점인정 등에 관한 법률」제3조 제1항에 따라 평가인정을 받은 학습과정을 운영하는 교육훈련기관(이하 "학점은행기관"이라 한다)에서 교육부령으로 정하는 평생교육 관련 교과목을 일정 학점 이상 이수하고 학위를 취득한 사람

✦ **오답해설**

ㄴ : 평생교육법 시행령 제21조 제1항

> **평생교육법 시행령 제21조(평생교육사 양성기관의 지정)**
> ① 법 제25조에 따른 평생교육사 양성기관으로 지정받을 수 있는 평생교육기관은 다음 각 호의 어느 하나와 같다.
> 　1. 법 제30조 제2항에 따른 대학 부설 평생교육원
> 　2.「공무원 인재개발법」에 따른 공무원교육훈련기관
> 　3.「교육공무원법」에 따른 연수기관
> 　4. 특별법 또는 정부출연으로 설립된 연수 및 교육훈련기관

20

✦ **정답해설**

④ 시·도교육비 특별회계의 세입은 중앙정부로부터 지원되는 지방교육재정교부금과 국고보조금, 지방자치단체(시·도)로부터 지원되는 지방자치단체의 일반회계로부터의 전입금, 그리고 교육비 특별회계 자체수입으로 구성되어 있다. 이 중 가장 규모가 큰 것은 지방교육재정교부금이다.

지방직 9급 정답 및 해설

✓ 정답

01 ③	02 ④	03 ②	04 ③	05 ③
06 ②	07 ②	08 ①	09 ①	10 ④
11 ③	12 ①	13 ③	14 ①	15 ④
16 ④	17 ③	18 ①	19 ①	20 ②

01

✦ 정답해설

③ 수업장학은 교사의 교수·학습 기술 향상을 위해 개별적이고 체계적인 성격의 조언 활동으로 임상장학, 마이크로티칭 등의 기법이 여기에 해당한다.

✦ 오답해설

① 동료장학은 수업의 개선과 교육활동의 개선을 위해 교사들이 서로 협동하는 것으로 자율성이 크며 수업방법의 연구와 개선 활동을 주로 하는 장학의 한 형태이다.
② 발달장학은 교사의 발전 정도에 따라 교사의 발전 수준을 높이는 장학의 한 형태이다.
④ 자기장학은 교사 스스로가 자신의 발전과 전문성 향상을 위해 스스로 계획을 수립하고 실천해 나가는 것으로 연수, 연구회 참여, 전문서적과 관련 자료의 활용 등이 포함되는 장학의 한 형태이다.

02

✦ 정답해설

④ 경제협력개발기구(OECD)는 1973년 평생교육을 위한 전략문서로 '순환교육: 평생교육을 위한 전략'을 발표하였다. 순환교육은 사회에 진출한 사람들을 다시 정규 교육기관에 입학하게 하여 재학습의 기회를 주는 교육으로 기본교육 이후에 전 생애에 걸쳐 순환적으로 교육에 참여할 수 있게 해주며 계속적으로 직업능력을 향상할 수 있게 도와주는 교육이다.

✦ 오답해설

① 계속교육은 정규교육을 다 마친 후에도 계속하여 교육을 받을 수 있는 기회를 제공하는 평생교육의 한 형태이다.
② 생애교육은 학교교육뿐만이 아니라, 가정, 학교, 사회에서 전 생애에 걸쳐 교육이 필요하다는 것이다.
③ 성인교육은 학교나 대학에서의 조직적 교육 등을 제외한 연령상의 성인을 대상으로 하는 교육을 말한다.

03

✦ 정답해설

② 뒤르켐은 사회화를 사회의 동질성을 유지하기 위해 한 사회의 공통적인 감성과 신념, 집단의식을 새로운 세대에 내면화시키는 보편적 사회화와 사회구성원 개개인의 특수한 환경이 요구하는 신체적, 도덕적, 지적 함양의 특수 사회화로 구분하였다.

04

✦ 정답해설

③ 자주성의 원리는 교육행정의 전문성을 위해 교육행정이 일반행정으로부터 분리되어 운영되어야 한다는 교육행정의 원리이다.

✦ 오답해설

① 안정성의 원리는 계속성과 일관성을 가지고 교육정책을 추진해야 한다는 것이다.
② 효율성의 원리는 최소한의 자원으로 최대의 교육목표를 달성하려는 것이다.
④ 민주성의 원리는 국민의 의사를 행정에 반영해야 한다고 본다.

05

✦ 정답해설

③ 브룸(Vroom)의 기대이론으로 개인의 행동은 의식적인 선택의 결과로서 동기를 개인의 여러 자발적 행위 중에서 자신의 선택을 지배하는 과정으로 보는 이론이다.

✦ 오답해설

① 허즈버그(Herzberg)의 동기-위생이론
② 아담스(Adams)의 공정성이론
④ 포터(Porter)와 로울러(Lawler)의 성과만족이론

06

✦ 정답해설

② 문화실조론은 문화적 상대주의가 아니라 자문화중심주의의 관점이다. 문화실조론은 학생 간의 사회문화적 차이 때문에 교육격차가 발생한다고 본다.

✦ 오답해설

① 문화실조론은 문화의 위계를 전제로 학생의 문화적 경험 부족을 학습실패 주요원인 중의 하나로 지목했다.

③ 헤드스타트 프로그램(head start program)은 빈곤의 악순환을 막기 위해 빈곤층의 아이들에게 교육 혜택을 주는 미국의 교육지원제도이다.

④ 문화실조론은 유전적 요인이 아닌 사회문화적 환경의 차이로 학생들의 성공과 실패가 결정된다고 보았다.

07

✦ 정답해설

② 평생교육법 제15조(평생학습도시) ③ 제2항에 따른 전국 평생학습도시협의회의 구성·운영에 필요한 사항은 대통령령으로 정한다.

✦ 오답해설

① 평생교육법 제15조(평생학습도시) 제4항
③ 평생교육법 제15조(평생학습도시) 제2항
④ 평생교육법 제15조(평생학습도시) 제1항

합격생 Guide

평생교육법 제15조(평생학습도시)
① 국가는 지역사회의 평생교육 활성화를 위하여 특별자치시, 시(「제주특별자치도 설치 및 국제자유도시 조성을 위한 특별법」제10조제2항에 따른 행정시를 포함한다. 이하 이 조 및 제15조의2에서 같다)·군 및 자치구를 대상으로 평생학습도시를 지정 및 지원할 수 있다. 이 경우 이미 지정된 평생학습도시에 대하여 평가를 거쳐 재지정 여부를 결정할 수 있다. 〈개정 2023.4.18.〉
② 제1항에 따른 평생학습도시 간의 연계·협력 및 정보교류의 증진을 위하여 전국평생학습도시협의회를 둘 수 있다.
③ 제2항에 따른 전국평생학습도시협의회의 구성·운영에 필요한 사항은 대통령령으로 정한다.
④ 제1항에 따른 평생학습도시의 지정, 지원 및 평가 등에 필요한 사항은 교육부장관이 정한다. 〈개정 2023.4.18.〉
[시행일: 2024.4.19.] 제15조

08

✦ 정답해설

① 지방교육자치에 관한 법률 제30조(보조기관) ② 부교육감은 해당 시·도의 교육감이 추천한 사람을 교육부장관의 제청으로 국무총리를 거쳐 대통령이 임명한다.

✦ 오답해설

② 교육감의 임기는 4년으로 하며, 교육감의 계속 재임은 3기에 한정한다(법 제21조).

③ 지방자치단체의 교육·과학·기술·체육 그 밖의 학예(이하 "교육·학예"라 한다)에 관한 사무는 특별시·광역시 및 도(이하 "시·도"라 한다)의 사무로 한다(법 제2조).

④ 지방교육자치에 관한 법률 부칙에 따라 교육위원회는 효력을 상실하게 되었고 지방교육자치에 관한 법률 제2장(제4조부터 제11조)이 삭제되었다. 현재 제주도에서만 교육의원을 선출하고 있다.

09

✦ 정답해설

① 성취기준은 학생들이 각 교과목을 통해 배우고 성취해나갈 내용과 이를 통해 수업 후에 할 수 있거나 할 수 있기를 기대하는 능력을 결합하여 나타낸 활동의 기준으로 교육내용의 범위와 수준을 결정한다.

10

✦ 정답해설

④ ㄱ. 동문학 : 1883년 설립된 관립 외국어 교육기관
ㄴ. 육영공원 : 1886년 설립된 최초의 근대식 공립교육기관
ㄷ. 연무공원 : 1888년 설립된 최초의 근대식 사관양성학교

11

✦ 정답해설

③ 포스트모더니즘은 연대의식을 강조하고 타자에 대해 관심을 가지고 공동체 정신, 상호협력의 정신을 강조한다.

✦ 오답해설

① 포스트모더니즘은 모든 인식활동은 상대적 관점에서 이루어진다고 보고 다원주의를 표방한다.

② 포스트모더니즘은 모든 지식은 지식을 생산하는 사람들의 이익을 반영한다고 보고 반권위주의를 표방한다.

④ 포스트모더니즘은 진리의 보편타당성을 부정하고 반정 초주의를 표방한다.

12

✦ 정답해설

① 렌줄리가 제시한 영재성의 세 요소는 높은 창의력(Creativity), 높은 과제집착력(Task commitment), 평균 이상의 능력 (Above average ability)이다. 높은 도덕성은 영재성의 세 가지 요소에 해당하지 않는다.

13

✦ 정답해설

③ ㄴ. 선호하지 않는 것을 제거함으로써 행동의 강도와 빈도를 높일 수 있는 것은 부적 강화이다.
ㄷ. 선호하는 것을 제공함으로써 행동의 강도와 빈도를 높일 수 있는 것은 정적 강화이다.

✦ 오답해설

ㄱ. 행동의 강도와 빈도를 높이는 데 있어 벌보다 강화가 더 효과적이다.

14

✦ 정답해설

① 형태주의가 아닌 행동주의에 관한 설명이다. 형태주의 심리학은 정보를 받아들이고 기억되는 과정에 관심을 둔다.

✦ 오답해설

② 사회인지이론은 개인적 특성, 행동, 환경의 상호작용을 통해 학습이 일어난다고 본다.
③ 행동주의 학습이론은 학습을 자극과 반응 간의 연합으로 유기체에서 일어나는 행동잠재력의 변화로 본다.
④ 정보처리이론은 인간의 인지과정을 컴퓨터의 정보처리 과정과 비교하면서 정보저장소를 감각기억, 작업기억, 장기기억으로 구분한다.

15

✦ 정답해설

④ 인지적 도제학습 이론은 학습자들이 전문가의 과제 수행 과정을 관찰하고 모방하면서, 실제로 과제를 수행해 보는 가운데 전문가의 문제해결능력과 사고능력을 배울 수 있도록 하는 이론이다.

✦ 오답해설

① 상황학습 이론은 실제 상황에서 문제를 해결하며, 학습이 끝난 후에 일상생활에서 실제적으로 적용할 수 있는 지식을 학습할 수 있게 하는 이론이다.
② 문제기반학습 이론은 학습자들이 제시된 문제를 해결하기 위해 소그룹 토론과 같은 협동학습을 통해 협동적으로 문제를 해결하는 이론이다.
③ 인지적 융통성 이론은 실제 세계와 같은 비구조화된 복잡한 환경을 제공하여 다차원적인 개념의 지식을 배우면서 여러 상황에서 적용할 수 있는 인지적 유연성을 획득하게 하는 이론이다.

16

✦ 정답해설

④ 현실 요법은 인간은 궁극적으로 자기 삶에 책임을 가져야 한다고 보며 자기결정을 하고 자유롭게 자신의 목표를 스스로 선택하고자 한다고 본다. 현실 요법은 자기의 행동에 대한 책임과 과거가 아닌 현재에 초점을 맞추고 현재의 행동에 중점을 두는 특징을 가지고 있다.

✦ 오답해설

① 인간중심 상담은 인간의 잠재력과 가능성에 대한 신뢰를 바탕으로 한 사람중심상담이다.
② 정신분석적 상담은 인간의 행동이나 성격문제에 대한 가정과 치료방법이다.
③ 행동주의 상담은 행동주의 학습이론의 실험연구를 기초로 모든 행동의 앞과 뒤에는 사상의 영향을 받아 동기유발된다고 보는 이론이다.

17

✦ 정답해설

③ ㄱ. 경쟁을 통한 학습자의 동기유발이 가능한 것은 규준지향평가의 특징이다. 준거참조평가는 경쟁보다는 협동학습과 성취감을 중요시한다.
ㄴ. 준거참조평가는 학습자의 지적 성취와 목표 달성을 중시하기 때문에 탐구정신 함양 등을 장점으로 들 수 있다.
ㄹ. 준거참조평가는 미리 설정해둔 성취수준과 학습목표를 평가하는 절대평가이기 때문에 일정 점수 이상을 획득한 대상에게 자격증을 부여할 때 적합한 평가이다.

✦ **오답해설**

ㄷ. 준거참조평가가 아닌 규준지향평가의 특징이다. 규준지향평가는 개인의 성취도를 집단 내의 다른 구성원과 비교하는 상대평가에 해당한다. 규준지향평가는 지나친 경쟁으로 정서적인 불안을 일으키고 암기 위주의 학습을 유도할 가능성이 있다.

18

✦ **정답해설**

① 2015 개정 교육과정에서는 자기관리 역량, 지식정보처리 역량, 창의적 사고 역량, 심미적 감성 역량, 의사소통 역량, 공동체 역량을 제시하였고 세계시민 역량은 이에 해당하지 않는다.

✦ **오답해설**

② 자기관리 역량은 자아정체성과 자신감을 가지고 자신의 삶과 진로에 필요한 기초 능력과 자질을 갖추어 자기주도적으로 살아갈 수 있는 것이다.
③ 심미적 감성 역량은 인간에 대한 공감적 이해와 문화적 감수성을 바탕으로 삶의 의미와 가치를 발견하고 향유하는 것이다.
④ 창의적 사고 역량은 폭넓은 기초 지식을 바탕으로 다양한 전문 분야의 지식, 기술, 경험을 융합적으로 활용하여 새로운 것을 창출하는 것이다.

19

✦ **정답해설**

① 사립학교의 재원은 학생 등록금, 학교 법인으로부터의 전입금뿐만 아니라, 국고 또는 각종 단체로부터의 전입금, 국고 또는 각종 단체로부터의 원조와 보조금으로 구성된다.

✦ **오답해설**

② 수업료, 입학금, 기성회비, 학교 운영 지원비 등은 사부담 교육비로 학부모 재원에 해당한다.
③ • 교육세법 제5조(교육세), 지방세법 제151조(지방교육세)
  • 국세와 지방세의 조정 등에 관한 법률 제2조(국세), 제3조(지방세)
④ 지방교육재정교부금법 제3조(교부금의 종류와 재원)

20

✦ **정답해설**

② 국학의 교육과정은 『논어』와 『효경』을 필수 과목으로 하여 『주역』, 『상서』, 『춘추좌씨전』, 『문선』 등이 있었다. 국자감의 교육과정은 『논어』와 『효경』을 필수 과목으로 하여 전공과목과 교양과목 등을 교육하였다.

✦ **오답해설**

① 『논어』는 중국 춘추시대의 공자와 그 제자들의 언행을 기록한 유교경전이며, 『맹자』는 왕도정치를 주장하는 정치철학서이다.
③ 『소학』은 송나라 주자가 아동들에게 유학의 기본을 가르치기 위해 만든 책이며, 『가례』는 가정의 관혼상제에 대한 예법이다.
④ 『대학』은 유교 경전에서 공자의 가르침을 나타내는 사서 중 하나이다.

국가직 9급 정답 및 해설

✓ 정답

01 ②	02 ①	03 ②	04 ③	05 ②
06 ③	07 ①	08 ④	09 ①	10 ④
11 ④	12 ④	13 ③	14 ②	15 ①
16 ③	17 ①	18 ③	19 ③	20 ④

01

✦ 정답해설

② 유용성의 원리는 타일러(Tyler)가 제시한 학습경험의 조직원리에 해당되지 않는다.

합격생 Guide

타일러(Tyler)의 교육과정 개발모형은 교육목표의 설정, 학습경험의 선정, 학습경험의 조직, 학습경험의 평가절차로 요약할 수 있다. 이 중 학습경험의 조직은 세 가지 원리로 구성되어 있는데, 동일 내용을 반복하는 계속성, 점차 깊이와 넓이를 더해가는 계열성, 수평적으로 교육내용을 묶는 통합성이 있다.

횡적 원리
- 스코프 : 특정시점에서 학생들이 배워야 할 내용의 폭과 깊이를 결정하는 것
- 통합성 : 교육내용의 관련성을 바탕으로 하나의 교과나 단원으로 묶는 것

종적 원리
- 계속성 : 동일내용의 단순 반복
- 계열성 : 동일내용의 폭과 깊이 심화

02

✦ 정답해설

① 교육과정과 교수방법의 개선은 시험의 '교육적 기능'으로 평가의 중점사항이라고 볼 수 있다.

✦ 오답해설

②, ③, ④는 주로 갈등론자들이 주장하는 시험의 '사회적 기능'에 대한 내용이다.

03

✦ 정답해설

② 일반적인 목적 및 학위 수여의 목적은 형식적 학습의 목적이다.
형식적 학습은 주로 정규 학교교육을 의미하며, 비형식 학습은 학교 교육 이외의 가정교육, 사회교육, 평생교육 등을 의미한다.

04

✦ 정답해설

③ 페이욜(Fayol)은 일반행정의 과정으로 '기획(Planning) → 조직(Organizing) → 명령(Commanding) → 조정(Coordinating) → 통제(Controlling)'라는 5가지 과정을 주장하였다. 각 부서별 관계를 통합, 조절하여 조직의 효율적 운영을 꾀하는 것은 교육행정 과정 중 조정에 해당한다.

합격생 Guide

※ 최고관리자의 기능[POSDCoRB]
굴릭(L. Gulick)과 어윅(L. Urwick)은 행정활동 과정을 7가지 단계로 구분하였는데, ㉠ 기획(planning), ㉡ 조직(organizing), ㉢ 인사(staffing), ㉣ 지휘(directing), ㉤ 조정(coordinating), ㉥ 보고(reporting), ㉦ 예산편성(budgeting)의 머릿글자를 따서 창안한 용어이다.

05

✦ 정답해설

② 교육비를 분류하는 방식에는 직접교육비와 간접교육비로 나눌 수 있다. 직접교육비에는 공교육비와 사교육비가 있으며, 공교육비는 회계절차를 거치는 비용이다. 따라서 학부모가 지출한 교재비는 분류상 직접교육비, 사교육비, 사부담 교육비에 해당한다.

06

✦ 정답해설

③ 지식 획득을 포함한 인간의 모든 인식행위는 가치중립적이라고 본 내용은 실증주의 또는 객관주의의 내용이다.

✦ **오답해설**

비판적 교육철학은 1970년대 후반에 프랑크푸르트 학파의 비판이론의 영향으로 형성된 것으로, 이데올로기와 사회문화의 재생산 과정으로서의 교육을 비판하고 극복 방안을 제시하였으며, 인간과 사회의 해방 추구, 교육의 개선과 실천을 위한 실천학으로서의 교육철학을 강조하였다. 특히 현대 자본주의 사회의 구조적 모순과 인간소외의 문제를 다루는 철학적 흐름에 대한 이론으로 인간의 모든 인식행위는 가치판단이 작용한 결과라고 본다. 즉, 인간이 자연과학적으로 결정되어 있다는 가치중립적 관점을 비판하고 가치추구적 관점을 강조한다. 하버마스(J. Habermas), 지루(H. Giroux), 프레이리(P. Freire) 등이 대표적인 학자이다.

07

✦ **정답해설**

① 『동몽선습』은 조선시대 소학(小學) 등 유학 입문용 교재로, 유학의 핵심윤리인 오륜(五倫)에 관한 부분과 중국·한국의 역사에 대한 서술, 즉 경(經)과 사(史)로 나누어 제시하였다. 중종 때 박세무가 저술하였다.

✦ **오답해설**

② 『유합』: 기본 한자에 수량이나 방위 따위의 종류에 따라 한자의 음과 뜻풀이를 붙인 한자 입문서이다.
③ 『입학도설』: 조선 전기 권근이 지은 유학서로 초학자들을 위해 성리학의 기본원리를 쉽게 해설하여 1390년에 편찬한 성리학 입문서이다.
④ 『훈몽자회』: 중종 때 최세진이 지은 어린이 한자 학습서이다.

08

✦ **정답해설**

④ 국가공무원법상 전직은 직렬을 달리하는 임명을 말하는 것이며, 전보는 같은 직급 내에서의 또는 고위공무원단 직위 간의 보직변경을 말한다. 따라서 중학교 교사가 특성화고 교사로 가는 것은 전직이 아니라 전보이다.

✦ **오답해설**

교사 – 교감 – 교장을 한 직렬, 장학사 – 장학관은 한 직렬, 교육연구사 – 교육연구관을 한 직렬로 보았을 때 ①, ②, ③의 내용은 전직에 해당한다.

09

✦ **정답해설**

① 랭그랑(Lengrand)의 『평생교육에 대한 입문』은 평생교육의 개념 확산에 기여한 평생교육 문헌이다.

✦ **오답해설**

② 포르(Faure)의 『존재를 위한 학습』: 교육의 목적을 개인의 인격 완성에 두는 것으로 세계 교육발전에 크게 기여하였다. 이 보고서는 초·중등 및 고등교육제도와 틀을 개혁함으로써 교육지평을 넓힐 것을 강조하였다.
③ 다베(Dave)의 『평생교육과 학교 교육과정』: 평생교육은 가정과 교육기관, 지역사회, 직장 등 어느 곳을 막론하고 그 안에서 행해지는 모든 자원학습을 총칭하며, 계획적인 것이건, 우발적인 것이건, 그 형태를 가리지 않는다고 정의하였다.
④ OECD의 『순환교육 보고서』: 순환교육은 1973년에 OECD가 제안한 개념으로, 정규학교를 졸업하고 직업을 가진 성인들에게 직업과 관계되는 새로운 지식과 기술을 교육하는 것으로서 산업사회의 직업기술 갱신을 위한 교육을 의미한다.

합격생 Guide 경제협력개발기구(OECD)가 제안한 순환교육

1. 의무교육 최종학년에 진로선택을 위한 교육과정이 설정되어야 한다.
2. 의무교육 이후에 각자의 생활적기에 따라서 가장 적절한 시기에 교육의 기회를 부여해 준다.
3. 모든 사람이 필요한 장소와 시간에 교육을 받을 수 있는 적절한 시설이 골고루 분포되도록 한다.
4. 일과 사회적 경험이 입학규정이나 교육과정 작성 시 주로 고려되어야 한다.
5. 학업과 직업을 교대할 수 있는 계속적 방법으로 생애과정을 구성하도록 한다.
6. 교과과정 편성, 교과내용, 교수방, 흥미집단, 연령집단, 사회집단별로 고려하여 동시화시킨다.
7. 학위나 증서를 학습결과로 보지 않고, 평생교육의 과정지도와 인격의 발달을 중시한다.
8. 의무교육 이후 각 개인은 적절한 직업준비와 사회적 안정을 얻을 수 있는 준비과정으로 일정한 학습휴가를 가질 권리가 있다.

10

✦ **정답해설**

④ 법 제정은 헌법, 법률, 명령, 규칙, 조례 순인데 학생인권조례는 규칙이 아니라 조례이다.

✦ 오답해설

① 초·중등교육법은 법률에 해당한다. 법률은 국회에서 의결, 제정되는 규범이다. 헌법 제40조는 법률을 제정하는 입법권은 국회에 속한다고 규정하고 있다.

② 유네스코 헌장은 조약에 해당한다. 조약은 국제법의 주체, 즉 국가 간의 문서에 의한 명시적 합의이다. 우리 헌법 제6조 제1항에서는 헌법에 의하여 체결·공포된 조약과 일반적으로 승인된 국제법규는 국내법과 같은 효력을 가진다고 규정하고 있다.

③ 고등교육법 시행령은 법규명령에 해당한다. 법규명령은 국민에게 의무를 과하고 국민의 권리를 제한하는 것을 내용으로 하는 명령이다. 행정명령에 대응하는 개념이다.

11

✦ 정답해설

④ 인지적 도제학습은 초보자가 실제 장면에서 전문가의 과제수행을 직접 관찰, 모방하여 지식과 기능을 연마하는 방법으로 비고츠키(Vygotsky)의 근접발달영역의 아이디어에 기초하여 콜린스(Collins)가 제안한 것이다.

✦ 오답해설

① 완전학습: 블룸(B. Bloom)의 완전 학습은 캐롤(J. Carroll)의 학교학습모형을 기본모형으로 삼고, 학습에 필요한 시간과 학습에 사용한 시간을 결정하는 변인을 조정하여 완전학습에 이를 수 있다고 보는 수업모형이다.

② 전환학습: 메지로우(J. Mezirow)가 주창한 개념으로 지식을 습득, 축적하는 전통적 학습과는 달리 개인이 가진 많은 기본적인 가치와 가정들이 학습을 통해 변화하는 하나의 과정을 의미한다.

③ 학습공동체이론: 학습공동체란 학습을 주목적으로 하는 개인들이 자발적으로 구성한 집단으로서, 구성원들이 협력적으로 상호작용하면서 학습에 새로운 가치를 부여하고 이를 통해 학습활동을 전개해 가는 것이다.

12

✦ 정답해설

④ 쓰레기통모형의 의사결정은 합리성보다는 우연성에 의존한다. 쓰레기통모형은 조직의 구성단위나 구성원 사이에 응집력이 아주 약한 상태에서 이루어지는 의사결정의 특징을 강조한 모형이다. 쓰레기들이 우연히 한 쓰레기통에 모이듯이, 문제·선택·해결·참여자의 흐름 따위가 우연히 모여서 의사결정이 이루어진다고 보는 것으로, 조직화된 무질서 상태에서의 결정을 다루는 모형이다.

✦ 오답해설

① 합리모형은 인간의 이성과 합리성에 대한 믿음을 전제로 하여, 정책결정자와 정책분석자가 일정한 조건하에서 목표달성을 극대화할 수 있는 최선의 정책대안을 찾아낼 수 있다고 보는 정책결정모형이다.

② 만족모형은 인간은 완전한 합리성이 아닌 제한된 합리성을 갖기 때문에 모든 대안을 탐색하여 최선의 대안을 선택하는 것은 불가능하고 만족할 만한 대안을 선택한다는 것을 말한다. 즉, 만족모형은 실제의 의사결정을 설명하고 기술하는 경험적·실증적 연구로서의 가치를 지닌다.

③ 점증모형은 기존의 정책을 부분적이고 순차적으로 수정하고 보완하며 결정해나가며, 그 과정에서 집단의 합의를 중시한다. 큰 폭의 변화보다는 기존에 있던 정책을 보완해나가며 정책결정이 이루어지기 때문에 정책을 축소하거나 폐지시키기가 곤란하다.

13

✦ 정답해설

③ 질문지법은 연구나 조사 따위의 일정한 목적을 위해 미리 만들어 놓은 질문지를 여러 사람에게 나누어 주고, 그 회답을 집계하고 분석하는 방법이다. 교육심리학자인 홀(Hall)이 보스턴에서 '입학할 당시 아동의 심리적 내용'에 관한 연구를 하면서 사용하기 시작했으며, 이는 교육심리 분야뿐만 아니라 사회조사, 심리검사 전반에 널리 사용되고 있다. 이 방법은 많은 대상을 단시간에 일제히 실시할 수 있을 뿐만 아니라 그 결과도 비교적 신속하게 기계적으로 처리할 수 있다.

장점	단점
• 집단적으로 실시하기 때문에 비교적 짧은 시간과 적은 비용으로 자료를 얻을 수 있다.	• 언어능력과 표현능력에 대한 의존도가 높기 때문에 그러한 능력 정도에 따라 질문지의 결과도 변할 수 있다.
• 넓은 범위의 문제에 대해 집단의 경향을 쉽게 알 수 있다.	• 질문의 범위 내의 것만 알 수 있기 때문에 부분적 자료밖에 될 수 없다.
• 질문지를 우송하여 조사하는 경우에는 면접자에 의한 편파성이 제거되며, 누구에게나 똑같은 자극을 줄 수 있다.	• 질문지에 나타난 의견이 진실인지 거짓인지, 사실에 관한 질문에 기억의 착오는 없는지를 판단할 수 없다.
• 다른 관찰실험방법과 함께 병용함으로써 종합적인 조사를 할 수 있다.	• 응답한 내용의 의미를 반복해서 확인할 수 없다.

① 관찰법은 과학적 연구에서 가장 오랜 역사를 가진 방법인 동시에 연구의 기본수단이라 할 수 있다. 행위가 일어나는 현장에서 즉시 자료수집이 가능하고 비언어적 상황에 대한 자료수집이 가능하다. 다만 자료의 계량화가 어렵고 자연적 환경에서 관찰하기 때문에 외생변수를 통제하기 어렵다.

② 사례연구는 아동 및 학생의 문제행동 사례에서 특성과 원인을 찾아내서, 거기에 대한 교육적 대책 또는 치료적 대책을 강구하기 위한 연구방법의 하나이다.

④ 내용분석법은 조사자가 기존 자료를 분석해 자료를 수집하는 방법으로 역사적 기록물을 통해 장시간의 시간적 변화 흐름을 파악할 수 있다. 하지만 내용분석은 기록물에 의존하기 때문에 기록물에 나타나지 않은 속성은 파악할 수 없다.

14

✦ 정답해설

② 능력 입증은 수행목표지향성으로 타인과 비교하고 실적에 집중하는 것이다. 숙달목표는 자신의 유능함을 개발하고 발전시키거나 과제를 숙달하는 것에 중점을 둔다면 수행목표는 다른 사람과 비교해 유능함을 증명하거나 드러내는 것에 관심을 둔다.

✦ 오답해설

① 도전 추구는 숙달목표지향성의 특징에 해당한다.
③ 노력 귀인은 숙달목표지향성의 특징에 해당한다.
④ 절대적, 내적 자기참조 기준은 숙달목표지향성의 특징에 해당한다.

15

✦ 정답해설

① 홀랜드(Holland)는 미국의 심리학자로 개인별 성격과 직업적 환경이 서로 상호작용을 갖는 관계라는 직업적 성격유형론을 개발하였다. Holland 이론 혹은 RIASEC 이론이라고 불리는 Holland의 성격이론은 1950년대 이후로 직업흥미, 직업선택, 그리고 직무만족, 직무평가를 하는 데 중요한 단서가 되고 있으며, 지금까지 직업심리학과 진로상담분야에 가장 큰 영향을 미친 이론으로 평가된다. 홀랜드 직업적 성격관계모형(RIASEC)은 현실형(행동가) - 탐구형(사색가) - 예술형(창작가) - 사회형(조력가) - 진취형(설득가) - 관습형(조직가)으로 구성하였으며, 자신이 속한 유형과 얼마나 유사한가에 따라 이들을 특징지을 수 있다고 하였다. 여기서 탐구형(I)과 기업형(E)은 극과 극의 위치이다.

합격생 Guide

※ Holland의 6가지 성격유형
1. 현실형(Realistic Type, 실제형)
2. 탐구형(Investigative Type)
3. 예술형(Artistic Type)
4. 사회형(Social Type)
5. 진취형(Enterprising Type, 기업형)
6. 관습형(Conventional Type)

16

✦ 정답해설

③ 정교화는 새로운 학습내용을 기존 지식에 연결하여 학습내용을 잘 이해하고 기억할 수 있도록 하는 전략으로 ③의 내용은 조직화가 아니고 정교화이다.
조직화는 학습해야 할 내용 중 서로 관련 있는 것들을 공통 범주나 유형으로 묶어 제시함으로써 유의미한 학습을 촉진하는 전략이다. 인지주의 학습이론은 정보처리와 관련된 이론으로 감각기억, 단기기억, 장기기억의 정보처리 과정을 설명하고 있다.

17

✦ 정답해설

① 미래의 행동특성을 예견하는 것으로 예언타당도이며 예언타당도의 준거는 미래의 행동 특성, 즉 검사 점수가 미래의 행동을 얼마나 잘 예측하느냐의 문제이다. 구인타당도란 검사도구가 측정하고자 하는 개념으로 이론을 제대로 측정하고 있는지에 대한 타당도이다.

18

✦ 정답해설

③ 수업장학은 학문중심 교육과정으로 인해 등장하였으며, 학생들의 학습을 향상하는 것으로 교사의 행동변화를 통해 학습을 개선시키는 것이다. 즉, 수업장학은 교육과정의 개발과 수업효과 증진을 강조하였다.

✦ 오답해설

① 관리장학은 1920년대 교과중심 교육과정시대에 등장하였다.

② 협동적 동료장학은 전문적 동료 간의 협동을 더 선호하고 또 필요로 한다. 인간관계론이 등장함으로 발전된 장학이다.

④ 발달장학은 교사의 발전 정도에 따라 다른 장학방법을 적용하고 장학에 의하여 발전수준을 높여 나가는 장학을 말한다.

19

✦ 정답해설

③ 탐구기능은 포함되어 있지 않다.

합격생 Guide

가네(Gagné)의 학습영역과 학습방법은 5가지 지적기능, 언어정보, 인지전략, 태도, 운동기능이다.

1. **지적기능** : 기호와 상징을 통해서 환경과 상호작용하는 방법을 의미한다.
2. **언어정보** : 사실적 지식, 서술적 지식으로 언어로 표현되는 지식이다.
3. **인지전략** : 자신의 학습, 사고, 전략 등 총체적인 모든 인지과정을 제어하고 통제하는 능력이다.
4. **태도** : 특정한 것에 대한 선호 또는 정신적 경향성이다.
5. **운동기능** : 자신의 신체를 통해서 여러 가지 운동능력을 수행할 수 있는 것이다.

20

✦ 정답해설

④ 스턴버그(Sternberg)는 지능을 구성적 지능, 경험적 지능, 상황적 지능으로 나누는 지능삼원론을 주장하였다.

1. **구성적 지능** : 지능을 내부세계와 관련시켜, 지적 행동이 '어떻게' 발생되는가를 다루는 것으로 분석적 능력과 관련이 있다.
2. **경험적 지능** : 지능을 외부세계와 내부세계를 매개하는 경험과 관련시키고 행동이 '언제' 지적인가를 알아낸다.
3. **상황적 지능** : 지능을 개인의 외부세계와 관련시키고 어떤 행동이 '어느 곳에서' 지적인가를 밝히는 것으로 실제적 능력과 관련이 있다.

2020년 기출
2020.06.13. 시행

지방직 9급 정답 및 해설

✓ 정답

01 ①	02 ③	03 ②	04 ②	05 ③
06 ①	07 ②	08 ①	09 ④	10 ①
11 ①	12 ④	13 ②	14 ④	15 ③
16 ③	17 ④	18 ①	19 ②	20 ④

01

✦ 정답해설

① 실존주의 교육철학은 실존이 본질에 우선한다고 보았고 비인간화와 인간소외현상 등 현대문명을 비판하고 주체성 회복을 통한 인간성 회복을 강조하는 철학이다. 실존주의 교육철학은 교육은 자기결정적인 자아의 형성을 위한 것으로 본다. 즉, 인간은 누구나 자유로우며 자신의 운명을 스스로 선택할 수 있고, 자신의 선택에 책임을 진다.

✦ 오답해설

② 재건주의에 대한 설명이다. 재건주의는 교육이 사회개혁의 역군이 되고 선봉이 되어야 한다는 사상으로, 1950년대 이후 미국의 브라멜드(T. Brameld)가 진보주의 · 본질주의 · 항존주의 사상을 비판하면서 주장한 사상이다.

③ 본질주의에 대한 설명이다. 본질주의는 진보주의의 한계를 보완 · 극복하기 위해 1930년대에 시작된 교육운동이다. 교육은 전문적인 자격을 갖춘 교사에 의해 통제되고 주도되어야 한다는 교사 중심의 교육을 강조하였다.

④ 항존주의에 대한 설명이다. 항존주의는 시공(時空)을 초월하여 항구적으로 불변하는 진리를 포함하고 있는 고전(古典)과의 대화를 통해, 인간 지성의 계발을 목표로 하는 교육사상이다.

02

✦ 정답해설

③ 잭슨(P. W. Jackson)은 「(아동의) 교실에서의 생활」(1968)에서 잠재적 교육과정의 용어를 처음 사용하였다. 잠재적 교육과정은 학교에서 계획하지는 않았지만 학교 생활을 통해 학생들이 은연중에 가지는 경험을 의미한다. 잭슨(P. W. Jackson)은 잠재적 교육과정의 원천으로 군집성(crowd), 상찬(praise, 평가), 권력관계(power) 등을 제시하였다.

✦ 오답해설

① 공식적 교육과정은 국가와 학교가 특정한 의도를 가지고 계획해서 가르치는 교육과정을 의미하고, 공적인 문서 속에 담긴 교육계획을 의미한다.

② 영 교육과정은 공식적인 교육과정에 편성하지 않거나, 공식적 교육과정에 편성되어 있다 하더라도 학교에서 의도적으로 가르치지 않는 교육내용을 의미한다.

④ 실제적 교육과정은 실제적 상황을 중시하는 교육과정으로, 워커(D. F. Walker)의 숙의모형(본질적으로 적절한 여러 대안들, 대안적 지각들, 대안적 문제들과 대안적 해결들을 찾아내고 형성하고 고려하기 위한 체계적인 방법)과 관련되어 있다.

03

✦ 정답해설

② ㄱ. 기능주의 이론을 체계화한 파슨스(Parsons)는 사회화는 장차 성인이 되어 담당하게 될 역할수행에 필요한 정신적 자세와 자질을 기르는 것이라고 하였다.

ㄷ. 파슨스(Parsons)는 사회가 분화되고 전문화됨에 따라 사회화가 중요하게 되고, 그 역할을 담당할 인재를 선발하여 적재적소에 배치하는 것이 교육의 중요한 기능이라고 강조하였다.

✦ 오답해설

ㄴ. 학교교육은 지배와 종속의 관계를 유지시켜 주는 역할을 한다는 것은 갈등이론의 주장에 해당한다.

04

✦ 정답해설

② 보울스와 진티스(Bowles & Gintis)는 「자본주의 미국의 학교교육(1976)」에서 경제적 재생산론을 제시하였다. 경제적 재생산이라는 개념을 사용하여 학교교육이 자본주의 경제체제를 재생산하는 데 어떻게 기여하는지 그 메커니즘을 설명하고자 하였다. 또한 학교는 자본주의 생산구조에서 요구되는 행동양식과 태도를 미리 주입하여 기존의 질서를 정당화하고자 하므로, 태도와 가치관에 영향을 주는 잠재적 교육과정이 근본적으로 더 중요한 기능을 수행한다고 보았다.

✦ 오답해설

① 해비거스트(Havighurst) : 평생교육의 내용으로서 발달 과업을 중시하였다.

③ 콜만(J. Coleman) : 사회자본은 부모의 조력이나 사회 내에서의 인간 간의 신뢰관계에 따라 달라진다는 것으로 교사, 학생, 학부모 간의 친밀한 관계 형성은 학생의 학업성취도에 긍정적인 영향을 미친다.

④ 번스타인과 영(Bernstein & Young) : 신교육사회학의 발전에 큰 공헌을 하였다.

05

✦ 정답해설

③ 존 롤스(J. Rawls)는 「정의론」에서 교육평등의 원리로 가장 큰 것을 가장 작게, 가장 작은 것을 가장 크게 만드는 차등의 원리(mini-maximum)를 제시하였다. 이는 모든 이익이 평등하게 분배되도록 요구하지는 않지만 평등한 분배로부터의 일탈은 결과적으로 모든 사람에게 이득이 될 경우에만 인정되어야 함을 요구한다.

✦ 오답해설

① 공정한 경쟁의 원리 : 공정한 경쟁이 이루어질 수 있도록 교육의 기회를 모든 사람에게 균등하게 해주는 것을 의미한다. 즉, 교육의 기회균등의 원리를 말한다.

② 최대이익의 원리 : 우리가 선택을 할 때 최대 다수의 사람에게 최대의 행복, 혹은 최대의 이익이 돌아가게끔 하는 결정을 해야 한다는 원리이다.

④ 인간존중의 원리 : 인간의 동등한 가치를 존중하는 방식으로 행동할 것을 요구한다.

06

✦ 정답해설

① 평생교육의 영역과 관련하여 「평생교육법」 제2조에서는 "평생교육은 학교의 정규교육과정을 제외한 학력보완교육, 성인 문자해득교육, 직업능력 향상교육, 인문교양교육, 문화예술교육, 시민참여교육 등을 포함하는 모든 형태의 조직적인 교육활동을 말한다."고 규정하고 있다. 인문교양교육은 건강심성 프로그램, 기능적 소양 프로그램, 인문학적 교양 프로그램으로 구성된다.

✦ 오답해설

② 시민참여교육 프로그램으로는 시민책무성 프로그램, 시민리더역량 프로그램, 시민참여활동 프로그램이 있다.

③ 생활문화예술 프로그램은 문화예술교육의 영역에 해당한다.

④ 문화예술교육은 레저생활스포츠 프로그램, 생활문화예술 프로그램, 문화예술향상 프로그램이 있다.

합격생 Guide

※ 평생교육의 6대 영역

• 학력보완교육 : 초등학력보완 프로그램, 중등학력보완 프로그램, 고등학력보완 프로그램

• 성인 문자해득교육 : 내국인한글문해 프로그램, 다문화한글문해 프로그램, 한글생활문해 프로그램

• 직업능력 향상교육 : 직업준비 프로그램, 자격인증 프로그램, 현직직무역량 프로그램

• 인문교양교육 : 건강심성 프로그램, 기능적 소양 프로그램, 인문학적 교양 프로그램

• 문화예술교육 : 레저생활스포츠 프로그램, 생활문화예술 프로그램, 문화예술향상 프로그램

• 시민참여교육 : 시민책무성 프로그램, 시민리더역량 프로그램, 시민참여활동 프로그램

07

✦ 정답해설

② 개화기 이후 우리나라 최초로 설립된 민간 신식교육기관은 1883년 설립된 원산학사이다. 배재학당은 1885년 서양의 선교사 아펜젤러(H. G. Appenzeller)에 의해 설립된 한국 최초의 근대식 사립학교이다. 배재학당에서는 성경과 영어를 비롯하여 인문·사회·자연과학 등 근대교육의 과목을 가르쳤다.

✦ 오답해설

① 동문학은 1883년 정부에서 설립한 영어교육기관으로 영어 통역관 양성을 위한 목적이었다. 동문학은 이후 육영공원이 설립된 이후 문을 닫았다.

③ 육영공원은 1886년 서양의 제도와 문물을 받아들이기 위한 영어 교습을 목적으로 설립된 관립 신식교육기관이다.

④ 안창호는 일제강점기 애국계몽활동을 전개하고 독립운동에 일생을 바친 독립운동가로 1908년 평양에 대성학교를 설립하여 '주인정신'을 교훈으로 삼아 독립정신 및 책임정신과 주체적 정신을 강조하고, 무실역행과 성실한 생활을 인격 양성의 기본철학으로 제시하였다.

08

✦ 정답해설

① 실용도(usability)는 한 개의 평가도구나 검사를 얼마나 시간과 경비, 노력은 적게 들이고 이용할 수 있는가 하는 것으로 경제성, 편이성의 문제와 관련되어 있다.

✦ 오답해설

② Cronbach's α 계수는 문항의 내적 일치도를 검사한 결과로 신뢰도 계수라고도 하며, 다양한 항목들에 내적 일관성이 있는지를 측정한다.
③ 객관도는 동일한 검사에 대한 채점자들 간 채점 결과의 일치 정도를 의미한다. 따라서 객관도는 타당도보다는 신뢰도에 가까운 개념이다.
④ 높은 신뢰도는 높은 타당도가 되기 위한 선행조건(필요조건)에 해당한다.

09

✦ 정답해설

④ 아리스토텔레스(Aristoteles)는 교육의 최종적인 목적은 행복한 삶을 영위할 수 있는 인간을 기르는 것이라 하였다. 그는 본성, 습관, 이성을 교육의 3요소라고 보았고, 모든 인간은 장차 실현될 모습을 스스로 지니고 있다는 목적론적 세계관을 지향하였다. 아리스토텔레스는 직업적(생산적) 교육이 아니라 여가를 이용하여 자유인으로서의 교양을 함양토록 하는 교육인 자유교육을 중요시하였는데, 이를 위한 교육으로 읽기·쓰기·셈하기·음악·체육 등을 들었다.

10

✦ 정답해설

① ㄱ. 피어슨(Pearson)의 적률상관계수는 두 변인이 선형적 관계(linear relationship)임을 가정한다. 적률상관계수는 두 변인의 측정치 중에 극단값(outlier)이 존재할 경우 추정된 상관계수의 크기에 영향을 미친다. 즉, 극단값(outlier)의 영향을 받는다.
ㄴ. 피어슨의 적률상관계수를 활용한 분석은 두 변수의 상관관계가 직선일 때 유용하다. 두 변인이 곡선형 관계를 지니고 있다면 실제로 상관관계가 높아도 상관계수가 매우 낮게 나올 수 있다.

✦ 오답해설

ㄷ. 정상분포를 전제하고 있기 때문에 두 변인 중 하나의 변인(T점수)을 변환하여도 또 다른 변인이 변화하지 않는 경우 두 변인 간의 상관계수는 달라지지 않는다.

11

✦ 정답해설

① 컴퓨터 통신망을 기반으로 등장한 것은 E-learning에 대한 설명이다. 원격교육은 컴퓨터 통신망을 활용하기 이전에 우편 등을 매개로 학습이 이루어졌으므로 틀린 내용이다. 원격교육은 교수자와 학습자 간에 시간적·공간적 원격성을 전제로 인쇄물이나 방송통신 및 컴퓨터 등과 같은 다양한 교육공학매체들을 매개로 하여 행하게 되는 새로운 형태의 대안적 교육방식이다.

✦ 오답해설

② 원격교육은 각종 교재개발과 학생지원 서비스 등을 위한 물리적·인적 조직 등의 지원조직이 필요하다.
③ 원격교육은 첨단의 교육다중매체를 활용함으로써 교육의 효율성을 제고할 수 있으며, 교수자와 학습자가 물리적으로 떨어져 있으나 교수·학습매체를 통해 의사소통을 한다. 즉, 원격교육은 인쇄물이나 전화, 회로식 TV, 컴퓨터, 비디오 등과 같은 다원적 원격교육매체를 통한 학습자와 교수자, 교육매체 전문가 간의 다원적 의사소통이 가능하다.
④ 원격교육은 다수를 대상으로 하면서도 공학적인 기재를 사용하여 사전에 계획, 준비, 조직된 교재로 개별학습이 이루어진다.

12

✦ 정답해설

④ 구성주의 교육은 학습자 개인의 주관적인 경험과 흥미에 따라 정한 학습 내용을 스스로 구성해 나가는 과정이며, 결과는 그 과정을 수행할 수 있는 능력을 갖추었는가에 대한 확인으로 평가할 수 있다는 것으로, 교수의 내용은 현실세계와 동일한 복잡한 문제상황 속에서 지식을 제공하는 것이다. 듀이(J. Dewey), 피아제(Piaget), 비고츠키(Vygotsky) 등에 의해 발달하였다.
ㄷ. 구성주의는 학습자가 정보를 획득하고 의미를 재구성할 수 있도록 복잡하고 비구조화된 과제를 제시한다.
ㄹ. 구성주의는 협동 수업, 소집단 활동, 문제해결학습 등을 통해 사고와 메타인지를 촉진하는 다양한 교육방법을 적용한다.

ㄱ, ㄴ. 객관주의 교수·학습에 해당한다.

13

② 동료장학은 교사들 사이에 교육활동의 개선을 위해 서로 장학을 하는 것으로 학교교사가 공동으로 노력하도록 함으로써 장학활동을 위해 학교의 인적 자원을 최대한 활용할 수 있다. 또한 동료장학은 교사관계를 증진할 수 있고, 학교 및 학생 교육에 대한 적극적인 자세와 전문적 신장을 도모할 수 있다.

① 임상장학은 장학을 담당하는 장학담당자와 교사가 일대일 관계 속에서 수업지도에 관한 문제를 해결하고 수업기술 향상을 도모하는 지도·조언의 과정이다.
③ 약식장학은 단위학교에서 교장 혹은 교감이 짧은 시간동안 순시나 수업참관을 통해 교사들에 대해 지도·조언을 제공하는 활동이다.
④ 자기장학은 교사 개인 스스로 자신의 발전을 위해 스스로 계획을 세우고 이것을 실천하는 것으로 연수를 가거나, 연구회·강연회에 참여하는 것, 전문서적과 관련 자료를 읽고 그것을 활용하는 것들이 이에 포함될 수 있다.

14

칼슨(Carlson)은 고객의 참여결정권과 조직의 고객선택권에 따라 봉사조직을 야생조직, 적응조직, 강제조직, 사육조직으로 구분하였다.
④ 사육조직(순치조직, 온상조직)은 조직이나 고객이 선택권을 갖지 못하는 조직으로, 법에 의하여 조직이 고객을 받아들여야 하고, 고객도 의무적으로 참여해야 한다. 공립학교, 정신병원 등이 해당한다.

① 야생조직 : 조직과 고객이 독자적인 선택권을 갖고 있는 조직으로, 살아남기 위하여 경쟁하는 조직
② 적응조직 : 조직이 고객을 선발할 권리는 없고 고객이 조직을 선택할 권리만 있는 조직

③ 강압조직 : 조직은 고객선발권을 가지나 고객이 조직선택권을 갖고 있지 않는 조직으로 이론적으로만 가능하며 실제로 존재하지는 않는다.

조직의 고객선택권 \ 고객의 참여결정권	유	무
유	야생조직 : 사립학교, 개인병원	강압조직 : 이론적으로만 존재
무	적응조직 : 주립대학	사육조직 : 공립학교, 정신병원

15

③ 배스(Bass)의 변혁적 리더십(transformation leadership)은 거래적 리더십에 대응하는 개념으로, 조직의 노선과 문화를 변동시키려고 노력하는 변화추구적·개혁적 리더십이다. 변혁적 리더십의 구성요소로 이상화된 영향력(idealized influence), 영감적 동기유발(inspirational motivation), 지적 자극(intellectual stimulation), 개별적 배려(individualized consideration) 등을 제시하였다.

16

③ 브루너(Bruner)는 지식의 표상 양식은 작동(행동)적 표상으로부터 영상적 표상을 거쳐 상징적 표상의 순서로 발달해 간다고 하였다.

① 나선형 교육과정의 기본가설에 해당한다.
② 지식의 구조에 해당한다. 브루너(Bruner)는 구조와 관련하여 학습의 준비성·직관적 사고와 분석적 사고·학습동기·교구의 네 가지 측면으로 논하고 있다.
④ 브루너(Bruner)는 지식의 구조를 이해하게 되면 학습자 스스로가 사고를 진행시킬 수 있으며, 최소한의 지식을 소유하면서도 많은 것을 알 수 있게 된다고 하였다. 따라서 교육목표 역시 어떤 사실을 발견하기까지의 사고과정과 탐구기능을 중요시하였다.

17

✦ 정답해설

일반적 교수체제 설계모형(ADDIE)에서 A(분석) – D(설계) – D(개발) – I(실행) – E(평가)의 단계로 이루어진다. A(분석)는 학습과 관련된 요인들을 분석하는 과정이며, D(설계)는 분석의 결과로 밝혀진 정보를 토대로 목표를 구체화하는 과정이며, D(개발)는 교수자료나 교수프로그램을 제작하는 과정이며, I(실행)는 개발된 교수자료나 교수프로그램을 실제 교육현장에서 적용하는 과정이며, E(평가)는 총괄평가를 실시하여 실제 현장에서 실행된 교수자료나 교수프로그램의 효과성과 효율성을 평가하는 과정이다.

④ 설계단계는 분석의 결과로 밝혀진 정보를 토대로 설정된 목표를 달성하기 위해 어떤 내용을 어떻게 조직하고 제시해야 효과적인 결과를 얻을 것인가를 핵심 질문으로 하는 수업의 청사진이다.

✦ 오답해설

① 실행단계에 해당한다.
② 개발단계에 해당한다.
③ 분석단계에 해당한다.

18

✦ 정답해설

① 피아제(Piaget)는 발달에 기초하여 학습이 이루어진다는 소극적 교육론을, 비고츠키(Vygotsky)는 학습이 발달을 주도한다는 적극적 교육론을 주장하였다.

합격생 Guide 피아제(Piaget)와 비고츠키(Vygotsky)의 비교

피아제(Piaget)	비고츠키(Vygotsky)
• 개인적 상호작용	• 사회적 상호작용
• 발달에 기초하여 학습이 이루어진다는 소극적 교육론(발달이 학습에 선행)	• 학습이 발달을 주도한다는 적극적 교육론(학습이 발달에 선행)
• 아동은 스스로 세계를 구조화하고 이해하는 존재	• 아동은 타인과의 관계에서 영향받아 성장하는 사회적 존재
• 혼잣말을 미성숙하고 자기중심적 언어로 봄	• 혼잣말이 자신의 사고를 위한 수단, 문제해결을 위한 사고의 도구라고 생각(발달과 학습의 매개)
• 개인 내적 지식이 사회적 지식으로 확대 또는 외면화된다고 봄	• 사회적 지식이 개인 내적 지식으로 내면화된다고 봄

19

✦ 정답해설

② 행동주의 학습이론에서 부적 강화(negative reinforcement)는 원하지 않는 어떤 특정한 것(주로 혐오하는 상황이나 사물 등)을 제거해 줌으로써 바람직한 행동의 강도와 빈도를 증가시키는 강화이다. 정적 강화는 바람직한 행동을 함으로써 원하는 것(휴식·칭찬·음식·돈 등)을 얻게 되는 것이다.

✦ 오답해설

① 고정변동 강화계획에 대한 설명이다. 고정비율 강화계획은 정해진 반응횟수에 따라 강화물이 제시되는 것을 의미한다.
③ 이차적 강화물에 대한 설명이다. 일차적 강화물은 행동의 빈도를 증가시키는 데 사용된 모든 자극물이다. 일차적 강화물은 생리적, 선천적 요구를 만족시키는 자극물로 음식, 공기, 물 등을 예로 들 수 있다.
④ 행동조형(behavior shaping)에 대한 설명이다. 프리맥 원리는 높은 확률로 일어나는 행동을 강화물로 사용하여 일어날 확률이 적은 행동을 하도록 촉진하는 기법을 의미한다.

20

✦ 정답해설

④ 엘리스(Ellis)의 합리적(인지적)·정의적·행동적 상담이론은 인간의 감정, 즉 정서적 문제의 원인이 비합리적 신념임을 가정하고 이를 합리적 신념으로 변화시키기 위한 치료기법을 개발하였다. 인간의 정서적·행동적 결과(C)는 선행사건(A)에 의해서 발생되는 것이 아니고 선행사건에 대한 신념이나 생각(B)에 의해서 결정된다고 보았다.

✦ 오답해설

① 프로이트(Freud)의 정신분석적 상담에 대한 설명이다. 로저스(Rogers)의 내담자 중심 상담은 상담의 기법보다는 상담자의 인간적 자질과 진솔한 태도를 중시한다.
② 아들러(Adler)의 개인심리 상담에 대한 설명이다. 행동주의 상담은 학습심리학의 실증적 근거가 기반이 되며 상담의 목표, 절차, 효과의 평가 등 상담의 전체 과정이 행동상담 특유의 이론적 전제에 기초하고 있다. 행동주의 상담자는 행동적이고 지시적이며 내담자가 보다 효율적인 행동을 배우는 데 도움을 주는 교사, 훈련가로서의 기능을 담당한다.
③ 글래서(Glasser)의 현실치료적 상담에 대한 설명이다. 의사교류분석은 에릭 번(Eric Berne)이 창안한 인본주의적 인간관에 기반을 둔 성격이론인 동시에, 개인의 성장과 변화를 위한 체계적인 상담이론이자 기법이다.

2019년 기출
2019.04.06. 시행

국가직 9급 정답 및 해설

✓ 정답

01 ③	02 ④	03 ②	04 ②	05 ②
06 ④	07 ③	08 ④	09 ④	10 ①
11 ①	12 ③	13 ④	14 ④	15 ③
16 ②	17 ①	18 ②	19 ③	20 ④

01

✦ 정답해설

③ 교육재정은 공경제활동이기 때문에 사경제활동과 달리 활동에 필요한 지출을 먼저 산출한 후 수입을 확보하는 양출제입의 원칙이 적용된다. 양입제출(量入制出)은 수입을 미리 계산한 다음 여기에 지출계획을 맞추는 원칙이다.

합격생 Guide 교육재정의 특징

○ 공공성 : 공공의 이익을 도모하는 국가활동과 정부의 시책을 위해 사용되어야 한다.
○ 강제성 : 공권력을 통하여 기업과 국민 소득의 일부를 조세를 통해 정부의 수입으로 이전한다.
○ 양출제입의 원칙 : 지출을 먼저 산출한 후 수입을 확보한다.
○ 영속성 : 존속기간이 길다.
○ 수단성 : 교육활동을 지원하기 위한 수단이다.
○ 팽창성 : 계속적으로 팽창한다.
○ 비긴요성 : 교육의 특수성으로 인해 투자성과가 단기간에 나타나기 어렵다.
○ 비생산성 : 교육활동의 결과를 양적으로 측정하거나 파악하는 것이 어렵다.

02

✦ 정답해설

④ 학교관료제는 개인의 감정이나 편견에 치우치지 않고 합리적인 직무를 수행하는 몰인정성을 지향한다. 따라서 인간적인 감정 교류가 중시되는 교사-학생의 관계는 관료제의 특성으로 보기 어렵다.

합격생 Guide 학교관료제의 순기능과 역기능(Hoy & Miskel)

구분	순기능	역기능
분업과 전문화	숙련된 기술과 전문성 향상	피로, 권태감 누적 → 생산성 저하
몰인정성 (공평무사성)	합리성 증대	사기 저하
권위의 계층	원활한 순응과 조정 (위계구조)	의사소통의 장애
규칙과 규정의 강조	계속성과 통일성 확보	목표전도 현상, 조직의 경직성
경력지향성	동기유발	업적과 연공제 간의 갈등

03

✦ 정답해설

② 2급 정교사 자격을 지닌 교사가 1급 정교사가 되고자 할 때 현직에서 교원으로 3년 이상 근무하고 자격연수를 통해 1급 정교사 자격을 취득할 수 있다. 기간제 교사도 정규교사와 마찬가지로 연수를 통해 1급 정교사가 될 수 있다.

04

✦ 정답해설

② 제시문은 방어기제 중 하나인 반동형성(reaction formation)에 대한 설명으로, 진정한 감정이나 욕구를 무의식적으로 부정하고 정반대의 태도나 행동으로 표현하는 것이다.

✦ 오답해설

① 억압(repression) : 원초아의 위협적인 충동의 존재 자체를 거부하여 의식 속으로 들어오지 못하게 무의식적으로 막는 것
③ 치환(displacement) : 원초아의 위협적인 충동 자체는 표현하되, 초자아가 문제삼지 않을 만큼 수용 가능한 목표로 전이하려는 것
④ 부인(denial) : 원초아의 위협적인 충동을 불러일으키는 외부의 실재나 사건을 아예 인정하려 하지 않는 것

05

✦ 정답해설

② 구성원의 성숙도를 지도자 행동의 효과성에 영향을 주는 주요 요인으로 보는 리더십 이론은 허시(P. Hersey)와 블랜차드(K. Blanchard)의 상황적 리더십 이론이다. 상황적 리더십 이론은 조직의 상황과 관련 없는 최선의 리더십은 존재하지 않고, 조직의 상황이나 구성원의 성숙도에 따라 지도자 행동을 달리 해야 효과적이라고 보았다.

✦ 오답해설

③ 블레이크(Blake)와 머튼(Mouton)은 리더십 스타일을 생산에 대한 관심과 사람에 대한 관심의 결합으로 나타낸 리더십 관리격자이론을 개발하였다.

06

✦ 정답해설

④ 지방교육재정교부법 제11조에 따라 지방교육세는 학교회계가 아닌 교육비특별회계에 포함된다.

✦ 오답해설

①, ②, ③은 학교회계의 세입에 해당한다(초·중등교육법 제30조의2)

합격생 Guide 학교회계의 설치(초·중등교육법 제30조의2)

① 국립·공립의 초등학교·중학교·고등학교 및 특수학교에 각 학교별로 학교회계(學校會計)를 설치한다.
② 학교회계는 다음 각 호의 수입을 세입(歲入)으로 한다.
 1. 국가의 일반회계나 지방자치단체의 교육비특별회계로부터 받은 전입금
 2. 제32조 제1항에 따라 학교운영위원회 심의를 거쳐 학부모가 부담하는 경비
 3. 제33조의 학교발전기금으로부터 받은 전입금
 4. 국가나 지방자치단체의 보조금 및 지원금
 5. 사용료 및 수수료
 6. 이월금
 7. 물품매각대금
 8. 그 밖의 수입

07

✦ 정답해설

③ 교원에 적용할 노동조합 및 노동관계조정에 관하여 「교원의 노동조합 설립 및 운영 등에 관한 법률」에서 정하지 아니한 사항에 대하여는 제2항에서 정하는 경우를 제외하고는 「노동조합 및 노동관계조정법」에서 정하는 바에 따른다(교원의 노동조합 설립 및 운영 등에 관한 법률 제14조 제1항). 따라서 「노동조합 및 노동관계조정법」과 「교원의 노동조합 설립 및 운영 등에 관한 법률」이 충돌할 경우 「교원의 노동조합 설립 및 운영 등에 관한 법률」을 우선적으로 적용한다.

✦ 오답해설

① 법 적용의 원칙은 특별법을 우선으로 하기 때문에 포괄적인 「지방자치법」보다는 적용되는 범위가 적은 「지방교육자치에 관한 법률」을 우선적으로 적용한다.
② 법 적용의 원칙은 상위법을 우선으로 하기 때문에 「초·중등교육법」과 「초·중등교육법 시행령」이 충돌할 경우 상위법인 「초·중등교육법」을 우선적으로 적용한다.
④ 법 적용의 원칙은 신법과 구법이 충돌할 때에는 신법을 우선적으로 적용한다.

08

✦ 정답해설

④ 교육공무원은 법관·검사, 외무공무원, 경찰공무원, 소방공무원, 군인·군무원 등과 함께 특정직 공무원에 해당된다(국가공무원법 제2조 제2항 제2호).

✦ 오답해설

① 수석교사는 교원 중에서 경력과 능력을 바탕으로 자격을 받은 사람이다. 교육전문직원에는 장학관, 장학사 등이 포함된다.
② 공립학교 행정실장은 일반직 공무원이다.
③ 교장을 비롯한 교육공무원은 특정직 공무원에 해당한다.

09

✦ 정답해설

④ 실존주의는 개인의 자유로운 선택과 책임, 주관성을 중요하게 여겨 인간의 개성과 주체성을 존중하며, 규격화와 획일화를 거부한다.

✦ 오답해설

① 실존주의 교육철학은 실존이 본질에 우선한다고 보았고 비인간화 등 현대문명을 비판하고 주체성 회복을 통한 인간성 회복을 강조하는 철학이다. 따라서 교육의 목적은 자유롭고 주체적이며 창조적인 인간 형성에 있다.

② 실존주의 교육철학에서 교육은 자기결정적인 자아의 형성을 위한 것이다. 즉, 인간은 누구나 자유로우며 자신의 운명을 스스로 선택할 수 있고, 자신의 선택에 책임을 지는 존재라는 것이다..

③ 실존주의 교육철학은 교육에서 대화, 참여, 인간적인 만남 등을 중요시한다.

10

✦ 정답해설

① 고전(古典)의 내용을 체계적으로 전달하고 이해하는 것을 강조하는 것은 인문주의 교육사상이다.

✦ 오답해설

②, ③, ④ 코메니우스(J. A. Comenius)는 감각적 실학주의 교육학자로서, 고전의 연구보다 실제 감각과 경험을 토대로 사물의 본질을 파악하며, 자연과학적 지식을 통해 자연과 실생활을 이해하며 자연에서 교수원리를 찾고자 하였다. 즉, 코메니우스는 자연의 법칙과 질서에 따르는 '합자연의 원리'를 교육의 근본원리로 삼았다.

11

✦ 정답해설

① 플립러닝(flipped learning)은 거꾸로 수업이라고도 한다. 교실에서 교사의 설명으로 학습을 하고 집에서 보충·심화학습을 하는 전통적 수업과 정반대로, 수업 전에 집에서 동영상으로 미리 학습을 하고 수업시간에는 토의, 토론, 문제해결, 실습 등의 보충·심화학습을 진행한다.

✦ 오답해설

② 탐구수업 : 문제의 해결에 이르는 연속적인 행동 형태를 나타내며, 문제의 정의, 가설, 탐색, 증거, 제시, 일반화를 포함시킨다.

③ 토론수업 : 교사와 학생들이 어떤 주제에 대하여 서로의 의견을 말하며 논의하는 방식으로 이루어지는 수업이다.

④ 문제기반학습(problem-based learning) : 구성주의에 바탕을 둔 새로운 학습방법으로 해결해야 할 실제적 문제를 중심으로 하는 학습자 중심의 학습방법이다. 문제기반학습의 전개과정은 '도입단계 → 문제제시 → 문제해결 → 발표 및 토의 → 정리단계' 등이다.

12

✦ 정답해설

③ 교육평등관 가운데 학교의 교육 여건에서 학교 간의 차이가 없어야 한다는 관점은 교육내용의 평등 중 교육조건의 평등에 해당하며, 이에 따른 정책에는 고교평준화 정책이 있다.

합격생 Guide 교육평등관의 종류

- ○ **교육기회의 허용적 평등** : 성별이나 인종의 차별 없이 교육에 접근할 수 있는 기회를 부여한다는 것은 모든 사람에게 동등한 교육기회가 주어져야 한다는 교육평등관이다.
- ○ **교육기회의 보장적 평등** : 사회경제적 지위가 낮은 집단의 교육적 결손을 해소하려는 평등관으로, 교육복지우선지원사업으로 사회적 취약계층의 교육 결과를 제고하는 것과 대학 입시에서 농어촌지역 특별전형 등이 있다.
- ○ **교육조건의 평등** : 학교의 시설, 교사의 자질, 교육과정 등의 측면에서 학교 간의 차이가 없어야 한다는 관점의 교육평등관이다.
- ○ **교육결과의 평등** : 접근 기회의 평등에도 불구하고 환경의 차이로 학생의 학업성취도 차이 발생 → 상대적으로 열악한 지역의 교육여건의 개선 추진
- ○ **사회개혁에 의한 교육평등** : 교육은 독자적 실체가 없으며 다만 사회구조의 반영체일 뿐이다.

13

✦ 정답해설

① 학교는 지배층의 이익에 봉사하며 불평등한 경제적 구조를 재생산한다는 관점은 불평등 재생산론(갈등주의)에 해당된다.

✦ 오답해설

②, ③, ④는 기능주의에 해당된다.

14

✦ 정답해설

④ 정교화는 인지주의 학습전략 중 정보처리이론에서 부호화의 대표적인 전략으로 이용된다. 새로운 정보를 유의미한 형태로 전환하여 기존의 배경 지식과 결합하면 학습 내용을 쉽게 이해할 수 있고, 장기기억에 잘 저장되며, 인출도 쉬워진다.

✦ 오답해설

① 정적 강화는 긍정적 자극을 보상으로 주어 행동을 강화하는 것이다.

② 부적 강화는 부정적 자극을 제거해서 행동을 강화하는 것을 말한다. 정적 강화와 부적 강화는 스키너(Skinner)의 강화이론에 해당한다.

③ 월페(Wolpe)의 체계적 둔감화는 불안이나 공포 조건자극에 이완반응을 결합하여 불안이나 공포를 소거하는 방법으로 고전적 조건형성이론에 해당한다.

15

✦ 정답해설

③ 형태주의 심리학(Gestalt psychology)은 학습은 단순한 경험의 집적이나 행동의 변화가 아니라 경험적 사실을 재구성하는 인지구조의 변화 과정이라고 보았다. 형태주의 심리학은 지각분야에만 국한되는 하나의 이론이 아니라, 분석과 분해에 반대하고 전체와 통합을 강조하는 심리학의 새로운 접근방법이다.

16

✦ 정답해설

② 원점이란 성균관에 기숙하는 유생의 출결 상황을 점수로 평정하는 방법이다. 매일 조석에 식당에 들어가면 둥근 점 1점을 얻고, 이것이 300점에 이르면 과거 응시의 자격을 주었다. 매년 적어도 30점 이상을 획득하여야 하며, 해당 연도에 30점 이상을 얻지 못하는 자는 다음 해 처음부터 다시 시작하도록 하였다.

✦ 오답해설

① 학교모범(學校模範): 조선 전기 이이가 왕명으로 학교 · 가정 · 사회생활의 규칙을 정하여 1582년에 저술한 규정집

③ 탕평책(蕩平策): 조선 후기 영 · 정조 대에 당쟁을 막기 위해 당파 간의 정치세력에 균형을 꾀하려한 정책

④ 학교사목(學校事目): 조선 전기 이이가 교육쇄신을 위하여 왕명을 받아 1582년에 저술한 규정집

17

✦ 정답해설

① (가) 준거참조평가는 절대적인 학습목표를 설정해 놓고 학습목표를 얼마나 달성하였는지에 초점을 두어 학습자 개개인의 학업성취 정도를 평가하는 것이다.

(나) 성장참조평가는 과거 성취도와 현재 성취도의 차이를 비교하여 얼마나 많이 성장했느냐에 초점을 두어 성취도를 평가하는 것이다.

18

✦ 정답해설

② 반두라(A. Bandura)의 사회인지이론에 따르면 관찰학습은 '주의집중단계 - 파지단계 - 재생단계 - 동기화단계'의 과정을 거쳐 일어난다.

주의집중단계 (attention)	모델의 행동에 주의를 기울이는 단계
파지단계 (retention)	모델의 행동을 머릿속에 기억하는 단계
재생단계 (reproduction)	기억된 모델의 행동을 능숙하게 수행할 수 있도록 연습하는 단계
동기화단계 (motivation)	강화를 기대하며 학습한 행동을 동기화하는 단계

19

✦ 정답해설

③ 상황학습(situated learning)은 구성주의의 인식론을 토대로 참여와 현실 상황을 중요시하는 구성주의 학습방법으로 실생활에서 사용되는 실제적이고 맥락적인 과제를 이용하여 지식이 실제 상황에 쉽게 전이될 수 있도록 한다.

20

✦ 정답해설

④ 아이즈너(E. Eisner)는 타일러(R. W. Tyler)의 교육과정에 대해 기계적이고 절차적인 모형이라는 비판을 가하였다.

합격생 Guide 타일러(R. W. Tyler)의 합리적 교육과정이론

① 합리적 교육과정이론의 의의

타일러(R. W. Tyler)의 합리적 교육과정이론은 논리적이면서 체계적으로 교육과정 개발을 유도하기 위해 교육기관에서 교육과정과 수업프로그램을 해석, 분석하기 위한 이론적 근거로 제시한 것이다. 교육목표를 설정하고 학습경험을 선정하여 이를 조직하고 평가하는 과정을 거쳐 교육과정이 개발된다고 보았다.

② 합리적 교육과정이론의 특징

　㉠ 교육과정과 수업은 하나의 과정이며, 그의 교육과정 개발모형은 합리적 모형, 목표중심모형, 평가중심모형 등으로 불린다.

　㉡ 교육목표를 설정할 때 학습자, 사회, 교과를 균형 있게 고려한다.

　㉢ 교육과정을 교육목적, 교육내용, 교육방법, 학습활동까지 포함하는 경험으로 파악한다.

　㉣ 학습목표를 행위동사로 진술할 것을 주장한다.

③ 합리적 교육과정이론의 절차

　㉠ 교육목표의 수립단계

　㉡ 학습경험의 선정단계

　㉢ 학습경험의 조직

　㉣ 학습경험의 평가

지방직 9급 정답 및 해설

☑ 정답

01 ④	**02** ②	**03** ②	**04** ②	**05** ③
06 ④	**07** ①	**08** ④	**09** ④	**10** ①
11 ①	**12** ③	**13** ③	**14** ①	**15** ②
16 ②	**17** ④	**18** ①	**19** ②	**20** ③

01

✦ 정답해설

④ 퇴학처분은 의무교육과정에 있는 가해학생에 대하여는 적용하지 아니한다.

> **합격생 Guide** 가해학생에 대한 조치
> (학교폭력예방 및 대책에 관한 법률 제17조 제1항)
>
> 심의위원회는 피해학생의 보호와 가해학생의 선도·교육을 위하여 가해학생에 대하여 다음 각 호의 어느 하나에 해당하는 조치(수 개의 조치를 동시에 부과하는 경우를 포함한다)를 할 것을 교육장에게 요청하여야 하며, 각 조치별 적용 기준은 대통령령으로 정한다. 다만, 퇴학처분은 의무교육과정에 있는 가해학생에 대하여는 적용하지 아니한다.
> 1. 피해학생에 대한 서면사과
> 2. 피해학생 및 신고·고발 학생에 대한 접촉, 협박 및 보복행위의 금지
> 3. 학교에서의 봉사
> 4. 사회봉사
> 5. 학내외 전문가에 의한 특별 교육이수 또는 심리치료
> 6. 출석정지
> 7. 학급교체
> 8. 전학
> 9. 퇴학처분

02

✦ 정답해설

② 교수·학습의 진행과정에서 어느 시기에 평가하느냐에 따라 '진단평가 - 형성평가 - 총괄평가'로 분류할 수 있다.

> **합격생 Guide** 교육평가의 유형
>
> 1. 진단평가(diagnostic evaluation)
>   • 교수 - 학습활동이 시작되긴 전 또는 학습의 초기단계에 학생의 수준과 특성을 확인하는 평가
>   • 학생의 특성 파악, 출발점 행동진단, 수업방법 선정 목적
>   • 상대평가 + 절대평가
> 2. 형성평가(formative evaluation)
>   • 교수 - 학습활동 진행 중 학생의 학습목표 도달도를 확인하는 평가
>   • 교수 - 학습 지도방법 개선 목적
>   • 절대평가
> 3. 총괄평가(summative evaluation)
>   • 교수 - 학습활동이 끝난 후 학생의 학습성취도(교수목표 달성 여부)를 종합적으로 확인하는 평가
>   • 학업성취도(성적) 결정과 장래 학습의 성공 여부 예언 목적
>   • 상대평가 + 절대평가

03

✦ 정답해설

② 행동주의 학습이론은 인간은 동물과 양적 차이만 존재할 뿐 질적 차이는 없고, 환경 자극에 반응하는 수동적 존재로 여긴다. 반면 인지주의 학습이론에서는 인간은 동물과 질적으로 다른 존재로서 스스로 사고하고 판단하는 존재로 여긴다.

04

✦ 정답해설

② 인간중심 교육과정은 교육의 목적을 자아실현에 두고 인간중심적인 교육환경에서 전인적인 인간 양성을 목표로 한다. 따라서 지적 능력의 성취보다는 정의적 특성의 발달을 강조한다.

✦ 오답해설

① 학문중심 교육과정 : 이론적 체계가 갖추어진 지식의 구조를 중심으로 교육과정을 설계한다. 학생의 탐구활동을 통한 발견학습과 지식의 전이를 강조하고, 나선형 교육과정의 원리를 채택한다.

③ 경험중심 교육과정 : 학교의 지도하에 학생들이 가지게 되는 모든 경험을 위주로, 교사의 교수보다 학습자의 활동을 중시하며, 교과보다는 생활, 지식보다는 활동을 강조한다.

④ 교과중심 교육과정 : 인류가 축적한 문화유산을 체계화한 지식을 중심으로 교육과정을 설계한다. 교육의 주된 목적을 지식의 전수에 두고 있으며, 교사중심의 강의식 수업을 중시한다.

05

✦ 정답해설

③ 신라 후기에 국학이 약화되자 독서삼품과를 설치하여 국학에서 배운 학과에 대해 시험을 보고 그 결과로 관리를 등용하는 방법을 도입하였다.

✦ 오답해설

① 국학에서 교수를 담당한 관직은 박사와 조교였으며, 교수와 훈도를 교관으로 둔 것은 향교에 대한 설명이다.
② 국학의 입학생은 주로 육두품이 많았으나, 육두품에게만 입학 자격이 부여된 것은 아니었다. 국학에는 12등급인 대사 이하의 관등을 가지고 있거나, 또는 관등을 가지고 있지 못하더라도 장차 가질 수 있는 사람이 입학하였다.
④ 국학에서는 15세부터 30세까지 학업을 수행할 수 있었으며, 재학 연한은 9년으로 학업을 따라가지 못하는 학생은 퇴학되기도 하였다.

06

✦ 정답해설

④ 시·도의 교육·학예에 관한 사무의 집행기관으로 시·도에 교육감을 둔다(지방교육자치에 관한 법률 제18조 제1항).

✦ 오답해설

① 동법 제38조
② 동법 제46조 제1항
③ 동법 제41조 제1항

07

✦ 정답해설

① 브룸(V. H. Vroom)은 동기행동에 중요한 영향을 주는 요인에 초점을 두고 기대이론을 정립하였다. 기대이론에서

는 보상에 가치를 느끼는 유인가, 노력하면 성과를 올릴 수 있을 것이라는 성과기대, 성과를 올리면 보상을 얻을 수 있을 것이라는 보상기대가 인간의 동기부여를 결정한다. 동기 행동이 유발되는 과정에 초점을 맞춘다.

✦ 오답해설

② 허즈버그(F. Herzberg)의 동기-위생이론 : 허즈버그는 욕구를 이원화하여, 위생요인(생리적 욕구, 안전의 욕구, 소속의 욕구 등 하위욕구)과 동기요인(존경의 욕구, 자아실현의 욕구 등 상위욕구)으로 나누고 위생요인만 충족되는 경우에는 불만족이 없는 상태에 그치며, 궁극적으로는 동기요인이 충족되어야 개인에게 만족을 줄 수 있다고 주장하였다.
③ 아담스(J. H. Adams)의 공정성이론 : 현대인의 형평관념에 맞는 공평한 성과보수제도의 중요성을 일깨운 이론으로 개인은 준거인과 비교하여 자신의 노력(투입)과 그 산출(보상) 간에 상대적 형평성을 가늠하고, 이에 대한 사람들의 지각과 신념이 직무행태에 영향을 미치는 과정을 설명한다.
④ 알더퍼(C. P. Alderfer)의 생존-관계-성장이론 : 욕구를 존재욕구(E), 관계욕구(R), 성장욕구(G)로 구분하였으며, 욕구를 계층적으로 분류하고 역행의 경우는 가정하지 않은 매슬로의 욕구계층과 달리 상위욕구와 하위욕구 간에 '좌절-퇴행'관계를 주장하였다.

08

✦ 정답해설

④ ㄷ. 문화재생산이론에서 학교는 지배집단의 문화자본을 재생산하고 정당화하는 역할을 수행함으로써 지배계급에 유리한 기존 질서를 재생산한다.
　 ㄹ. 문화재생산이론에서는 학교가 지배계급의 문화적 취향을 정규 교육과정에 담아 모든 학생들에게 주입하며, 이를 통해 지배계급의 문화가 보편적인 가치로 인식되어 기존의 불평등한 사회적 질서가 정당화되고 재생산된다고 보았다.

✦ 오답해설

ㄱ. 교육은 사회에 적합한 인간을 양성하는 순기능적인 사회화 과정이라는 것은 기능이론의 관점이다.
ㄴ. 가정에서 자녀의 교육을 위해 지출하는 직접적인 교육비는 경제자본에 대한 설명이다.

09

✦ 정답해설

④ 학부모의 요구가 있는 경우는 기간제교원을 임용할 수 있는 경우에 해당되지 않는다.

합격생 Guide │ 기간제교원(교육공무원법 제32조 제1항)

> 고등학교 이하 각급학교 교원의 임용권자는 다음 각 호의 어느 하나에 해당하는 경우에는 예산의 범위에서 기간을 정하여 교원 자격증을 가진 사람을 교원으로 임용할 수 있다.
> 1. 교원이 제44조 제1항 각 호의 어느 하나의 사유로 휴직하게 되어 후임자의 보충이 불가피한 경우
> 2. 교원이 파견·연수·정직·직위해제 등 대통령령으로 정하는 사유로 직무를 이탈하게 되어 후임자의 보충이 불가피한 경우
> 3. 특정 교과를 한시적으로 담당하도록 할 필요가 있는 경우
> 4. 교육공무원이었던 사람의 지식이나 경험을 활용할 필요가 있는 경우
> 5. 유치원 방과후 과정을 담당하도록 할 필요가 있는 경우

10

✦ 정답해설

① 새로 실시한 검사와 이미 공인된 검사 사이의 유사도를 추정하는 것은 동시 타당도를 높이기 위한 방법에 해당한다.

✦ 오답해설

② 반분 신뢰도, ③ 재검사 신뢰도, ④ 동형검사 신뢰도에 대한 설명이다.

11

✦ 정답해설

① 제시문은 20세기 후반의 실존주의 교육사상에 대한 설명이다. 부버(M. Buber)는 인간은 관계 형성을 통해 자신의 실존을 형성해 가는 창조자로 보았다. '나-그것'이라는 대상적 관계와 인간소외에서 벗어나 인격적 만남과 대화법을 통해 '나-너'라는 인격적 관계를 형성하며 인격교육이 이루어질 수 있다고 강조하였다.

✦ 오답해설

② 듀이(J. Dewey) : 교육을 사회적 과정이라고 정의하며,

교육이 생활이고 성장이라면, 이는 곧 사회 공동체 안에서 이루어진다고 주장하였다.

③ 브라멜드(T. Brameld) : 미국의 재건주의 교육사상가로 문화의 전승과 창조에 참여함으로써 자아실현을 할 수 있다고 하였다.

④ 허친스(R. M. Hutchins) : 듀이(J. Dewey)의 진보주의는 상대주의·기계주의·물질만능주의·과학숭배주의 등을 초래하여 현대사회의 위기의 원인이 되었다고 주장하여 이에 대해 비판한 항존주의 사상가이다.

12

✦ 정답해설

③ 피아제에 따르면 인지발달이란 인간과 환경과의 능동적 상호작용을 통해 인지구조가 질적으로 변화되는 과정을 말하며, 인지발달단계는 ㄷ. 감각운동기 → ㄱ. 전조작기 → ㄹ. 구체적 조작기 → ㄴ. 형식적 조작기의 순서로 나아간다.

합격생 Guide │ 피아제(J. Piaget)의 인지발달단계

> ① 감각운동기(0 ~ 2세)
>   반사활동을 통해 외부세계와 접촉하면서 실용적인 지능이 발달되는 단계
> ② 전조작기(2 ~ 7세)
>   외부세계에 대한 내적 표상 또는 사고를 통하여 환경을 상징적으로 조작하는 단계
> ③ 구체적 조작기(7 ~ 11세경)
>   아동의 사고가 급격히 진전하여 한정적 관점에서 벗어나 일반적인 것에까지 관점을 넓히는 단계
> ④ 형식적 조작기
>   지적 발달단계에서 언어나 기호 따위를 사용하여 논리적 사고를 하는 시기

13

✦ 정답해설

③ 인간중심 상담기법은 인간은 스스로 성장할 수 있는 잠재능력이 있다는 가정에 기초하여, 내담자가 스스로 자신의 문제를 직접 해결하도록 돕는다. 따라서 상담자가 무언가를 지시하기보다는 내담자가 자신의 문제를 스스로 해결하고 잠재력을 실현하도록 돕는 것이 바람직하다.

✦ 오답해설

① 인지적 상담기법은 내담자는 자신의 문제를 객관적으로 보고 스스로 해결할 능력이 없으므로 상담자가 합리적인 자료 제공과 지시적인 진단으로 문제해결을 돕는 상담기법이다.

② 행동주의 상담기법은 모든 행동은 주어진 환경에서 학습된 것이므로, 이미 학습된 잘못된 행동은 소거하거나 바람직한 행동으로 새로 학습함으로써 교정할 수 있다고 본다.

④ 정신분석 상담기법은 인간의 부적응행동은 무의식에 억압된 욕구에서 비롯되므로, 내담자의 무의식 세계를 의식화하여 문제를 치료하려는 상담기법이다.

14

✦ 정답해설

① 브루너(J. S. Bruner)의 '지식의 구조'란 학문의 기저를 이루고 있는 기본 개념과 핵심 원리를 논리적 구조에 의해 체계적으로 조직한 것을 말하며, 학문중심 교육과정에 해당한다.

15

✦ 정답해설

② 플라톤은 국가를 구성하는 계층을 지배계급, 수호계급, 생산계급으로 나누어 각각 지혜, 용기, 절제의 덕목을 갖추도록 교육하여 각자의 역할에 충실하도록 하는 국가에서 정의가 실현된다고 주장하였다. 플라톤의 『국가론』에 따르면 국가는 능력에 따라 구분된 계급에 적합한 교육을 시켜야 한다고 하였다.

✦ 오답해설

①은 아리스토텔레스, ③은 로크, ④는 루소의 주장에 가깝다.

16

✦ 정답해설

② 교육기본법 제8조(의무교육)에는 "의무교육은 6년의 초등교육과 3년의 중등교육으로 한다."라고 규정되어 있으므로 의무교육의 무상화는 중학교까지만 적용된다.

합격생 Guide 헌법 제31조

① 모든 국민은 능력에 따라 균등하게 교육을 받을 권리를 가진다.

② 모든 국민은 그 보호하는 자녀에게 적어도 초등교육과 법률이 정하는 교육을 받게 할 의무를 진다.

③ 의무교육은 무상으로 한다.

④ 교육의 자주성·전문성·정치적 중립성 및 대학의 자율성은 법률이 정하는 바에 의하여 보장된다.

⑤ 국가는 평생교육을 진흥하여야 한다.

⑥ 학교교육 및 평생교육을 포함한 교육제도와 그 운영, 교육재정 및 교원의 지위에 관한 기본적인 사항은 법률로 정한다.

✦ 오답해설

① 헌법 제31조 제1항

③ 헌법 제31조 제4항

④ 헌법 제31조 제6항

17

✦ 정답해설

④ 헤르바르트(J. F. Herbart)는 교육의 목적을 도덕적 품성을 기르는 데 두고, 다면적인 흥미를 조화롭게 개발하고 통합하기 위해서는 교수방법을 체계적으로 배열해야 한다고 하며 교수활동이 따라야 할 과정을 '명료화 – 연합 – 계통 – 방법'의 4단계로 제시하였다. 제시문은 새로이 배운 지식을 체계적으로 조직하고 기존 지식체계와 통합시키는 계통(체계, system)에 대한 설명이다.

합격생 Guide 헤르바르트(J. F. Herbart) 4단계 교수론

교수단계	의미	정신작용
명료화 (clearness)	학습할 주제를 명료하게 제시하는 과정	전심
연합 (association)	이전에 배운 것들과 관련하여 새로운 주제를 해석하고 이해하는 과정	
계통(체계) (system)	새로이 배운 지식을 체계적으로 조직하고 기존 지식체계와 통합시키는 과정	치사
방법 (method)	체계화된 지식을 활용하고 응용	

18

✦ 정답해설

① 순환교육은 1973년에 OECD가 제안한 개념으로, 정규학교를 졸업하고 직업을 가진 성인들에게 직업과 관계되는 새로운 지식과 기술을 교육하는 것으로서 산업사회의 직업기술 갱신을 위한 교육을 의미한다. 순환교육에서는 교육과 직업 세계 간의 연계를 강조하여 경직되어 있는 정규교육체제를 유연화하고 직업과 일의 순환적 연계가 가능하도록 한다.

합격생 Guide 경제협력개발기구(OECD)가 제안한 순환교육

1. 의무교육 최종학년에 진로선택을 위한 교육과정이 설정되어야 한다.
2. 의무교육 이후에 각자의 생활적기에 따라서 가장 적절한 시기에 교육의 기회를 부여해 준다.
3. 모든 사람이 필요한 장소와 시간에 교육을 받을 수 있는 적절한 시설이 골고루 분포되도록 한다.
4. 일과 사회적 경험이 입학규정이나 교육과정 작성 시 주로 고려되어야 한다.
5. 학업과 직업을 교대할 수 있는 계속적 방법으로 생애과정을 구성하도록 한다.
6. 교과과정 편성, 교과내용, 교수방법을 흥미집단, 연령집단, 사회집단별로 고려하여 동시화시킨다.
7. 학위나 증서를 학습결과로 보지 않고, 평생교육의 과정지도와 인격의 발달을 중시한다.
8. 의무교육 이후 각 개인은 적절한 직업준비와 사회적 안정을 얻을 수 있는 준비과정으로 일정한 학습휴가를 가질 권리가 있다.

19

✦ 정답해설

② 학생이 사설학원에 내는 학원비는 공공회계절차를 거치지 않기 때문에 사교육비로 분류된다.

구분	의의	예
공교육비	수입과 지출이 공공회계절차를 거쳐 집행되는 교육비	국가(교부금, 보조금, 전입금 등)·지방자치단체·학교법인의 부담 경비, 입학금, 수업료, 학교운영지원비 등
사교육비	공공회계절차를 거치지 않고 학부모나 학생이 교육을 위하여 직접 지출하는 경비	교재비·부교재비, 학용품비, 학원비, 과외비, 피복비, 단체활동비, 교통비, 급식비, 숙박비 등

20

✦ 정답해설

③ 콜버그(L. Kohlberg)는 도덕성을 옳고 그름에 대한 도덕적 판단능력으로 보고, 도덕적 갈등상황에서 답안을 추론한 과정인 도덕적 판단체계를 바탕으로 발달과정을 설명하였다.

합격생 Guide 콜버그(L. Kohlberg)의 도덕성 발달이론 6단계

수준	단계	도덕적 판단기준
인습 이전 수준	1단계 복종과 처벌 지향	벌의 회피와 힘의 복종
	2단계 개인적 쾌락주의	욕구 충족, 상호 교환관계, 도구적 쾌락주의
인습 수준	3단계 착한 소년/소녀 지향	자기 주변 대다수의 공통된 생각
	4단계 사회질서와 권위 지향	법과 질서
인습 이후 수준	5단계 사회계약 지향	사회 전체가 합의한 기준
	6단계 보편적 도덕원리 지향	자기양심, 보편적 도덕원리

2018년 기출
2018.04.07. 시행

국가직 9급 정답 및 해설

✓ 정답

01	②	02	③	03	②	04	①	05	③
06	③	07	④	08	①	09	③	10	②
11	③	12	④	13	②	14	④	15	①
16	④	17	④	18	④	19	④	20	①

01

✦ 정답해설

② 제시된 자료는 뒤르켐(E. Durkheim)의 저술인 「교육과 사회학」의 일부분이다.
"교육은 아직 사회생활에 준비를 갖추지 못한 어린 세대들에 대한 성인 세대들의 영향력 행사이다. 그 목적은 전체 사회로서의 정치 사회와 그가 종사해야 할 특수 환경의 양편에서 요구하는 지적(①), 도덕적(③), 신체적(④) 제 특성을 아동에게 육성 계발하게 하는 데 있다."

02

✦ 정답해설

③ 정신분석 상담과 행동주의 상담의 공통점은 인간의 행동을 인과적 관계로 해석하는 결정론적 관점을 가진다는 것이다.

✦ 오답해설

① 상담과정에서 과거 경험보다 미래 경험을 중시하는 것은 개인주의 상담이다.
② 상담기법보다는 상담자의 인간적 자질과 진솔한 태도를 중시하는 것은 내담자 중심 상담이다.
④ 비합리적 신념을 인식하고 수정하는 논박 과정을 중시하는 것은 합리적 – 정서적 상담(REBT)이다.

03

✦ 정답해설

② 학습장애(learning disabilities) – 지능 수준이 낮지 않으면서도 말하기, 쓰기, 읽기, 셈하기 등 특정 기능을 맡은 뇌 기능상 문제가 있어 정상적인 학습 성취를 이루지 못하고 특정 학습에서 장애를 보인다.

✦ 오답해설

① 학습부진(under achiever) – 정상적인 지적능력을 지니고 있지만 사회 환경적 요인(전학, 가정불화 등)이나 정서적 요인(불안, 우울 등)에 의해 학업 성적이 떨어지고, 선수학습 결손으로 인해 자신의 지적능력에 비해서 최저 수준에 미달하는 학업 성취를 보인다.
③ 행동장애(behavior disorders) – 지적 수준이 심각할 정도로 낮은 것은 아닌데, 필요 이상으로 지나치게 많은 활동을 하고 같은 행동을 반복하거나 순간적인 충동 행동을 폭발적으로 일으키며 상대방의 요구를 묵살하거나 적극적으로 반대 행동을 한다. 정서적 혼란과 같은 의미로 사용되며 개인적 불만, 사회적 갈등, 학교성적 부진이 지속적으로 나타난다.
④ 정신지체(mental retardation) – 발달기에 나타나는 적응 행동의 장애를 수반하는 일반적인 지적 기능의 저하 상태로 지적 수준이 심각할 정도로 낮고, 동시에 적응적 행동의 결함을 보인다.

04

✦ 정답해설

① 렝그랑(P. Lengrand)의 평생교육은 학교교육과 학교 외 교육의 시간적·공간적 통합을 강조한다. 즉, 시간적 발달단계에 따른 교육의 통합인 수직적 차원의 통합과 가정교육, 학교교육, 사회교육의 통합인 수평적 차원의 교육 통합을 주장하였다.

05

✦ 정답해설

③ ① Z점수 1.5, ② Z점수 1을 백분위로 환산하면 약 84이므로 백분위 90은 Z점수 약 1.3에 해당하고, ③ T점수 60은 T = 50 +10Z에서 60 = 50 + 10Z이므로 Z점수는 1이며, ④ 스테나인 2등급은 7이므로 Z점수는 1.25이다. 따라서 점수가 1로 가장 적은 T점수 60이 지능 원점수가 가장 낮다.

06

✦ 정답해설

③ ㄱ. (○) 인생 주기 단계에서 심리사회적 위기가 우세하게 출현하는 최적의 시기는 개인에 따라 차이가 있지만, 그것이 출현하는 순서는 불변한다고 가정하며 모든 단계가 계획대로 차근차근 전개될 때에 완전한 성격이 형성된다고 본다.

ㄷ. (○) 청소년기는 자아정체감 대 역할혼란의 단계로, 청소년기에는 이전 단계에서의 발달적 위기가 반복하여 나타난다고 본다.

✦ 오답해설

ㄴ. (×) 각 단계에서는 특유의 과제가 있으며, 단계의 위기를 성공적으로 해결했을 때 성격 발달이 제대로 이루어지며 여러 요소가 결합되어 체계적으로 관련되면서 연속적으로 발달한다고 보는 것으로, 해결해야 할 쟁점을 넘지 못한다면 다음 단계에서도 이어지므로 현 단계에서 직전 단계에서 실패한 과업을 해결할 수 있다고 본다.

07

✦ 정답해설

④ 관료제의 특성 중 경력지향성은 순기능으로 경력에 대해 인정을 해주고 경력이 누적될수록 높은 급여를 주므로 사람들이 유인되는 유인체제로서 기능하지만 역기능으로 의사소통의 저해가 아니라 연공과 업적 간의 갈등을 들 수 있다.

08

✦ 정답해설

① 학교운영위원회의 위원 수는 5명 이상 15명 이하의 범위에서 학교의 규모 등을 고려하여 대통령령으로 정한다(초·중등교육법 제31조 제3항).

✦ 오답해설

② 동법 제32조 제1항 제2호·제3호·제10호
③ 동법 제32조 제1항 제7호
④ 동법 제31조 제1항

합격생 Guide

제31조(학교운영위원회의 설치) ① 학교운영의 자율성을 높이고 지역의 실정과 특성에 맞는 다양하고도 창의적인 교육을 할 수 있도록 초등학교·중학교·고등학교·특수학교 및 각종학교에 학교운영위원회를 구성·운영하여야 한다. 〈개정 2022.10.18.〉

09

✦ 정답해설

③ 자유학기 활동으로는 진로탐색 활동, 주제선택 활동, 예술·체육 활동, 동아리 활동 등이 있다.

✦ 오답해설

① 자유학기제 기간에는 중간고사·기말고사 등의 지필시험은 치르지 않고, 형성평가·수행평가·자기성찰평가 등을 실시할 수 있다.
② 2013년도에 연구학교에서 시작되었고, 2016년부터 전국의 모든 중학교에서 전면 시행하였다.
④ 자유학기제의 운영은 권장사항이 아니라 의무사항이다.

합격생 Guide 자유학기 활동

진로탐색 활동	진로검사, 초청강연, 직업탐방, 일터체험 등 적성과 소질을 탐색하여 스스로 미래를 설계할 수 있도록 체계적으로 운영된다.
주제선택 활동	헌법, 경제·금융, 고전 토론, 체험 수학, STEAM 과학 등 학생의 흥미, 관심사에 맞는 체계적이고 심층적인 프로그램 운영으로 학습동기를 유발하고 깊이 있는 학습 기회를 제공한다.
예술·체육 활동	연극, 뮤지컬, 오케스트라, 디자인, 축구 등 다양하고 내실 있는 예술·체육 교육으로 학생의 소질과 잠재력을 찾아준다.
동아리 활동	문예토론, 과학실험, 천체 관측 등 학생들의 공통된 관심사를 기반으로 운영되며, 이를 통해 학생의 특기와 적성은 물론 자율적 문제해결력을 키워 준다.

10

✦ 정답해설

② 기준재정수요액(기준재정수입액×)을 산정하기 위한 각 측정단위의 단위당 금액을 단위비용이라 한다(지방교육재정교부금법 제2조 제4호).

◆ 오답해설

① 동법 제7조 제1항
③ 동법 제5조 제1항
④ 동법 제5조의2 제1항 제1호

11

◆ 정답해설

③ 감각적 실학주의 - 감각을 통한 학습 및 감각의 훈련을 통해 현실생활의 지식을 획득하고 자연과학적 지식과 연구방법을 교육에 도입하여 인간생활과 사회생활의 합리적 향상을 강조하였다.

12

◆ 정답해설

④ 제시된 자료의 활동에 해당하는 자본은 사회자본(social capital)이다. 사회자본은 다양한 집단활동이나 타인과의 상호작용에서 협력된 행동을 촉진함으로써 형성되는 인간 네트워크의 집합적 가치의 총합으로 사람들 간의 관계를 변화시킴으로써 생성되는 자본이다. 사회자본은 사회 맥락이며 효율적으로 소통할 때 그 힘이 발휘된다.

13

◆ 정답해설

② (가) 교사가 계획하거나 의식하지 않았음에도 불구하고 학생들의 지식·태도·행동에 영향을 미치는 '교육 실천과 환경' 및 '그 결과'를 의미한다. - 학교나 교사의 계획과는 무관하게 학교생활을 통하여 학생이 얻게 되는 모든 경험된 교육과정인 잠재적 교육과정에 해당된다. 그 사례로 '학교에서 받아쓰기 시험을 매일 보고 틀린 낱말을 30번씩 적게 했더니 학생들이 국어 공부를 싫어하게 되었다'는 것을 들 수 있다.
   (나) 가르칠 만한 가치가 있음에도 불구하고, 공식적 교육과정이나 수업에서 빠져 있는 교육내용이다. - 충분히 교육적 가치가 있음에도 불구하고 공식적 교육과정에서 배제하고 소홀히 하는 교육과정인 영교육과정에 해당된다. 그 사례로 '한국의 초등교육 기관에서는 의도적으로 종교에 관한 내용을 배제한다'는 것을 들 수 있다.

14

◆ 정답해설

④ (가) 비일상적인 내용이나 사건을 제시함으로써 학습자의 흥미를 유발한다. - 학습자의 지각을 자극하거나 탐구적인 과제 등을 통해 학습자의 주의를 집중시킴으로써 흥미를 유발하고 동기를 높이게 되는 주의집중(attention)이다.
   (나) 쉬운 것에서부터 어려운 것 순으로 과제를 제시해 준다. - 학습자가 스스로 학습의 성공을 기대할 수 있도록 성공기대, 성공기회, 자기통제의 기회를 제공하게 되는 자신감(confidence)이다.
   (다) 친밀한 예문이나 배경지식, 실용성에 중점을 둔 목표를 제시한다. - 학습의 내용이 학습자의 학습목적에 부합하고 친밀한 내용들로 구성해야 한다는 것인 관련성(relevance)이다.
   (라) 적절한 강화계획을 세워, 의미 있는 강화나 보상을 제공한다. - 학습 자체의 결과로 학습자가 만족감을 느낄 수 있도록 내재적·외재적 보상 등을 실시하게 되고, 이를 통해 동기를 높인다는 만족감(satisfaction)이다.

15

◆ 정답해설

① 제시된 설명에 해당하는 가네의 학습 결과 유형은 지적기능이다.

합격생 Guide 가네(R. Gagné)의 5가지 학습 결과 유형

언어정보	경제적 지식 또는 선천적 지식으로서 어떤 사실, 개념의 원칙 및 절차, 명칭, 강연 등 이전에 학습되어 저장된 정보를 구두로 말하거나, 말로 전술하는 것을 말한다.
지적기능	학습자가 그의 주위 환경을 개념화하여 반응하는 능력으로, 지식이나 정보의 내용(what)을 아는 것이 아니라, 그 방법(how)을 아는 것으로 정의한다. 이는 복잡성 수준에 따라 가장 단순한 것에서부터 변별, 개념, 규칙, 문제해결 등의 형태로 이루어져 있다.
인지전략	학습자가 직접 참여하여 학습하고, 기억하고, 사고할 수 있게 하는 내적으로 조직화되고 획득되는 능력으로, 학습자가 자신의 사고와 학습을 지배하는 통제과정을 말한다.

태도	어떤 사람이나 대상, 사건에 대한 찬성-반대 또는 좋아함-싫어함과 같이 긍정적이거나 부정적인 행위를 선택하게 하는 내적 경향성을 의미한다.
운동기능	의도적 행동을 위해 여러 단편적인 활동들이 조직화되거나 통합되어 이루어진 신체적 움직임을 수행하기 위한 종합적 활동 능력 및 실행 계획으로, 운동기능은 감각·두뇌·근육 등의 신체적 기관들이 상호 보완적 작용에 의한 반복적인 연습을 통해 획득될 수 있다.

16

✦ 정답해설

④ ㄷ. (○) 교육의 3대 강령으로 덕양(德養), 체양(體養), 지양(智養)을 제시하여 전인교육(全人教育)의 방향을 내세워 혁신적인 풍교(風教)를 세우고자 하였다.
ㄹ. (○) 과거의 허명(虛名)교육을 버리고 과학적 지식과 신학문과 실용(實用)교육을 중시할 것임을 밝혔다.

✦ 오답해설

ㄱ. (×) 초등단계의 의무교육을 시행할 것임을 선언한 것은 1952년 교육자치제를 발족함으로써 추진되었다.
ㄴ. (×) 유교식 교육기관인 성균관은 개화의 흐름 속에서 한국의 전통적인 유학과 도덕을 지켜 나가는 방향으로 전환되었으나 「교육입국조서」에서 성균관을 근대식 대학으로 전환할 것을 천명하지는 않았다.

17

✦ 정답해설

④ 요청장학 - 일선학교나 교사가 교수-학습방법에 관한 장학의 전문적 지도가 필요하다고 판단하여 장학 담당자를 초청하는 장학으로, 전문 장학사들의 도움을 얻을 수 있어 질 높은 장학을 할 수 있다.

18

✦ 정답해설

④ Kappa 계수는 두 관찰자 간의 측정 범주값에 대한 일치도를 측정하는 방법으로 검사자(검사방법) 내의 범주는 반드시 동일해야 하기 때문에 문항들 간의 동질성을 평가하기 위한 지수로 부적합하다.

19

✦ 정답해설

④ ㄴ. (○) 「학점인정 등에 관한 법률」 제7조 제2항 제5호에 따라 학점은행제로 취득한 학점은 일정조건을 갖추게 되면, 독학학위제의 시험 응시자격에 활용될 수 있다.
ㄹ. (○) 교육부장관은 독학학위제의 시험 실시 권한을 그 소속 기관의 장이나 국립학교의 장에게 위탁하고 있다(독학에 의한 학위취득에 관한 법률 제7조).

✦ 오답해설

ㄱ. (×) 교양과정, 전공기초과정, 전공심화과정, 학위취득 종합시험 등의 4개 인정시험을 통과하면, 학사학위를 수여하는 제도이다(동법 제5조 제1항).
ㄷ. (×) 시험에 응시할 수 있는 사람은 고등학교 졸업이나 이와 같은 수준 이상의 학력이 있다고 인정된 사람이어야 하므로(동법 제4조 제1항), 특성화고등학교를 졸업한 사람도 독학학위제에 응시할 수 있다.

20

✦ 정답해설

① ㄱ. (○) 규범적 준거(normative criterion)에 근거한 교육의 개념은 '무엇인가 가치 있는 것'을 추구하는 활동으로, 교육받는 사람이 장차 거기에 공헌할 가치가 있는 것을 전수해 주는 것을 말한다.

✦ 오답해설

ㄴ. (×) 학습자(교육을 받는 사람)의 의식과 자발성을 전제하는 것으로, 바람직한 정신상태를 도덕적인 방법으로 의도적으로 실현하고 어떤 사태와 현상에 대하여 독립적으로 사고할 수 있도록 도와주는 것은 과정적 준거에 근거한 교육의 개념이다.
ㄷ. (×) 지식, 이해, 인지적 안목을 길러주는 것은 내재적인 가치의 구체적인 내용을 명시하는 인지적 준거에 근거한 교육의 개념이다.

지방직 9급 정답 및 해설

✅ 정답

01 ①	02 ④	03 ④	04 ④	05 ①
06 ②	07 ④	08 ②	09 ③	10 ④
11 ③	12 ②	13 ③	14 ①	15 ④
16 ①	17 ①	18 ②	19 ③	20 ①

01

✦ 정답해설

① 제시된 내용은 정의란 무엇이고, 그리고 그것은 인간 삶에 있어서 어떠한 의미를 가지고 있는가를 강조하는 플라톤(Platon)의 『국가론』이다. 플라톤의 『국가론』에 따르면 철인왕의 육성을 위한 교육은 신체 단련과 덕성 함양, 산술·기하 등의 교과교육으로 이루어지는 기초교육, 2년 간의 신체 및 군사교육, 20세부터 10년 간의 수학교육, 5년 간의 변증법교육, 그리고 행정실무 활동에의 참여라는 순서로 이루어진다.

02

✦ 정답해설

④ 제시된 내용과 가장 부합하는 교육철학은 실존주의 교육철학이다. 실존주의 교육철학은 실존이 본질에 우선한다고 보았고 비인간화 등 현대 문명을 비판하고 주체성 회복을 통한 인간성 회복을 강조하는 철학이다. 점진적이고 연속적인 성격을 지닌 학교 교육은 주체성을 약화시키고 평균인을 양성하는 교육이라는 점에서 비판적 태도를 취하며 교육에서 만남, 잠재적 교육과정 등과 같은 비연속적 형성 가능성에 주목하였다.

✦ 오답해설

① 분석적 교육철학은 종래의 사변적·선험적·종합적 철학방법을 거부하고 모든 과학과 일상적 지식의 개념과 명제의 의미를 분석적 방법에 의해 엄밀하게 밝히는 것으로, 교육 개념을 분석하는 데 관심을 가지며 거기에 철학적 탐구방법을 사용하여 교육의 개념과 논의에 관심을 가진다.

② 항존주의 교육철학은 고전과 형이상학 등 자유교양교육을 주된 교육 내용으로 삼아 인간 불변의 본질인 이성과 지성을 도야함으로써 도덕성(인간성) 회복을 지향하는 교육사조로, 인간의 특징은 이성에 있으므로 교육은 아동의 이성 발달에 관심을 두어야 한다는 교육원리를 지닌다.

③ 본질주의 교육철학은 진보주의의 폐단을 비판하고 그 교육적 한계를 극복하고자 대두된 교육사조로, 인류의 문화 전수가 교육의 주된 목적이고 교육은 사회적 요구와 관심을 중심으로 행해져야 하며 아동들은 교과나 지식의 본질적인 개념 등을 전통적인 학문의 훈련방식으로 배워야 한다는 교육원리를 지닌다.

03

✦ 정답해설

④ 감각적 실학주의(Sensual Realism)는 감각의 훈련을 통해 현실생활의 지식을 획득하고 자연과학의 지식과 방법론을 활용하여 교육의 현실적 적합성과 실용성을 추구한다.

✦ 오답해설

① 감각적 실학주의의 대표적인 사상가는 베이컨, 코페니우스 등이고, 몽테뉴(Montaigne)는 사회적 실학주의의 대표적인 사상가이다.

② 고전을 중시하지만, 고전을 가르치는 목적이 현실 생활을 이해하는 데 있는 것은 인문적 실학주의이다.

③ 세상은 가장 훌륭한 교과서이며, 세상사에 밝은 인간을 기르는 데 교육의 목적이 있는 것은 사회적 실학주의이다.

04

✦ 정답해설

④ ㄷ. (○) 유생으로서 옛 성현의 가르침에 대해 논의하지 아니하고 고담이론을 좋아하고 행실이 닦인 사람을 헐뜯고 조정을 비방하며 재물과 뇌물을 상의하는 자, 주색을 즐겨 말하는 자, 권세에 아부하여 벼슬을 꾀하는 자는 벌하도록 하였다.

ㄹ. (○) 매년 초에 여러 유생이 함께 의논하여 유생들 중 품행이 탁월하고 재주가 출중하며 시무에 통달한 자 한두 명을 학관을 통해서 해당 관서에 천거하도록 하였다.

✦ 오답해설

ㄱ. (×) 항상 사서오경과 역사서만 읽어야 하며 노자와 장자, 불교, 제자백가 관련 서적과 같은 글은 잡된 것이라 하여 읽어서는 안 되었고 이를 위반한 사람은 벌을 주었다.

ㄴ. (×) 매월 8일과 23일에는 옷을 세탁하도록 휴가를 주는데 유생들은 그 날을 이용하여 복습을 할 것이지만 활쏘기와 장기, 바둑, 사냥, 낚시 등의 여가 활동을 즐겨서는 안 되었고 이를 위반한 사람은 벌을 주었다.

05

✦ 정답해설

① 국가·지방자치단체와 공공기관의 장 또는 각종 사업의 경영자는 소속 직원의 평생학습기회를 확대하기 위하여 유급 또는 무급의 학습휴가를 실시하거나 도서비·교육비·연구비 등 학습비를 지원할 수 있다(평생교육법 제8조).

06

✦ 정답해설

② 제시된 내용과 관련이 깊은 학자는 파이너(W. Pinar)이다. 파이너는 교육과정은 교육자나 학습자가 자신이 가지는 교육경험의 본질을 분석하여 그 실존적 의미를 찾는 작업이라고 본다.

합격생 Guide ┃ 파이너의 쿠레레(currere) 방법

회귀	자신의 실존적 경험을 회상하면서 기억을 확장하고 과거의 경험을 상세히 묘사한다.
전진	자유연상을 통해 아직 현실화되지 않은 미래의 모습을 상상한다.
분석	과거·미래·현재라는 세 장의 사진을 놓고 이들 간의 복잡한 관계를 탐구한다.
종합	내면의 목소리에 귀를 기울이고 자기에게 주어진 현재의 의미를 자문한다.

07

✦ 정답해설

④ 반분검사신뢰도(split-half reliability)는 조사항목을 양분하여 각각을 독립된 척도로 사용하여 일치성 또는 동질성 정도를 비교하는 방법으로, 문항 간 동질성은 높아야 하고 사실상 시간제한이 없고 숙련도보다는 궁극적인 문제해결력을 측정하는 검사인 역량검사에서 적용되어야 한다.

08

✦ 정답해설

② 2015 개정 교육과정(교육부 고시 제2015-74호)에서 고등학교 보통 교과의 공통 과목으로 통합과학(과학탐구실험 포함, ㄴ)과 통합사회(ㄱ) 과목을 신설하였고, 초등학교 1~2학년에 창의적 체험활동으로 '안전한 생활(ㄷ)'이라는 교과가 신설되었다.

09

✦ 정답해설

③ 정의적 영역의 평가를 위한 사회성 측정법(수용성 조사, 교우관계조사법)은 집단 내의 성원들 간에 호의, 혐오, 무관심 등의 관계를 조사하여 집단 자체의 역동적 구조 상태를 알아보는 방법, 즉 유아 간의 상호선택 또는 배척을 통해 유아 개인의 사회적 수용도나 인기도를 알아보는 방법으로, 문항 작성 절차가 간단하고 검사 시간이 짧다.

10

✦ 정답해설

④ 제시된 내용과 관련이 깊은 학습이론은 형태주의 학습이론으로, 인간이 인지하고 자신에 맞게 받아들인다는 능동적인 학습을 강조하는 이론을 말한다.

✦ 오답해설

① 구성주의 학습이론은 학습은 학습자 개인의 주관적인 경험과 흥미에 따라 정한 학습 내용을 스스로 구성해 나가는 과정이며, 결과는 그 과정을 수행할 수 있는 능력을 갖추었는가에 대한 확인으로 평가할 수 있다는 것으로, 학습자 스스로 정보를 발견하고 변형하려고 하는 능동적인 학습자로 간주하고 있다.

② 인간주의 학습이론은 인간의 존엄성과 자율성을 주장한 학습이론으로 학습이라는 것을 개인이 주변 환경과의 능동적인 상호작용을 통해 자아성장과 자기실현을 이루어 가는 과정으로 규정한다.

③ 행동주의 학습이론은 학습을 경험이나 관찰의 결과로 유기체에게서 일어나는 비교적 영속적인 행동의 변화 또는 행동잠재력의 변화로 정의내리며, 유기체를 자극에 대해 수동적으로 반응하는 존재라고 보았다.

11

✦ 정답해설

③ (가) 생활지도 업무를 담당하는 김 교사는 학기 초에 생활지도 계획을 수립하기 위해 전교생에게 학교생활 적응검사를 실시하였다. – 학생을 이해하고 지도하는 데 필요한 가정환경, 교우관계, 심리적 특성 등에 관한 기초 자료를 수집하는 활동인 조사(調査)활동에 해당된다.

(나) 취업지도 업무를 담당하는 송 교사는 기업체에 취업한 졸업생들에게 전화를 걸어 직장생활에 잘 적응하고 있는지를 점검하고 격려하였다. – 생활지도를 일차 완료한 후 학생의 적응 상태와 변화 정도를 점검하고 필요하면 추가로 도움을 제공하고 계속 지도하는 활동인 추수(追隨)활동에 해당된다.

✦ 오답해설

• 정보(情報)활동은 학생들의 환경 적응과 문제 해결을 돕기 위해 각종 정보를 수집·제공하고 조정과 협조를 하는 활동을 말한다.

• 정치(定置)활동은 학생의 희망 및 능력에 맞추어 동아리를 선택하도록 도와주고 배정하며, 학생이 진로를 현명하게 선택할 수 있도록 학생의 적성과 흥미 등을 고려하여 도와주거나 안내하는 활동을 말한다.

12

✦ 정답해설

② ㄱ. 상담자는 내담자에게 상담 약속을 이행할 때마다 칭찬 스티커를 주고 그것을 다섯 개 모으면 즐거운 게임을 함께 하였다. – 어떤 행동이 일어난 직후 바람직한 자극을 부여하여 그 행동이 일어날 반응의 확률을 높이는 자극인 정적 강화로, 조건형성 원리에 기초한 상담기법이다.

ㄷ. 집단상담자는 '타임아웃(time-out)'을 적용하여 집단원이 집단상담 규칙을 어길 때마다 지정된 공간에서 3분간 머물게 하여 참여를 제한하였다. – 어떤 행동이 일어난 직후 나쁜 행동을 없애지 않으면 싫어하는 것을 제공하여 그 행동이 일어날 반응의 확률을 감소시키는 자극인 정적 처벌로, 조건형성 원리에 기초한 상담기법이다.

✦ 오답해설

ㄴ. 상담자는 '두 개의 빈 의자'를 사용하여 대인 갈등 상황에서 내담자가 경험하는 자신의 숨은 욕구와 감정을 자각하도록 촉진한 것은 형태주의에 기초한 상담기법이다.

ㄹ. 집단상담자는 집단원에게 "기적이 일어나서 각자의 소망이 이루어진다면 여러분의 삶은 어떻게 달라질까요?"라고 질문하여 변화에 대한 욕구를 확인하는 것은 '기적 질문'에 해당하는 해결중심 단기상담의 기법이다.

13

✦ 정답해설

③ 징계처분 중 퇴학조치에 대하여 이의가 있는 학생 또는 그 보호자는 퇴학조치를 받은 날부터 15일 이내 또는 그 조치가 있음을 알게 된 날부터 10일 이내에 시·도학생 징계조정위원회에 재심을 청구할 수 있다(초·중등교육법 제18조의2 제1항). 시·도학생징계조정위원회에 재심을 청구할 때에는 청구인의 이름, 주소 및 연락처, 피청구인, 퇴학조치가 있음을 안 날, 청구의 취지 및 이유를 적어 서면으로 하여야 한다(동법 시행령 제31조의2 제1항).
  * 학생의 징계의 종류에는 학교 내의 봉사, 사회봉사, 특별교육 이수, 1회 10일 이내, 연간 30일 이내의 출석정지, 퇴학처분 등이 있다(동법 시행령 제31조 제1항).

14

✦ 정답해설

① 제시된 내용과 관련이 깊은 학습 형태는 모바일 러닝(m-learning)이다. 모바일 러닝은 스마트폰 등을 이용해 강의수강뿐만 아니라 각종 게시판 읽기 및 쓰기, 진도율 체크, 학사정보 확인 등이 가능하며 시험까지 치를 수 있는 새로운 개념의 학습방법이다.

✦ 오답해설

② 플립드 러닝(flipped learning)은 학생들이 수업 전에 미리 선생님의 강의를 통해서 개념을 충분히 숙지한 후에 수업에 임하는 것을 말한다.

③ 마이크로 러닝(micro learning)은 학습단위가 한 수업 안에 여러 가지 내용을 다 담는 것이 아니라 하나의 수업에 한 가지 내용만 포함하는 것, 즉 작은 단위, 짧고, 한 번에 소화 가능한 학습 컨텐츠를 말한다.

④ 블렌디드 러닝(blended learning)은 학습 효과를 극대화하기 위해 집합교육을 중심으로 온라인교육을 보완하거나 자율 학습 방식에 온라인 협동 학습을 접목하는 등 다양한 학습 방법을 혼합하는 교육 방법을 말한다.

15

✦ **정답해설**

④ 제시된 내용과 관련이 깊은 학자는 부르디외(P. Bourdieu) 이다. 부르디외는 학교는 지배집단의 '문화자본'을 재창조 하고 정당화하는 역할을 수행한다는 문화재생산이론을 주장하였다.

16

✦ **정답해설**

① 학생들에게 정해진 교과 지식을 제시하고 설명한 후 형 성평가를 실시하여 학습결과를 확인하였다. – 교사 중심 의 가르치는 활동으로 교수(teaching)에 해당된다. 즉, 교 수는 특정한 학습을 성취시킬 목적으로 환경을 계획적으 로 조작한 과정이란 점에서 학습자의 자발적 활동에 의 한 행동 변화를 의미하는 학습보다 의도성이 훨씬 크다.

✦ **오답해설**

②·③·④ 학생 중심의 배우는 활동인 학습(learning)에 해 당된다. 즉, 학습은 학습자에게 작용하는 결과로서 나타나는 일련의 행동 변화이고, 보다 나은 학습을 위한 방안을 처방 함에 따라 나타난 결과를 있는 그대로 기술하는 것이다.

17

✦ **정답해설**

① 현행 법령상 교원에는 ㄱ. 교장, ㄴ. 교감이 해당된다.

합격생 Guide 교직원의 구분(초·중등교육법 제19조)

교원	• 초등학교·중학교·고등학교·고등공민 학교·고등기술학교 및 특수학교에는 교장 ·교감·수석교사 및 교사를 둔다. 다만, 학 생 수가 100명 이하인 학교나 학급 수가 5학 급 이하인 학교 중 대통령령으로 정하는 규모 이하의 학교에는 교감을 두지 아니 할 수 있다. • 각종학교에는 위에 준하여 필요한 교원을 둔다.
교원 외의 직원	학교에는 교원 외에 학교 운영에 필요한 행정 직원 등 직원을 두는데, 행정직원 등 직원은 법령에서 정하는 바에 따라 학교의 행정사무 와 그 밖의 사무를 담당한다.

18

✦ **정답해설**

② ㄱ, ㄴ. 수석교사는 교사의 교수·연구 활동을 지원하며, 학생을 교육한다(초·중등교육법 제20조 제3항).

✦ **오답해설**

ㄷ. 교장은 교무를 총괄하고, 소속 교직원을 지도·감독하 며, 학생을 교육한다(동법 제20조 제1항).

19

✦ **정답해설**

③ 교원의 학습연구년 특별연수는 교육공무원법 제40조에 의거하여 교원능력개발평가 결과 등의 우수교사 중 일정 조건을 갖춘 교사를 대상으로 직무능력 제고와 교육개선 역량 함양을 위하여 수업 및 기타 업무 부담으로부터 벗 어나 자기학습계획에 따라 1년간 대학의 연구소 등에서 학습연구에 몰입하도록 하는 제도이다. 이들은 1년간의 연수 종료 후 연수기간 이상의 기간을 의무복무하여야 하 며, 연수성과 공유 및 단위학교 장학 요원으로 교육의 경 쟁력 제고를 위하여 활동하게 된다.
따라서 교원의 특별연수에 해당하는 것은 학습연구년 교 사로 선정되어 대학의 연구소에서 1년간 연구활동을 수 행한 최 교사이다.

20

✦ **정답해설**

① 김 교장이 실시하고자 하는 장학의 종류는 평상시에 교 장 및 교감의 계획과 주도하에 이루어지는 것으로, 교장 이나 교감이 5분~10분 정도 잠깐 동안 비공식적으로 교 실에 들러서 수업을 관찰하여 다른 장학형태의 보완적인 성격을 지니는 약식장학이다.

✦ **오답해설**

② 자기장학은 외부의 지도에 의하기보다는 교사 자신의 전 문적 성장을 위해 스스로 계획을 세우고 실천하며 그 결 과에 대해서 자기반성을 하는 자율장학을 말한다. 학생들 의 수업평가 결과 활용, 자신의 수업을 녹화하여 분석· 평가, 대학원에 진학하여 전공교과 또는 교육학 영역의 전문성 신장 등이 이에 해당된다.
③ 중앙장학은 교육장학을 말한다.
④ 확인장학은 각 학교의 담당 장학사가 이전 장학지도 시 지시사항에 대한 이행 여부를 확인하는 장학을 말한다.

국가직 9급 정답 및 해설

✅ 정답

01	①	02	①	03	②	04	③	05	①
06	④	07	②	08	③	09	③	10	②
11	④	12	①	13	②	14	④	15	③
16	②	17	②	18	③	19	③	20	④

01

✦ 정답해설

① 지식을 효과적으로 전달하기 위해 구조화된 문제와 반복 학습을 강조하는 것은 전통적인 객관주의 학습이론에 기반한 교사의 교수기술에 해당된다.

02

✦ 정답해설

① 제시된 설명은 교수매체에 대한 내용이다. 교수매체는 교수학습의 교수를 위해서는 도구가 되고 학습을 위해서는 지침이 되는 매체로, 교사와 학습자 사이의 의사소통을 가능하게 하는 수단으로서 교육목표를 효과적·효율적으로 달성할 수 있도록 교수자와 학습자 간의 학습에 필요한 커뮤니케이션을 도와준다.

03

✦ 정답해설

② (가) 다른 나라를 방문할 때 그 나라의 문화와 음식, 언어에 빠르게 순응하려고 노력하는 것 - 새로운 정보를 접했을 때 새로운 경험에 맞추어 기존의 도식을 변화시키는 과정으로, 새로운 도식을 통해 인간이 외부세계에 대처하는 방법을 보다 효율적으로 구성하는 조절에 해당된다.

　(나) 아빠는 양복을 입은 사람이라는 생각을 가진 유아가 양복을 입은 사람을 모두 '아빠'라고 부르는 것 - 기존의 도식을 활용하여 새로운 자극을 이해하는 것으로, 도식이나 행동양식에 맞춰가는 인지적 과정인 동화에 해당된다.

04

✦ 정답해설

③ 허친스(R. M. Hutchins)는 듀이(J. Dewey)의 진보주의가 상대주의·기계주의·물질만능주의·과학숭배주의 등을 초래하여 현대사회의 위기의 원인이 되었다고 주장하여 이에 대해 비판한 항존주의 사상가이다.

05

✦ 정답해설

① 교실생활의 군집성(많은 사람들이 어울려서 배움), 상찬(여러 가지 형태의 평가를 통해서 배움), 권력구조(조직의 권위관계를 배움) 등이 학생들의 행동과 학습 결과에 미치는 영향을 설명하면서, 학생이 학교생활을 하는 가운데 의도하지 않았던 경험 및 학습과정을 초래하는 교육과정이라는 잠재적 교육과정의 개념을 제시한 인물은 잭슨(P. Jackson)이다.

06

✦ 정답해설

④ 국가의 일반회계나 지방자치단체의 교육비특별회계로부터 받은 전입금은 학교회계의 세입항목이다(초·중등교육법 제30조의2 제2항 제1호).

✦ 오답해설

① 동법 제30조의3 제1항

② 동법 제30조의2 제2항 제2호

③ 동법 제30조의3 제2항

07

✦ 정답해설

② 인간중심 상담이론은 내면의 경험을 자각하고 수용할 수 있도록 하기 위해 과거보다 지금-여기에 더 주목한다.

합격생 Guide   상담자가 갖추어야 할 중요한 태도

진솔성	내면적인 경험에 대한 인식과 인식된 표현들이 모두 일치되는 것으로, 내담자와의 관계에서 가지게 되는 감정, 사고 등을 솔직하게 표현한다.
무조건적 긍정적 존중	내담자를 한 인간으로 존중하며 그의 감정, 사고, 행동 및 사회적 지각을 평가하거나 비판하지 않고 있는 그대로 받아들이는 것을 말한다.
공감적 이해	상담자가 내담자의 주관적인 경험의 세계를 이해하며 내담자의 입장을 좀 더 깊게 이해하고 자신을 맞춰나가는 과정을 말한다.

08

✦ 정답해설

③ ㄱ. (O) 교육규칙의 제정에 관한 사항은 교육감의 관장 사무에 해당한다(지방교육자치에 관한 법률 제20조 제4호).

ㄴ. (O) 주민은 교육감을 소환할 권리를 가진다(동법 제24조의2 제1항).

ㄹ. (O) 교육감의 임기는 4년으로 하며, 교육감의 계속 재임은 3기에 한정한다(동법 제21조).

✦ 오답해설

ㄷ. (×) 교육감은 시·도의 교육·학예에 관한 사무의 집행기관(동법 제18조 제1항)이고, 시·도의회에 제출할 교육·학예에 관한 조례안과 관련하여 심의·의결할 권한을 가진 것은 교육감 소속의 법제심의위원회이다(동법 시행령 제2조 제2항 제1호).

09

✦ 정답해설

③ 신념과 기대가 행동의 변화를 가져온다고 보는 것은 성과기대나 개인목표와 같은 인지적 과정을 주로 다루는 반두라(A. Bandura)의 사회인지 학습에만 해당된다.

10

✦ 정답해설

② 지방자치단체로부터 의무교육대상자의 교육을 위탁받은 사립학교의 설립자·경영자는 의무교육을 받는 사람으로부터 수업료와 학교운영지원비 등을 받을 수 없다(초·중등교육법 제12조 제4항).

합격생 Guide

제12조(의무교육)
④ 국립·공립 학교의 설립자·경영자와 제3항에 따라 의무교육대상자의 교육을 위탁받은 사립학교의 설립자·경영자는 의무교육을 받는 사람으로부터 제10조의2 제1항 각 호의 비용을 받을 수 없다. 〈개정 2019.12.3.〉

✦ 오답해설

① 동법 제12조 제3항
③ 교육기본법 제8조 제1항·제2항
④ 초·중등교육법 시행령 제15조 제4항

11

✦ 정답해설

④ 제시된 내용을 모두 포함하는 교육과정 개발이론(강령단계 - 숙의단계 - 설계단계)은 워커(D. Walker)의 이론으로 자연주의적 교육과정 개발모형이다.

12

✦ 정답해설

① 제시된 설명에 해당하는 저서는 조선 후기의 실학자 정약용이 아동의 한자 학습을 위하여 엮은 문자교육용 교재인 「아학편(兒學編)」이다. 상하 두 권으로 나누어 각각 1,000자의 문자를 수록하여 도합 2,000자로 이루어져 있으며 상권에는 구체적인 명사나 자연계·자연현상·실제적 현상에 부합하는 유형적인 개념을 담았고, 하권에는 추상명사·대명사·형용사·동사 및 계절·기구·방위 등의 무형적인 개념을 수록하였다.

✦ 오답해설

② 「성학집요(聖學輯要)」는 이이가 제왕의 학을 위해 유교적 정치이상을 실현하는 방법을 선조에게 지어 바친 책이다.

③ 「격몽요결(擊蒙要訣)」은 이이가 본격적으로 학문을 공부하려는 제자들에게 학문의 방향을 제시해 주고자 저술한 책이다.

④ 「학교모범(學校模範)」은 이이가 왕명을 받들어 학교사목과 함께 지어 바친 학교의 규범으로, 학령의 미비한 점을 보충케 하였을 뿐만 아니라, 유학교육의 내용과 방법에 대한 가장 포괄적이고 밀도 높은 사상이 깃들어 있다.

13

✦ 정답해설

② 비고츠키의 근접발달영역(ZPD)은 아동이 과제를 독립적으로 해결할 수 있는 실제적 발달 수준과 성인 또는 유능한 또래의 도움을 받아 해결할 수 있는 수준인 잠재적 발달 수준 사이의 간극(차이)으로, 아이들이 스스로 발달시킬 수는 없지만 타인과 교사, 주변환경, 친구 등과의 상호작용을 통해 발달시킬 수 있는 인지영역을 말한다.

14

✦ 정답해설

④ 구직자 및 자영업자 등에게 내일배움카드를 발급하고 일정 금액의 훈련비를 지원함으로써 직업능력개발훈련에 참여할 수 있도록 하며, 직업능력 개발훈련이력을 종합적으로 관리하는 제도인 내일배움카드제는 고용노동부에서 운영하고 있다.

✦ 오답해설

① 평생교육법 제41조 제2항 제4호

합격생 Guide

평생교육법 제41조 제2항 제4호

4. 「무형문화재 보전 및 진흥에 관한 법률」에 따라 인정된 국가무형문화재의 보유자와 그 전수교육을 받은 사람
→
4. 「무형유산의 보전 및 진흥에 관한 법률」에 따라 인정된 국가무형유산의 보유자와 그 전수교육을 받은 사람 〈개정 2023.8.8.〉

② 헌법 제31조 제5항
③ 평생교육법 제24조 제2항

15

✦ 정답해설

③ 학교교육에서 교원(教員)의 전문성은 존중되며, 교원의 경제적·사회적 지위는 우대되고 그 신분은 보장된다(교육기본법 제14조 제1항)고 규정되어 있지만, 교사는 전문성을 바탕으로 학생을 교육한다는 내용은 규정되어 있지 않다.

✦ 오답해설

① 동법 제14조 제5항
② 동법 제14조 제4항
④ 동법 제15조 제1항

16

✦ 정답해설

② 제시된 학교교육에 대한 주장은 갈등주의로, 구조기능주의와는 거리가 멀다.

✦ 오답해설

• 학교는 지배집단의 '문화자본'을 재창조하고 정당화하는 역할을 수행한다는 것은 부르디외(P. Bourdieu)의 문화재생산이론에 해당된다.
• 학습결과인 성적도 학생이 속해 있는 계급의 영향에서 벗어나지 못한다는 것은 재생산이론에 해당된다.
• 경제구조가 학교교육을 일방적으로 결정한다고 비판한다는 것은 보울스(S. Bowls)와 진티스(H. Gintis)의 경제적 재생산이론에 해당된다.

17

✦ 정답해설

② 교육결과의 평등은 단지 학교에 다닐 수 있는 기회를 보장하는 것만 아니라 모든 학습자가 동등한 학습결과를 갖게 되는 것으로, 교육결과의 평등을 위한 정책에 해당하는 것은 저소득층의 취학 전 어린이들을 위한 보상교육(compensatory education)이다.

✦ 오답해설

① 취학을 가로막는 경제적, 지리적, 사회적 제반 장애를 제거해 주는 취학 보장대책은 보장적 평등을 위한 정책에 해당된다.
③ 한국의 고교평준화 정책은 학교의 여건의 차이에 따른 불평등을 해소하고자 하는 과정적 평등을 위한 정책에 해당된다.

④ 초·중등교육의 의무무상화는 보장적 평등(교육기회의 허용적 평등)을 위한 정책에 해당된다.

18

✦ 정답해설

③ 17세기 감각적 실학주의는 관찰주의와 경험 및 실험, 귀납법 등을 강조하였고, 교수법으로 감각을 통한 지각, 관찰학습, 실물학습을 중시하였다.

✦ 오답해설

① 고대 그리스의 아테네(스파르타×)에서는 신체와 영혼의 균형을 교육의 목적으로 추구하여 교육과정에서 읽기, 쓰기, 문학, 철학의 비중이 컸다.
② 고대 로마시대에는 가부장 중심의 가정교육이 주를 이루었고, 수사학교, 문자학교는 로마 후기 제정로마시대에 그리스의 영향을 받아 발달하게 된 것으로 사립교육기관이었다.
④ 산업혁명기 벨(A. Bell)과 랭커스터(J. Lancaster)의 조교법(monitorial system)은 학생을 나누어 그들을 우수한 상급생 중에서 채용한 조교에게 지도시키는 방법으로, 다수의 아동을 동시에 교수할 수 있는 대량교수방법이었다.

19

✦ 정답해설

③ 상황에 맞춰 검사의 실시·채점·결과의 해석을 융통성 있게 변경하는 것은 비표준화 검사도구를 활용할 때 유의할 점이다. 표준화 검사는 검사의 내용, 검사의 실시조건, 채점, 결과의 해석을 정해진 표준방식에 따라 실시해야 한다.

20

✦ 정답해설

④ 2015 개정 국가교육과정에서는 초등학교 1~2학년의 경우 선진국에 비해 수업시간 수가 적은 상황임을 감안하여 총수업시간 수를 주당 1시간 늘리고 확보된 시간 수는 추가적인 학습 부담이 생기지 않도록 창의적 체험활동 시간을 활용해 체험 중심의 '안전생활' 교과 등으로 운영한다.

2017년 기출
2017.06.17. 시행

지방직 9급 정답 및 해설

☑ 정답

01 ③	02 ②	03 ①	04 ①	05 ②
06 ③	07 ④	08 ①	09 ④	10 ①
11 ②	12 ①	13 ②	14 ④	15 ③
16 ③	17 ②	18 ③	19 ④	20 ②

01

✦ 정답해설

③ 제시된 내용은 피터스(Peters)가 주장한 교육 개념 안에 있는 세 가지 준거를 모두 충족시키는 방향으로 가치 있는 활동 또는 사고와 행동의 양식이라는 문명된 삶의 형식으로 사람을 입문시키는 성년식(成年式)으로서의 교육에 부합한다.

02

✦ 정답해설

② 퇴계 이황은 서원의 교육목적을 자기 자신의 본질을 밝히기 위한 수신(修身) 목적의 학문이라는 위기지학(爲己之學)에 두었다. 반면에 율곡 이이는 남(세상 사람)을 위하여 학문을 사용해야 한다는 위인지학(爲人之學)에 목적을 두었다.

03

✦ 정답해설

① 제시된 내용과 관련이 있는 것은 비판적 교육철학이다. 비판적 교육철학은 1970년대 후반에 프랑크푸르트 학파의 비판이론의 영향으로 형성된 것으로, 이데올로기와 사회문화의 재생산 과정으로서의 교육을 비판하고 극복 방안을 제시하였으며 인간과 사회의 해방 추구, 교육의 개선과 실천을 위한 실천학으로서의 교육철학을 강조하였다.

✦ 오답해설

② 분석적 교육철학은 종래의 사변적 · 선험적 · 종합적 철학방법을 거부하고 모든 과학과 일상적 지식의 개념과 명제의 의미를 분석적 방법에 의해 엄밀하게 밝히는 것으로, 교육 개념을 분석하는 데 관심을 가지며 거기에 철학적 탐구방법을 사용하여 교육의 개념과 논의에 관심을 가진다.

③ 홀리스틱 교육철학은 인간이 지식이나 기술만이 아니라 삶의 의미를 추구하는 존재이므로 학생의 지적인 측면만이 아니라 신체적인 측면이나 감정적 · 논리적 · 정신적인 측면 등 전체적인 존재에 관계를 가지고자 하는 것이다.

④ 프래그머티즘 교육철학은 인간은 사회적이고 생물학적인 존재로 모든 인간의 행동에 있어 비판적 지성의 가치가 발동되어야 하며 이 세상에 영원 · 불변한 것은 없고 변화만이 실재한다는 것이다.

04

✦ 정답해설

① 16세기 서양의 인문주의 교육사상은 풍부한 인문적 교양의 습득을 통한 폭넓은 자아실현과 사회 및 인류의 발전과 복지에 목적을 둔 것으로, 고대 그리스 · 로마의 자유교육의 이상을 계승하였다.

✦ 오답해설

② 자연이나 실재하는 사물을 매개로 하는 실물교육을 도입한 것은 실학주의이다.

③ 민족적으로 각성된 관점에서 공동체 의식을 기르는 데 주력한 것은 19세기 국가주의이다.

④ 고등교육이 아닌 초등교육 수준에서 구체적인 교육 방안을 제안한 것은 19세기 계발주의이다.

05

✦ 정답해설

② 제시된 내용과 관련이 있는 교육사상가는 소크라테스(Socrates)이다. 소크라테스의 교육방법은 질문과 응답을 통한 대화로 진행되었는데 대화법은 교사가 학생의 학력이나 생활경험을 확인해 가면서 학생의 요구나 흥미에 부합되는 질문과 답변을 할 수 있으며, 이를 통해 자발적이고 적극적인 학습태도를 촉진시킬 수 있다.

06

✦ 정답해설

③ 타일러(R. Tyler)의 교육목표 설정절차의 순서
ⓒ 학습자, 사회, 교과의 세 자원을 조사·연구한다(목표 설정 자원의 조사 및 연구). → ㉠ 잠정적인 교육목표를 진술한다(잠정적 목표 진술). → ㉡ 교육철학과 학습심리학이라는 체에 거른다(목표 거름체). → ㉣ 행동의 변화를 명시한 최종 교육목표를 진술한다(구체적 목표 진술).

07

✦ 정답해설

④ (가) 교육적 가치가 있는 내용임에도 불구하고 학교 교육과정에서 배제하여 가르치지 않았다. → 충분히 교육적 가치가 있음에도 불구하고 공식적 교육과정에서 배제하고 소홀히 하는 교육과정인 <영 교육과정>에 해당된다.
　　(나) 국가 교육과정과 시·도 교육청 교육과정 편성·운영지침에 의거해 학교 교육과정을 편성하였다. → 교육적 목적과 목표에 의해 의도되고 계획된 교육과정인 <공식적 교육과정>에 해당된다.
　　(다) 학교 교육과정에서 계획하거나 의도하지 않았지만, 교육과정이 전개되는 동안 학생들은 바람직하지 못한 가치와 태도도 은연 중에 배우게 되었다. → 학교나 교사의 계획과는 무관하게 학교생활을 통하여 학생이 얻게 되는 모든 경험된 교육과정인 <잠재적 교육과정>에 해당된다.

08

✦ 정답해설

① 제시된 내용에 가장 부합하는 교수·학습방법은 수업 전 동영상 강의 및 교재를 통해 공부하고 수업에서 토론 등 상호작용에 중점을 두는 학습방법인 플립드 러닝(flipped learning)이다.

09

✦ 정답해설

④ 제시된 내용은 가네(R. Gagné)의 5가지 학습 성과(learning outcomes) 영역 중 지적기능에 대한 것이다. 지적기능은 '~를 할 수 있다'는 방법적 지식 또는 절차적 지식에 해당하는 것으로 개인이 환경을 개념화하는 데 반응하도록 하는 정신적 조작이다.

10

✦ 정답해설

① 자기중심적 언어로서 미성숙한 사고를 보여주는 것은 피아제(Piaget)의 견해이다. 반면에 비고츠키는 자기중심적 언어가 사고의 중요한 도구라고 생각하였는데 비사회적 언어는 자신에 대한 사적언어로서 아동으로 하여금 문제해결방안을 계획하게 함으로써 문제해결을 돕는 기능이 있다고 보았다.

11

✦ 정답해설

② 체계적 둔감법은 혐오스러운 느낌이나 불안한 자극에 대한 위계목록을 작성한 다음 낮은 수준에서 높은 수준의 자극으로 상상을 유도함으로써 불안반응(혐오나 불안)을 제거시키기 위한 기법으로, 행동수정의 기법불안이 원인이 되는 부적응 행동이나 회피행동을 치료하는 데 가장 효과적인 방법이다. 체계적 둔감법을 활용하는 것은 행동주의이론에서 사용하는 기법이다.

12

✦ 정답해설

① 제시된 내용에 가장 부합하는 교육평가의 유형은 총괄평가(summative evaluation)이다. 총괄평가는 교육 프로그램이 끝난 다음 교수 목표의 달성과 성취 여부를 종합적으로 판정하는 평가로, 학습자가 도달하도록 설정된 교육목표를 어느 정도 성취하였는지에 주된 관심이 있다.

✦ 오답해설

② 형성평가(formative evaluation)는 교수·학습이 진행되는 과정에서 아동의 진전을 점검하고 필요한 경우 교과과정이나 수업방법을 개선시키기 위해 실시하는 평가를 말한다.
③ 능력참조평가(ability-referenced evaluation)는 개인이 지니고 있는 능력에 비추어 최대한의 노력을 하였는가에 주안점을 두는 평가로서, '능력을 최대한 발휘하였는가'와 '충분한 시간이 부여되었을 때 더 잘할 수 있었는가'를 고려한다.
④ 성장참조평가(growth-referenced evaluation)는 교육의 진행과정을 통하여 얼마나 성장하였느냐에 관심을 두는 평가로서, 최종적으로 달성한 성취수준보다는 어떻게 얼마만큼의 성장 변화를 가져왔느냐에 관심을 둔다.

13

✦ 정답해설

② ㄱ. (○) 타당도는 검사점수가 사용목적에 얼마나 부합하는가를 의미한다.

　ㄹ. (○) 타당도는 측정하고자 하는 특성을 검사점수가 얼마나 잘 나타내 주는지를 의미한다.

✦ 오답해설

ㄴ. (×) 검사대상을 얼마나 정확하게 무선오차(random error) 없이 측정하는지를 의미하는 것은 신뢰도이다.

ㄷ. (×) 동일한 검사에 대한 채점자들 간 채점 결과의 일치 정도를 의미하는 것은 객관도이다.

14

✦ 정답해설

④ (가) 개별적 정보를 범주나 유형으로 묶는다. 도표나 그래프, 위계도를 작성하는 것이 그 예이다. – 관련 있는 정보끼리 공통의 범주로 연결지어 받아들이는 조직화에 해당된다.

　(나) 정보를 시각적인 형태인 그림으로 저장한다. 자동차를 언어적 서술 대신에 그림으로 기억하는 것이 그 예이다. – 추상적(언어적) 정보를 구체적(시각적) 정보로 바꾸어 받아들이는 심상에 해당된다.

　(다) 새로운 정보를 기존의 지식과 관련짓는다. 학습한 정보를 자신의 말로 바꾸어 보거나 또래에게 설명해 보는 것이 그 예이다. – 새로운 정보를 기존 정보와 연결지어 받아들이는 정교화에 해당된다.

15

✦ 정답해설

③ ㄴ, ㄷ. 보상적(補償的) 교육평등관은 사회경제적 지위가 낮은 집단의 교육적 결손을 해소하려는 평등관으로, 교육복지우선지원사업으로 사회적 취약계층의 교육 결과를 제고하는 것과 대학 입시에서 농어촌지역 학생들을 배려하기 위한 특별전형을 실시하는 것이 이에 해당된다.

✦ 오답해설

ㄱ. 성별이나 인종의 차별 없이 교육에 접근할 수 있는 기회를 부여한다는 것은 모든 사람에게 동등한 기회가 주어져야 한다는 허용적 교육평등관에 해당된다.

ㄹ. 학교의 시설 및 여건, 교사의 전문성, 교육과정에서 학교 간 차이를 줄인다는 것은 교육조건에 있어서 평등해야 한다는 과정적 평등관에 해당된다.

16

✦ 정답해설

③ 학교교육의 측면에서, 콜만(J. Coleman)의 사회자본은 부모의 조력의 정도에 따른 분류로 사회 내에서의 인간 간의 신뢰관계에 따라 달라지며 교사, 학생, 학부모 간의 친밀한 관계 형성은 학생의 학업성취도에 긍정적인 영향을 미친다.

17

✦ 정답해설

② 제시된 내용과 관련이 있는 학자는 프레이리(P. Freire)이다. 프레이리는 지배교육의 '은행적금식 교육'을 비판하고 '문제제기식 교육'을 통하여 비판적 의식을 성장시킬 수 있는 교육을 제시하였다. 프레이리의 문해교육에서는 성인 각자의 삶이 반영된 일상용어를 활용해야 효과적이라고 하여 문해교육을 위한 교재인 편찬물(codification)을 제작하는 과정에서 가장 중요한 지점은 그 편찬물의 내용 선정과 조직 과정에 문해교육의 대상자가 하나의 주체적 참여자가 된다는 것이라 한다. 프락시스는 의식화를 구성하는 전제적 개념으로 진정한 교육은 학습자가 탐구(inquiry)와 의식적 실천(praxis)활동을 하는 것이다.

18

✦ 정답해설

③ 강임이란 같은 종류의 직무에서 하위 직위에 임용하는 것을 말한다(교육공무원법 제2조 제10항).

✦ 오답해설

① 동법 제2조 제7항

② 동법 제2조 제8항

④ 동법 제2조 제9항

19

✦ 정답해설

④ 제시된 내용에 해당하는 교육행정의 원리는 합법성이다.

민주성	교육행정은 주요 결정에 국민의 의사를 반영하고 교육 주체의 참여 보장, 행정과정 공개, 부서 간 이해와 협조를 구해야 한다는 것으로, 다양한 구성원들의 의사를 반영하기 위하여 위원회, 협의회 등을 둔다.
자주성	교육행정이 본질을 추구하기 위해 일반행정으로부터 분리·독립되고 정치와 종교로부터 중립성을 유지해야 한다.
기회 균등	교육행정은 능력에 따라 균등하게 이루어져야 한다는 것으로, 가계가 곤란한 학생이 능력이 있을 경우 장학금을 지급하여 교육기회를 제공한다.
능률성	교육행정활동에서는 최소한의 인적·물적 자원과 시간을 들여서 최대의 성과를 거두도록 해야 한다.
효과성	교육운영과정이 능률적이며 성과가 효과적이어야 한다.
타당성	교육행정은 목표 달성을 위한 타당한 내용, 즉 교육활동을 위하여 봉사하는 수단적 활동이며 바람직한 학습을 이루고 성과를 얻어야 한다.
합법성	교육정책이나 교육행정의 모든 활동이 합법적으로 제정된 법령, 규칙, 조례 등을 기초로 운영하고 이에 따라야 하는 법률적합성을 가져야 한다.
안정성	국민적 합의과정을 거쳐 수립·시행되는 교육행정이나 프로그램은 장기적인 안목에서 계속성과 일관성을 유지해야 한다.
수월성	효과성을 극대화한다는 것으로, 탁월한 재능을 지닌 학생은 그 능력을 최대한 발휘할 수 있도록 하고, 일반학생들도 각자 능력을 극대화할 수 있도록 교육환경을 조성한다.

20

✦ **정답해설**

② ㄱ. (○) 학칙의 제정 또는 개정사항을 심의한다(초·중등교육법 제32조 제1항 제1호).

ㄴ. (○) 학교운동부의 구성·운영사항을 심의한다(동법 제32조 제1항 제12호).

ㄹ. (○) 국·공립학교의 장은 운영위원회의 당연직 교원위원이 된다(동법 시행령 제59조 제1항).

✦ **오답해설**

ㄷ. (×) 초·중등교육법 시행령 제59조

> 초·중등교육법 시행령 제59조(위원의 선출 등)
> ② 학부모위원은 민주적 대의절차에 따라 학부모 전체회의를 통하여 학부모 중에서 투표로 선출한다. 이 경우 학부모 전체회의에 직접 참석할 수 없는 학부모는 학부모 전체회의 개최 전까지 가정통신문에 대한 회신, 우편투표, 전자적 방법(「전자문서 및 전자거래 기본법」 제2조 제2호에 따른 정보처리시스템을 사용하거나 그 밖에 정보통신기술을 이용하는 방법을 말한다)에 의한 투표 등 위원회규정으로 정하는 방법 및 절차에 따라 후보자에게 투표할 수 있다. 〈개정 2020.2.25〉

국가직 9급 정답 및 해설

✅ 정답

01 ①	02 ③	03 ②	04 ④	05 ①
06 ③	07 ④	08 ②	09 ②	10 ④
11 ②	12 ①	13 ③	14 ①	15 ③
16 ③	17 ①	18 ③	19 ②	20 ④

01

✦ 정답해설

① 학생 중심의 수업, 학생과 환경 간의 상호작용, 생성(현성) 교육과정은 모두 '환경 경험중심 교육과정'의 특징에 해당한다.

✦ 오답해설

② '교과중심 교육과정'의 특징은 수업의 사전 계획성, 교사의 주도권 중시, 설명과 강의를 통한 전달, 일률적 교재학습 등이다.

③ '학문중심의 교육과정'의 특징은 발견법·탐구법을 통한 수업진행, 탐구과정과 방법 중시, 지식의 구조 중시 등이다.

④ '행동주의 교육과정'은 경험이나 관찰을 통해 학생이 목표행동을 수행할 수 있도록 한다.

02

✦ 정답해설

③ 제시된 설명들은 현대 교육철학 사조 중 '비판적 교육철학'에 대한 특징에 해당한다. '비판적 교육철학'은 현대 사회문제의 책임은 개인이 아닌 사회 또는 그 체제에 있다고 강조하면서, 교육철학의 관심영역을 학교 현장에 집중함으로써 현장교육 개선에 기여하였다.

03

✦ 정답해설

② 제시된 설명들은 모두 '자기 장학'의 방법에 해당한다.

04

✦ 정답해설

④ 발달은 전체적·미분화된 기관 또는 기능에서 부분적·특수적 기능으로 분화되고, 또한 부분적인 기관이나 기능은 전체적으로 종합되어 하나의 새로운 체제로 통합된다. 이는 발달원리의 일반적 원리 중 '분화 통합성'이다.

✦ 오답해설

지문은 모두 발달의 일반적 원리 중 ① 순서성(방향성), ② 상호작용성, ③ 불규칙성에 대한 설명이다.

05

✦ 정답해설

① 2009 개정 교육과정은 각론보다는 총론 중심의 교육과정 개정이었다.

✦ 오답해설

② '우리들은 1학년'을 신설한 것은 제5차 교육과정이다.

③ 중학교와 고등학교에 재량활동을 신설한 것은 제7차 교육과정이다.

④ 초등학교 1학년부터 고등학교 1학년까지 국민공통기본 교육 과정을 적용한 것은 제7차 교육과정이다.

06

✦ 정답해설

③ 지배집단의 신념과 가치를 보편적 가치로 내면화시키는 것은 '갈등주의적 관점'과 관련이 있다.

합격생 Guide ｜ 기능이론과 갈등이론

구분	기능이론	갈등이론
사회관	• 사회를 유기체에 비유 • 전문가사회, 업적사회, 경쟁적 사회 • 개인의 능력에 따라 계층이동 가능	• 사회는 갈등과 경쟁의 연속 • 후원적 사회 • 부모의 사회·경제적 배경에 따라 자녀들의 지위 결정(개인의 능력 ×)
핵심 요소	구조와 기능, 통합, 안정, 합의	갈등, 변동(변화), 강제(억압)
교육의 기능	• 사회화, 선발 배치 • 사회유지·발전	• 불평등한 사회구조를 재생산 • 지배집단의 문화를 정당화·주입
사회와 교육의 관계	긍정적·낙관적 → 학교의 순기능	부정적·비판적 → 학교의 역기능
이론적 특징	• 체제유지 지향적(보수적) • 부분적·점진적 문제해결(개혁) • 안정 지향	• 체제비판을 통한 변화(진보적) • 전체적·급진적 문제해결(혁명) • 변화 지향
대표적 이론	• 합의론적 기능주의 • 기술기능이론 • 근대화이론 • 인간자본론 • 발전교육론	• 경제적 재생산이론 • 종속이론 • 급진적 저항이론

07

✦ 정답해설

④ 승보시(陞補試)란, 15세 이상의 유생 중 소학의 공을 성취한 사람에게 성균관 입학 자격을 주는 시험이다. 따라서 승보생(陞補生)은 정원이 미달함에 따라 입학할 수 있는 것이 아니라 시험을 통과하여야 승보할 수 있다.

08

✦ 정답해설

② 반두라(Bandura)의 사회인지이론은 조작적 조건형성의 원리를 이용하여 모방을 통한 사회학습을 설명하면서도 인지과정(목적지향성, 상징화, 기대)의 중요성을 인정하고 있다.

09

✦ 정답해설

② 문항변별도(DI)란 문항 하나하나가 피험자의 상하능력을 변별해 주는 정도를 말한다. 문항을 모든 학생이 맞히게 되면 변별도는 0이 되므로 ㄷ은 옳은 지문이다.

✦ 오답해설

ㄱ. 난이도는 전체 사례 수 중에서 정답을 한 학생의 비율을 나타낸다. 따라서 난이도가 어려워서 정답률이 낮을수록 변별도 또한 낮아진다.

ㄴ. 정답률이 50%이면 변별도는 1에 가까워지긴 하나 완벽한 1이라 볼 수 없다.

합격생 Guide ｜ 문항변별도 지수(DI ; Discrimination Index)

$$DI = \frac{RH - RL}{\frac{N}{2}}$$

RH : 상위집단 정답자 수
RL : 하위집단 정답자 수
N : 전체 사례 수

• 변산범위 : $-1.00 \leq DI \leq +1.00$
  − 상위집단 정답자 수 = 하위집단 정답자 수 : DI = 0(변별력 ×)
  − 상위집단 학생 모두 정답 + 하위집단 학생 모두 오답 : DI = +1.00
  − 상위집단 학생 모두 오답 + 하위집단 학생 모두 정답 : DI = −1.00
• 양호한 변별도 : $+0.30 \leq DI \leq +0.70$
• 문항난이도가 50%일 때 변별도는 +1.00에 가깝다(+1.00이 아니다).

10

✦ 정답해설

④ 카텔(R. B. Cattell)은 지능의 위계적 모형설을 주장하며, 기본정신능력(PMA)에 영향을 주는 지능요인을 유동적 지능과 결정적 지능으로 구분하여 결정적 지능이 교육이나 훈련의 결과로 형성된다고 주장했다.

✦ 오답해설

① 길포드(J. P. Guilford)는 지능이 내용, 조작, 산출이라는 3개의 차원으로 구성된다는 지능구조모형을 가정하였다.
② 스턴버그(R. J. Sternberg)는 지능이 맥락적 요소, 경험적 요소, 성분적 요소로 구성된다는 삼위일체이론을 주장하였다.
③ 가드너(H. Gardner)는 지능이 사회문화적 맥락의 영향을 받는 다중지능으로 구성되어 있다고 보았다.

11

✦ 정답해설

② 감각적 실학주의를 비판하며 등장하는 것은 18세기 자연주의 교육에 대한 설명이다.

12

✦ 정답해설

① 자주성의 원리는 교육의 독자성과 자주성을 존중해야 하며, 이를 위해 교육행정을 일반행정으로부터 분리·독립시켜야 한다는 원리이다. 따라서 자주성의 원리는 교육 본래의 목적에 따른 운영을 명시하고 있는 교육기본법 제6조의 내용과 관계가 있다.

합격생 Guide 교육행정의 법제상 기본원리

합법성(법치행정)의 원리	행정은 법에 의거한, 법이 정하는 범위 내에서 이루어져야 한다.
기회균등의 원리	• 모든 국민은 능력에 따라 균등하게 교육을 받을 권리를 가진다(헌법 제31조 제1항). • 모든 국민은 성별, 종교, 신념, 인종, 사회적 신분, 경제적 지위 또는 신체적 조건 등을 이유로 교육에서 차별을 받지 아니한다(교육기본법 제4조 제1항).
지방분권 (적도집권)의 원리	중앙집권주의(행정 능률성)와 지방분권주의(행정 민주성)는 적절한 균형을 유지해야 한다.
자주성의 원리	• 교육의 자주성·전문성·정치적 중립성 및 대학의 자율성은 법률이 정하는 바에 의하여 보장된다(헌법 제31조 제4항). • 교육의 독자성과 자주성을 존중해야 하며, 이를 위해 일반행정으로부터 교육행정을 분리·독립시켜야 한다.

13

✦ 정답해설

③ 효율적인 수업을 위해 교수자가 주도권을 가지는 것은 전통적 수업의 특징이다. 개별화 수업은 학습자 중심적이다.

14

✦ 정답해설

① 각급학교의 장은 해당 학교의 교육여건을 고려하여 학생·학부모와 지역주민의 요구에 부합하는 평생교육을 직접 실시하거나 지방자치단체 또는 민간에 위탁하여 실시할 수 있다. 다만, 영리를 목적으로 하는 법인 및 단체는 제외한다(평생교육법 제29조 제2항).

합격생 Guide 학교의 평생교육(평생교육법 제29조)

① 「초·중등교육법」 및 「고등교육법」에 따른 각급학교의 장은 평생교육을 실시하는 경우 평생교육의 이념에 따라 교육과정과 방법을 수요자 관점으로 개발·시행하도록 하며, 학교를 중심으로 공동체 및 지역문화 개발에 노력하여야 한다. 〈개정 2021.3.23.〉
② 각급학교의 장은 해당 학교의 교육여건을 고려하여 학생·학부모와 지역 주민의 요구에 부합하는 평생교육을 직접 실시하거나 지방자치단체 또는 민간에 위탁하여 실시할 수 있다. 다만, 영리를 목적으로 하는 법인 및 단체는 제외한다.
③ 제2항에 따른 학교의 평생교육을 실시하기 위하여 각급학교의 교실·도서관·체육관, 그 밖의 시설을 활용하여야 한다.
④ 제2항 및 제3항에 따라 학교의 장이 학교를 개방할 경우 개방시간 동안의 해당 시설의 관리·운영에 필요한 사항은 해당 지방자치단체의 조례로 정한다.

15

✦ 정답해설

③ 점증주의적 예산편성방식을 통해 시간과 노력의 부담을 경감할 수 있는 것은 품목별 예산제도(LIBS ; Line Item Budgeting System)이다. 영기준 예산제도는 매 회계연도마다 모든 사업을 처음 시작한다고 생각하고, 설정하고자 하는 사업을 평가·조정하여 예산을 편성하는 방법이다.

16

✦ 정답해설

③ 「영재교육 진흥법」에 따른 영재교육기관의 영재교육은 「공교육 정상화 촉진 및 선행교육 규제에 관한 특별법」을 적용하지 아니한다.

✦ 오답해설

①, ② 동법 제8조 제3항
④ 동법 제10조 제1항

합격생 Guide 「공교육 정상화 촉진 및 선행교육 규제에 관한 특별법」 제8조 제3항

학교에서는 다음의 행위를 하여서는 아니 된다.
1. 지필평가, 수행평가 등 학교 시험에서 학생이 배운 학교 교육과정의 범위와 수준을 벗어난 내용을 출제하여 평가하는 행위
2. 각종 교내 대회에서 학생이 배운 학교교육과정의 범위와 수준을 벗어난 내용을 출제하여 평가하는 행위
3. 입학이 예정된 학생을 대상으로 입학 전에 해당 학교(「초·중등교육법」 제2조에 따른 학교를 말함)의 교육과정을 사실상 운영하는 행위
4. 입학이 예정된 학생을 대상으로 해당 학교 입학 단계 이전 교육과정의 범위와 수준을 벗어난 내용을 출제하여 평가하는 행위

17

✦ 정답해설

① 브루너는 강화로서 외재적 보상보다 '발견의 기쁨'과 같은 내재적 보상을 강조한다.

18

✦ 정답해설

③ Z점수의 공식[$Z = \dfrac{X - M}{SD}$(X : 원점수, M : 평균, SD : 표준편차)]을 통하여 계산하면, $Z = \dfrac{80 - 70}{10} = 1$이다. 이를 백분위 점수로 환산하면 약 84%이므로 해당 학생이 포함된 백분위 구간은 '80 이상 90 미만'이다.

19

✦ 정답해설

② 학습 : 감추어진 보물(Learning : The Treasure Within)
: 유네스코의 21세기 국제교육위원회에서 제시한 21세기를 준비하는 4가지 학습내용으로 교육의 전체적이고 통합된 비전을 제시한다.

- 알기 위한 학습(learning to know)
- 행하기 위한 학습(learning to do)
- 존재하기 위한 학습(learning to be)
- 함께 살기 위한 학습(learning to live together)

✦ 오답해설

① 1996년 경제협력개발기구(OECD)가 제안했다.
③ 2003년 세계은행(World Bank)의 보고서이다.
④ 1973년 경제협력개발기구(OECD)의 보고서이다.

합격생 Guide EU의 평생학습 6대 전략

지식기반사회의 도래에 대응하기 위한 EU의 평생학습 6대 전략
㉠ 지식기반사회에의 지속적인 참여에 필요한 만인을 위한 신 기초기능 제공
㉡ 인적자원 개발에 대한 투자증대
㉢ 평생학습을 위한 교수-학습방법 혁신
㉣ 비형식·무형식적 상황에서의 학습참여와 학습결과에 대한 이해 및 인정 제고
㉤ 학습기회에 대한 상담 및 정보제공 개선
㉥ 학습자 편의 평생학습의 장 제공

20

✦ 정답해설

④ 새로운 자극에 주의를 기울일 수 있도록 화려한 멀티미디어를 사용하는 것은 주의집중(attention) 전략의 설명이다. 부호화는 새로운 정보를 유의미하게 기억하기 위하여 장기기억 속에 저장되어 있는 정보와 관련짓는 인지전략이다.

지방직 9급 정답 및 해설

☑ 정답

01	①	02	④	03	①	04	④	05	③
06	②	07	③	08	④	09	①	10	③
11	④	12	②	13	②	14	③	15	①
16	①	17	④	18	③	19	①	20	②

01

✦ 정답해설

① 분석적 교육철학(Analytic philosophy)은 모든 과학과 일상적 지식의 개념, 명제의 의미를 분석하는 철학이다. 특징으로는 언어와 개념의 의미, 사고의 논리적 명료화를 통한 사물의 본질을 이해하려 하고, 실존주의는 이론적 명확성이 부족하고 주관성이 강하다며 실존주의를 비판한다.

02

✦ 정답해설

④ 학습과정에서 지식의 실재성과 가치의 중립성을 강조하는 것은 모더니즘 교육철학을 반영한 교육적 실천이다.

합격생 Guide 모더니즘 교육철학과 포스트모더니즘 교육철학

구분	모더니즘 교육	포스트모더니즘 교육
교육가치관 (교육내용)	절대적·보편적·객관적 지식 가치관	상대적·다원적·주관적 지식 가치관
교육과정	지식의 실재성·가치 중립성	지식의 사회적·문화적 맥락성(상황성)
교육환경	· 전체·보편적 문화 · 거대담론(대서사)	· 다양한 가치·신념의 소수문화 인정 · 국지담론(소서사)
교육방법	객관주의 교수	구성주의 학습
교육평가	객관식·지필평가	주관식·수행평가
교육제도	공교육 중시	공교육의 재개념화

03

✦ 정답해설

① 제시된 내용을 보면 퇴계 이황은 '겉보다 속부터 공부를 시작해서~'라며 내적 인격수양을 중시하고 있고, 율곡 이이 역시 '성인(聖人)이 될 것을 스스로 기약해야~'라며 내재적 목적을 중시하고 있다. 따라서 이황과 이이 모두 '자기의 인격수양을 위하여 학문을 함'의 뜻인 위기지학(爲己之學)을 말하고 있다.

✦ 오답해설

② 격물치지(格物致知) : 실제 사물의 이치를 연구하여 지식을 완전하게 함
③ 실사구시(實事求是) : 사실에 토대를 두어 진리를 탐구하는 일. 공리공론을 떠나서 정확한 고증을 바탕으로 하는 과학적·객관적 학문 태도를 이른 것
④ 권학절목(勸學節目) : 조선시대에, 유생들에 관한 장학규정을 이르던 말

04

✦ 정답해설

④ 반어법(反語法)과 산파술(産婆術)은 소크라테스의 교수법이다. 소크라테스는 대화법·문답법을 통해 보편적 진리를 획득하고자 했다. 아리스토텔레스는 과학적·객관적·귀납적(논리적)·변증법적 방법을 추구했다.

05

✦ 정답해설

③ 제시된 내용 중 (가)는 교과중심 교육과정, (나)는 학문중심 교육과정에 대한 설명이다.

✦ 오답해설

· 인간중심 교육과정 : 학생들이 학교생활을 하는 동안에 겪게 되는 의도적·비의도적 모든 경험을 중시하며, 교육을 통한 자아실현 및 전인적 인간 양성을 강조한다.
· 경험중심 교육과정 : 학교의 지도하에 학생들이 가지게 되는 모든 경험을 위주로, 교사의 교수보다 학습자의 활동을 중시하며, 교과보다는 생활, 지식보다는 활동을 강조한다.

06

✦ 정답해설

② 영 교육과정(null curriculum)은 '배제된 교육과정'으로서, 아이즈너(E. Eisner)가 저술한 「교육적 상상력」에서 제시한 개념이다. 영 교육과정은 학교에서 의도적·공식적·관습적으로 가르치지 않은 교과나 지식·사고양식, 학생들이 공식적 교육과정 내에서 놓치게 되는 기회학습을 내용으로 한다. 따라서 이와 관련된 것을 <보기>에서 고르면 ㄱ, ㄹ이다.

✦ 오답해설

ㄴ. 경험중심 교육과정에 대한 설명이다.
ㄷ. 잠재적 교육과정에 대한 설명이다.

07

✦ 정답해설

③ 과제분담학습Ⅰ(JigsawⅠ) 모형은 미국 텍사스 대학교의 애론슨(Aronson)과 그의 동료들이 학교 내의 인종차별문제 해결방안으로 1978년에 개발한 협동학습 모형이다. JigsawⅠ 모형은 집단 내의 동료로부터 배우고 동료는 가르치는 모형으로서 학업성취도 향상은 물론 정의적 태도 형성에 기여했다.

08

✦ 정답해설

④ ASSURE 모형은 하이니히와 모렌다(Heinich & Molenda)의 매체선정 및 활용절차모형이다. 딕과 캐리(W. Dick & L. Carey)의 교수설계모형은 심화모형으로 ADDIE 모형과 비교할 때 일반모형의 실행단계(Ⅰ)가 생략되어 수업실천보다 사전설계에 초점을 맞추고 있다.

합격생 Guide 딕과 캐리(W. Dick & L. Carey)의 교수설계모형

단계	딕과 캐리(W. Dick & L. Carey)모형
분석(A)	① 일반적 수업목표의 설정(요구분석) ② 학습과제 분석의 수행 ③ 출발점 행동 및 학습자 특성 분석·환경 분석
설계(D)	④ 구체적 학습목표의 진술 ⑤ 준거지향검사의 진술 ⑥ 수업전략의 선정
개발(D)	⑦ 수업자료의 개발 ⑧ 형성평가의 설계 및 실시 ⑨ 수업개발의 수정
평가(E)	⑩ 총괄평가의 설계 및 실시

09

✦ 정답해설

① 정치(定置)활동이란 상담의 결과를 이용하여 학생들의 능력에 맞는 환경에 알맞게 배치하는 활동이다. ㄱ은 교육적 정치에 해당하고 ㄷ은 직업적 정치에 해당한다.

✦ 오답해설

ㄴ. 학생조사(이해)활동에 대한 설명이다.
ㄹ. 추수(追隨)활동에 대한 설명이다.

10

✦ 정답해설

③ 합리적·정서적 상담은 인간의 사고(思考)와 신념이 인간의 정서와 행동을 움직이는 가장 큰 원동력이라고 보며, 인간의 행동적·정서적 장애는 비합리적·비현실적·자기파괴적인 인지체계의 결과이며, 상담자는 내담자의 이러한 장애가 왜곡된 지각과 신념에 기인한 것임을 깨닫도록 하여 정신건강의 증진을 도모한다.

11

✦ 정답해설

④ ㄴ. 문항변별도는 문항난이도를 능력의 함수로 정의한 것으로써, 각 문항이 학생들의 능력 수준을 구분해 준다.
ㄹ. 문항변별도가 높은 문항은 검사 총점이 높은 학생이 낮은 학생에 비해 그 문항의 정답을 맞힐 가능성이 높다. 이에 반해 문항변별도가 낮은 문항은 검사 총점이 낮은 학생들의 정답수가 많은 문제이다.

✦ 오답해설

ㄱ. 문항변별도 지수는 -1.00 ~ +1.00 사이의 값을 갖는다.
ㄷ. 능력 수준이 다른 두 집단을 대상으로 각각 계산하면 문항변별도는 집단의 수준에 따라 달라진다.

대표적 이론	• 합의론적 기능주의 • 기술기능이론 • 근대화 이론 • 인간자본론 • 발전교육론	• 경제적 재생산이론 • 종속이론 • 급진적 저항이론

12

✦ 정답해설

② ㄱ. 콜버그(L. Kohlberg)는 도덕성 발달단계를 주로 아동을 연구의 대상으로 하던 피아제(J. Piaget)의 이론을 발전·세분화하여 성인에까지 확대하여 체계화시켰다.

ㄹ. 길리건(C. Gilligan)은 페미니즘적 윤리관을 주장하며 여성들의 도덕성 발달이론을 제시하였다. 길리건은 콜버그의 도덕성 발달이론이 남성 중심의 이론이라며 비판하였다.

✦ 오답해설

ㄷ. '착한 소년·소녀'처럼 타인으로부터 도덕적이라고 인정받는 것이 중요한 단계는 세 번째 단계인 '대인관계에서의 조화'단계이다.

13

✦ 정답해설

② ㄷ, ㄹ은 학교교육에 대한 기능론적 관점, ㄱ, ㄴ은 갈등론적 관점에 대한 설명이다.

합격생 Guide 기능이론과 갈등이론

구분	기능이론	갈등이론
사회관	• 사회를 유기체에 비유 • 전문가사회, 업적사회, 경쟁적 사회 • 개인의 능력에 따라 계층이동 가능	• 사회는 갈등과 경쟁의 연속 • 후원적 사회 • 부모의 사회·경제적 배경에 따라 자녀들의 지위 결정(개인의 능력 ×)
핵심요소	구조와 기능, 통합, 안정, 합의	갈등, 변동(변화), 강제(억압)
교육의 기능	• 사회화, 선발 배치 • 사회유지·발전	• 불평등한 사회구조를 재생산 • 지배집단의 문화를 정당화·주입
사회와 교육의 관계	긍정적·낙관적 → 학교의 순기능	부정적·비판적 → 학교의 역기능
이론적 특징	• 체제유지 지향적(보수적) • 부분적·점진적 문제해결(개혁) • 안정 지향	• 체제비판을 통한 변화(진보적) • 전체적·급진적 문제해결(혁명) • 변화 지향

14

✦ 정답해설

③ 로젠탈(R. Rosenthal)과 제이콥슨(L. Jacobson)은 학업성취가 올라가리라는 교사의 기대가 학생의 학업성취를 높인다고 주장하였다. 로젠탈과 제이콥슨은 누군가에 대한 사람들의 믿음, 기대, 예측이 대상에게 그대로 실현되는 경향을 피그말리온 효과(Pygmalion effect)라고 불렀다. 즉, 타인으로부터 긍정적인 기대를 받을 경우, 그러한 기대에 부응해 긍정적 행태를 보이게 되는 경향성을 말한다.

✦ 오답해설

① 젠슨(A. Jensen)은 지능지수(유전적 요인)가 학업성취를 예언해 준다고 전제하며 교육격차는 개인의 낮은 지능지수로부터 기인한다고 본다. 그에 의하면 지능지수는 타고난 지적 능력일 뿐만 아니라 후천적 환경의 우열에 따라 달라진다.

② 콜만(J. Coleman)은 가정 배경이 학생의 학업성취에 가장 큰 영향을 미치는 요인이라고 주장하였다.

④ 번스타인(B. Bernstein)은 노동자 계층 자녀의 학업성취가 낮은 이유는 정교한 언어 코드가 아닌 가정에서 제한된 언어 코드를 사용하기 때문이라고 주장하였다.

15

✦ 정답해설

① 「학원의 설립·운영 및 과외교습에 관한 법률」에 따른 학원 중 '학교교과교습학원'은 평생교육기관에 제외된다(평생교육법 제2조 제2호 나목).

합격생 Guide 평생교육기관의 정의(평생교육법 제2조 제2호)

"평생교육기관"이란 다음 각 목의 어느 하나에 해당하는 시설·법인 또는 단체를 말한다.

가. 이 법에 따라 인가·등록·신고된 시설·법인 또는 단체

나. 「학원의 설립·운영 및 과외교습에 관한 법률」에 따른 학원 중 학교교과교습학원을 제외한 평생직업교육을 실시하는 학원

다. 그 밖에 다른 법령에 따라 평생교육을 주된 목적으로 하는 시설·법인 또는 단체

16

✦ 정답해설

① 제시된 내용 중 (가)는 평생학습계좌제, (나)는 학점은행제에 대한 설명이다.

✦ 오답해설

• 문하생학력인정제 : 「문화재보호법」에 따라 인정된 중요 무형문화재 보유자와 그 문하생으로서 일정한 전수교육을 받은 자에 대한 학점 및 학력인정제도

• 독학학위제 : 「독학에 의한 학위취득에 관한 법률」에 따라 고교 졸업자 중 국가가 시행하는 단계별 시험에 합격하면 학사학위를 취득할 수 있는 제도(국어국문학, 영어영문학, 경영학, 법학, 행정학, 유아교육학, 컴퓨터과학, 가정학, 간호학 등 9개 전공영역의 학위 수여)

17

✦ 정답해설

④ 과학적 관리론은 최소 노동과 비용으로 최대효과를 달성할 수 있는 최선의 방법을 발견하려 한다. 이를 학교 상황에 적용하면 각각의 담당하는 업무를 분담하여 교사는 교수자로서 학생을 가르치고, 학교장은 관리자로서 학교행정을 책임지는 것으로 불필요한 노동비용은 줄이고 최대효과를 도모한다.

18

✦ 정답해설

③ 변혁적 지도성 이론은 지도자가 학교구성원에게 잠재능력을 개발하도록 도움을 주고 내재적 만족감을 갖게 한다. 노력에 대한 보상의 교환을 계약하는 것은 거래적 지도자(교환적 지도자) 이론이다.

19

✦ 정답해설

② 교육공무원임용령 제16조 제1항 제2호 다목 참조, 국가공무원법 제80조 제6항, 제7항

합격생
Guide

국가공무원법 제80조(징계의 효력)
⑥ 강등(3개월간 직무에 종사하지 못하는 효력 및 그 기간 중 보수는 전액을 감하는 효력으로 한정한다), 정직 및

감봉의 징계처분은 휴직기간 중에는 그 집행을 정지한다. 〈신설 2023.4.11.〉
⑦ 공무원으로서 징계처분을 받은 자에 대하여는 그 처분을 받은 날 또는 그 집행이 끝난 날부터 대통령령등으로 정하는 기간 동안 승진임용 또는 승급할 수 없다. 다만, 징계처분을 받은 후 직무수행의 공적으로 포상 등을 받은 공무원에 대하여는 대통령령등으로 정하는 바에 따라 승진임용이나 승급을 제한하는 기간을 단축하거나 면제할 수 있다. 〈개정 2023.4.11.〉

✦ 오답해설

① 정직은 1개월 이상 3개월 이하의 기간으로 하고, 정직처분을 받은 자는 그 기간 중 공무원의 신분은 보유하나 직무에 종사하지 못하며 보수는 전액을 감한다(국가공무원법 제80조 제3항).

③ 해임된 자는 공무원으로서의 신분을 박탈당한다.

④ 파면된 자는 공무원으로서의 신분을 박탈당하고 처분받은 날부터 5년간 공무원 임용이 불가하다(동법 제33조 제7호).

20

✦ 정답해설

② 초 · 중등교육법 제30조의3 제3항

✦ 오답해설

① 학교의 장은 회계연도마다 학교회계 세입세출예산안을 편성하여 회계연도가 시작되기 30일 전까지 제31조에 따른 학교운영위원회에 제출하여야 한다(동법 제30조의3 제2항).

③ 학교회계의 회계연도는 매년 3월 1일에 시작하여 다음 해 2월 말일에 끝난다(동법 제30조의3 제1항).

④ 학교발전기금으로부터 받은 전입금은 학교회계의 세입으로 한다(동법 제30조의2 제2항 제3호).

합격생
Guide

▶ 학교회계의 세입(초 · 중등교육법 제30조의2 제2항)
학교회계는 다음 각 호의 수입을 세입(歲入)으로 한다.
1. 국가의 일반회계나 지방자치단체의 교육비특별회계로부터 받은 전입금
2. 제32조 제1항에 따라 학교운영위원회 심의를 거쳐 학부모가 부담하는 경비
3. 제33조의 학교발전기금으로부터 받은 전입금
4. 국가나 지방자치단체의 보조금 및 지원금
5. 사용료 및 수수료
6. 이월금
7. 물품매각대금
8. 그 밖의 수입

▶ **학교회계의 운영(동법 제30조의3)**

① 학교회계의 회계연도는 매년 3월 1일에 시작하여 다음 해 2월 말일에 끝난다.

② 학교의 장은 회계연도마다 학교회계 세입세출예산안을 편성하여 회계연도가 시작되기 30일 전까지 제31조에 따른 학교운영위원회에 제출하여야 한다.

③ 학교운영위원회는 학교회계 세입세출예산안을 회계연도가 시작되기 5일 전까지 심의하여야 한다.

④ 학교의 장은 제3항에 따른 예산안이 새로운 회계연도가 시작될 때까지 확정되지 아니하면 다음 각 호의 경비를 전년도 예산에 준하여 집행할 수 있다. 이 경우 전년도 예산에 준하여 집행된 예산은 해당 연도의 예산이 확정되면 그 확정된 예산에 따라 집행된 것으로 본다.

　　1. 교직원 등의 인건비
　　2. 학교교육에 직접 사용되는 교육비
　　3. 학교시설의 유지관리비
　　4. 법령상 지급 의무가 있는 경비
　　5. 이미 예산으로 확정된 경비

⑤ 학교의 장은 회계연도마다 결산서를 작성하여 회계연도가 끝난 후 2개월 이내에 학교운영위원회에 제출하여야 한다.

⑥ 학교회계의 운영에 필요한 사항은 국립학교의 경우에는 교육부령으로, 공립학교의 경우에는 시·도의 교육규칙으로 정한다.

국가직 9급 정답 및 해설

✓ 정답

01	③	02	③	03	①	04	④	05	②
06	②	07	③	08	③	09	③	10	②
11	④	12	④	13	④	14	①	15	④
16	②	17	④	18	②	19	③	20	①

01

✦ 정답해설

③ 동기이론 중 하나인 자기결정성 이론은 외부 보상이나 압력보다는 자신의 선택과 결정에 의해 자신의 행동을 결정하기를 바라는 욕구에 대한 이론이다.

✦ 오답해설

① 바이너(Weiner)의 귀인이론은 어떤 행동의 원인을 찾는 일반적인 법칙을 규명하였다. 학생들의 학습결과의 성패에 대해 그 원인을 무엇이라고 지각하느냐에 따라 그에 후속되는 학업적 노력 등으로 얻는 기대나 성공이 달라진다.
② 기대-가치 이론은 개인이 성공할 것이라는 기대에 그 성공에 대해 개인이 부여하는 가치를 곱한 값만큼 동기화된다는 이론이다.
④ 반두라(Bandura)의 자아효능감 이론은 개인이 어떤 행동이나 활동을 성공적으로 수행할 수 있는 자신의 능력에 대한 신념이 학업성취에 큰 영향을 끼친다는 이론이다. 학성성취도가 높은 학생일수록 자아효능감이 높다.

02

✦ 정답해설

③ 제시된 내용은 각각 계열화 방법들이다.

🎓 합격생 Guide ｜ 전통적인 계열성 조직방법

1. 단순한 것에서 복잡한 것으로 나아감
2. 전체로부터 부분으로 제시함
3. 사건의 연대기적 순서로 제시함
4. 구체적 경험에서 개념의 순서로 나아감
5. 특정 개념이나 아이디어를 계속적으로 제시하되, 나선형적으로 그 내용을 심화·확대하여 제시함

03

✦ 정답해설

① 상호친화적 제도, 학습을 위한 네트워크를 주장한 사람은 일리치(I. Illich)이다. 일리치는 학습망(learning network)을 통한 학습을 통해 대안교육론적 접근을 하였다.

04

✦ 정답해설

④ "전보"란 교육공무원을 같은 직위 및 자격에서 근무기관이나 부서를 달리하여 임용하는 것을 말한다(교육공무원법 제2조 제9항). 교육지원청 장학사가 도교육청 장학사로 임용된 것은 전보에 해당한다.

✦ 오답해설

①·②·③ 모두 전직에 해당한다. "전직"이란 교육공무원의 종류와 자격을 달리하여 임용하는 것을 말한다(동법 제2조 제8항).

05

✦ 정답해설

② 제2차 조선교육령(1922)은 문화정책기로서 보통학교는 4년에서 6년, 고등보통학교는 4년에서 5년, 여자고등보통학교는 3년에서 4년, 실업학교는 2·3년에서 3·4년으로 교육기간을 연장시켰다.

🎓 합격생 Guide ｜ 제2차 조선교육령(1922) – 문화정책기

교육정책	내용
민족차별 교육 실시 (실질적)	• 조선인과 일본인의 공학(共學)을 원칙으로 함(형식적) • 복선형 학제 실시 → 소학교와 보통학교를 병행 　– 소학교 : 국어를 상용하는 자, 즉 일본인만 취학 　– 보통학교 : 국어를 상용하지 않는 자, 즉 한국인만 취학

교육기간의 연장	· 보통학교 : 4년에서 6년 · 고등보통학교 : 4년에서 5년 · 여자고등보통학교 : 3년에서 4년 · 실업학교 : 2·3년에서 3·4년 　→ 일본과 동일하게 운영
보통학교의 확대	'3면 1교주의'에서 '1면 1교주의' 정책으로 변화(1929)
간이학교제 도입	한국인의 보통학교 증설운동의 확산에 대한 일본의 대응방안 · 수업연한 2년 · 80명 정도의 1개 학급만 설치한 학교 · 교육시설이나 교재 미흡 · 교육과정의 1/3이 직업훈련
사범학교 신설(일제)	남자 6년제, 여자 5년제
경성제국 대학 설립 (1924)	민립대학 설립운동 봉쇄정책의 일환

06

✦ 정답해설

② 괄호 안에 공통으로 들어가는 말은 '문자해득'이다.

합격생 Guide 평생교육법

제2조(정의) 이 법에서 사용하는 용어의 정의는 다음과 같다. 〈개정 2023.6.13.〉

1. "평생교육"이란 학교의 정규교육과정을 제외한 학력보완교육, 성인 문자해득교육, 직업능력 향상교육, 성인 진로개발역량 향상교육, 인문교양교육, 문화예술교육, 시민참여교육 등을 포함하는 모든 형태의 조직적인 교육활동을 말한다.

3. "문자해득교육"(이하 "문해교육"이라 한다)이란 일상생활을 영위하는데 필요한 문자해득(文字解得)능력을 포함한 사회적·문화적으로 요청되는 기초생활능력 등을 갖출 수 있도록 하는 조직화된 교육프로그램을 말한다.

제39조(문해교육의 실시 등)

① 국가 및 지방자치단체는 성인의 사회생활에 필요한 문해능력 등 기초능력을 높이기 위하여 노력하여야 한다. 〈개정 2023.4.18.〉

07

✦ 정답해설

③ 표준화 지능검사 문항을 풀게 하여 학생의 지적 발달수준을 측정하는 것은 피아제(Piaget)의 관점에 해당한다.

08

✦ 정답해설

③ 중간체계(mesosystem)는 가정, 학교, 또래집단과 같은 미시체계들 간의 연결이나 상호 관계를 나타낸다. 각 미시체계들 간의 관계가 밀접하면 아동의 발달이 순조롭게 진행된다.

✦ 오답해설

①·②는 미시체계(microsystem)에 대한 설명이다.
④는 외(부)체계(exosystem)에 대한 설명이다.

09

✦ 정답해설

③ 교육감의 임기는 4년으로 하며, 교육감의 계속 재임은 3기에 한정한다(지방교육자치에 관한 법률 제21조).

✦ 오답해설

① 동법 제34조 제3항
② 동법 제18조 제1항
④ 동법 제30조 제2항

10

✦ 정답해설

② 담배소비세 전입금은 지방자치단체의 일반회계로부터의 전입금이다. 서울특별시 및 6대 광역시는 담배소비세의 100분의 45에 해당하는 금액을 교육비 특별회계로 전출하여야 한다.

✦ 오답해설

① 교육세는 지방교육재정교부금의 재원 중 보통교부금의 재원에 포함된다.
③ 교육부장관은 특별교부금의 사용에 관하여 조건을 붙이거나 용도를 제한할 수 있다.
④ 시·군·자치구는 고등학교 이하 각급학교의 교육에 소요되는 경비를 보조할 수 있다.

11

✦ 정답해설

④ 제시된 지문에 나타난 관료제의 역기능은 목표전도 현상이다. 김 교장이 교사들의 충실한 수업진행을 위해 수업지도안을 제출하게 하였으나, 이 수업지도안 작성으로 인해 수업시간에 늦어 충실한 수업진행을 역으로 방해받아 목표가 전도되고 있다.

합격생 Guide 학교관료제의 순기능과 역기능(Hoy & Miskel)

구분	순기능	역기능
분업과 전문화	숙련된 기술과 전문성 향상	피로, 권태감 누적 → 생산성 저하
몰인정성 (공평무사성)	합리성 증대	사기 저하
권위의 계층	원활한 순응과 조정 (위계구조)	의사소통의 장애
규칙과 규정의 강조	계속성과 통일성 확보	목표전도 현상, 조직의 경직성
경력지향성	동기유발	업적과 연공제 간의 갈등

12

✦ 정답해설

④ 웨이크(Weick)의 이완결합체제(loosely coupled system)는 조직의 느슨한 결합과 이완구조 때문에 학교는 자율성과 자유재량권을 갖고, 교사 또한 학급 내에서는 형식적 교장의 지시와 통제를 받는다고 주장한다.

13

✦ 정답해설

④ 무조건적인 긍정적 수용은 비지시적 상담이론의 상담방법 중 하나이다. 상담자가 내담자를 평가·판단하지 않고 내담자가 나타내는 감정이나 행동특성들을 있는 그대로 수용하는 태도이다.

14

✦ 정답해설

① 제시된 내용은 형성평가에 대한 설명이다. 형성평가는 교수-학습활동 진행 중 학생의 학습목표 도달도를 확인하는 평가이다.

15

✦ 정답해설

④ 선행조직자 제시는 수업의 도입단계에서 새로운 학습과제 이전에 교사가 제시하는 개론적 내용을 제시하는 것으로, 학습과제보다 추상적·포괄적·일반적인 특징을 지닌다. 이는 인지주의 수업기법과 관련이 있다.

✦ 오답해설

① 반두라, ② 스키너, ③ 파블로프의 이론을 기반으로 한 행동주의 수업기법이다.

16

✦ 정답해설

② 프로젝트 관리, 자원관리, 전달체제 관리, 정보관리는 '관리영역'의 사항이다. 활용영역에는 매체의 활용, 혁신의 보급(확산), 수행 및 제도화, 정책 및 규제가 있다.

합격생 Guide 교육공학의 개념

설계	교수체제 설계, 메시지 디자인, 교수방법 및 전략, 학습자 특성
개발	인쇄 테크놀로지, 시청각 테크놀로지, 컴퓨터 기반 테크놀로지, 통합 테크놀로지
활용	매체의 활용, 혁신의 보급(확산), 수행 및 제도화, 정책 및 규제
관리	프로젝트 관리, 자원관리, 전달체제 관리, 정보관리
평가	문제분석, 준거지향 평가, 형성평가, 총괄평가

17

✦ 정답해설

④ 문제중심학습(Problem-Based Learning)의 문제란, 현실 속에서 지식이 학습자와 서로 비구조적으로 얽혀있는 비구조적인 문제(인간이 경험하는 문제)를 말한다.

18

✦ 정답해설

② 독학자 학위취득시험 단계는 교양과정 인정시험(1단계) → 전공기초과정 인정시험(2단계) → 전공심화과정 인정시험(3단계) → 학위취득 종합시험(4단계)로 진행된다. 여기서 4단계는 반드시 응시해야 하며, 나머지 1 ~ 3단계는 자격요건에 따라 시험과목의 전부 또는 일부를 면제받을 수 있다.

19

정답해설

③ 초·중등교육법 제32조 제1항 제3호

오답해설

① 국·공립학교의 장은 운영위원회의 당연직 교원위원이 된다(동법 시행령 제59조 제1항).
② 국·공립학교에 두는 운영위원회의 회의는 위원장이 소집한다(동법 시행령 제59조의2 제1항).
④ 학교운영위원회는 제33조에 따른 학교발전기금의 조성·운용 및 사용에 관한 사항을 심의·의결한다(동법 제32조 제3항). 여기서 학교운영위원회는 공립·사립을 모두 포함한다.

합격생 Guide 학교운영위원회 심의사항
(초·중등교육법 제32조 제1항)

1. 학교헌장과 학칙의 제정 또는 개정
2. 학교의 예산안과 결산
3. 학교교육과정의 운영방법
4. 교과용 도서와 교육자료의 선정
5. 교복·체육복·졸업앨범 등 학부모 경비 부담 사항
6. 정규학습시간 종료 후 또는 방학기간 중의 교육활동 및 수련활동
7. 「교육공무원법」 제29조의3 제8항에 따른 공모 교장의 공모방법, 임용, 평가 등
8. 「교육공무원법」 제31조 제2항에 따른 초빙교사의 추천
9. 학교운영지원비의 조성·운용 및 사용
10. 학교급식
11. 대학입학 특별전형 중 학교장 추천
12. 학교운동부의 구성·운영
13. 학교운영에 대한 제안 및 건의사항
14. 그 밖에 대통령령이나 시·도의 조례로 정하는 사항

20

정답해설

① 자율고등학교는 제91조의3에 따른 자율형 사립고등학교 및 제91조의4에 따른 자율형 공립고등학교를 말한다(초·중등교육법 시행령 제76조의3 제4호). 본 조항은 2020년 2월 28일 개정되면서 삭제되었다(시행일 2025.3.1).

오답해설

② 동법 시행령 제76조 제1항
③ 동법 시행령 제76조 제6항
④ 동법 시행령 제90조 제3항

PART · 02

지방직 9급 정답 및 해설

✓ 정답

01 ②	02 ③	03 ②	04 ②	05 ①
06 ④	07 ③	08 ①	09 ①	10 ③
11 ②	12 ②	13 ④	14 ④	15 ④
16 ①	17 ③	18 ④	19 ③	20 ④

01

✦ 정답해설

② 외재적 목적이란 교육이 다른 활동 목적의 수단으로 사용되는 것이다. 이에 해당하는 것은 ㄱ. 국가 경쟁력 강화, ㄷ. 인적자원의 개발이다.

✦ 오답해설

ㄴ, ㄹ은 내재적 목적에 해당하는 것으로, 내재적 목적은 교육이 다른 활동 목적의 수단이 아닌 교육 그 자체가 가지고 있는 목적, 교육의 개념이나 활동 속의 목적이다.

02

✦ 정답해설

③ 19세기 신인민주의 교육사조에 대한 설명이다.

합격생 Guide 계몽주의 교육사조의 특징

1. 합리주의(rationalism) : 인간은 이성적 존재, 이성을 통한 세계에 대한 해석과 문제해결을 중시한다.
2. 기계주의(mechanicalism) : 전체는 부분의 단순한 집합이며, 사회도 개인의 집합이다.
3. 개인주의(individualism) : 개인의 존엄성과 가치를 최우선시한다. → 아동존중교육
4. 자연주의(naturalism) : 개인의 이성과 권리는 자연권이고, 자연스러운 조성과 교육을 중시한다.
5. 반역사주의 · 반국가주의 · 반민족주의

03

✦ 정답해설

② 신라의 화랑도는 비형식적 사설 교육기관이며, 문무(文武)를 겸비한 인재 양성을 교육목표로 삼았다.

✦ 오답해설

① 고구려의 경당은 최초의 사학으로서, 지방에 설립되었다. 문무 일치 교육을 내용으로 하고 있어 신라의 화랑도와 유사하다.
③ 고려의 국자감은 국립종합대학의 효시로서, 철저한 문치주의 원칙을 바탕으로 신분에 따라 입학자격을 엄격히 제한했다.
④ 조선의 성균관은 국립 고등교육기관이며, 인재 및 고급관리의 양성을 교육목표로 삼았다.

04

✦ 정답해설

② 도덕성 함양을 위해 습관 형성을 강조한 교육사상가는 크세노폰(Xenophon)이다.

05

✦ 정답해설

① 빈칸에 들어갈 말로 ⊙은 교육목표 설정, ⓒ은 숙의(deliberation)가 적절하다. 타일러(R. Tyler)는 교육과정 개발에 있어서 교육목표 설정을 가장 중시하는 '목표중심 모형'을 제시하였다. 워커(D. Walker)는 결과보다는 의사결정과정이나 절차를 중시하는 '과정지향적 모형'을 제시하였다. 이 두 모형은 대립적인 관계를 보인다.

06

✦ 정답해설

④ 경험중심 교육과정은 학교 내의 학생들이 가지게 되는 모든 경험을 교육의 과정이라고 보며 교과보다 생활을 강조하고, 지식보다는 활동, 분과보다 통합, 교육자의 교수보다 학습자의 경험 · 활동을 중시한다.

✦ 오답해설

①·②·③ 모두 교과중심 교육과정의 특징에 해당한다.

07

✦ 정답해설

③ 브루너(J. Bruner)는 문제해결의 학습과 학습방법의 학습, 즉 학습과정을 중요시하는 '발견학습' 방법을 제시하였다. 교육자의 지시를 최소화하여 학습자들의 능동적 활동(발견)을 의미 있게 보았다.

08

✦ 정답해설

① 개발(development)단계는 설계명세서에 기초하여 교수자료 및 매체를 개발하고, 형성평가를 통해 그 자료를 제작하는 단계이다.

✦ 오답해설

② 분석(Analyze)단계 중 학습자 분석에 대한 설명이다.
③·④ 분석(Analyze)단계 중 과제분석에 대한 설명이다.

09

✦ 정답해설

① 장독립적 양식은 내적 대상에 의존하는 것으로 사물을 인지할 때 그 사물의 배경이 되는 주변의 영향을 받기보다 논리적·분석적으로 지각하는 유형이다.

합격생 Guide 장독립형과 장의존형 학습자의 특성

장독립형 (Field independence)	• 분석적, 논리적, 추상적, 확산적 지각 • 내적 대상에 의존(비사교적) • 비구조화된 자료학습 선호 • 학문 중심 교육과정에 유리 • 개인적 성향(강의법 선호, 대인관계 ↓) • 개념이나 원리지향적(실험적) • 자신이 설정한 목표나 강화에 의해 영향 • 수학, 자연과학 선호 • 비선형적인 Hyper-media 학습에 적합
장의존형 (Field dependence)	• 전체적, 직관적, 수렴적 지각 • 외적 대상에 의존(사교적) • 구조화된 자료학습 선호 • 인간중심 교육과정에 유리 • 사회적 성향(토의법 선호, 대인관계 ↑) • 사실이나 경험지향적(관습적·전통적) • 외부에서 설정한 목표나 강화에 의해 영향 • 사회 관련 분야 선호 • 선형적인 CALI 학습에 적합

10

✦ 정답해설

③ 목표지향성이론(goal orientation theory)은 목표가 학생들의 동기와 학습에 지대한 영향을 끼치며, 숙달목표(learning goal)와 수행목표(performance) 이렇게 두 가지로 구분한다.

11

✦ 정답해설

② 로저스(C. Rogers)는 비지시적 상담이론의 대표자이며 인간중심적 상담을 강조했다. 이는 상담자가 허용적인 분위기를 조성하여 학생이 자기성찰과 수용을 통해 스스로 문제해결능력을 키울 수 있게 하는 상담방법이다.

✦ 오답해설

① 올포트(G. Allport)는 성격을 공통특성과 개별특성으로 나누는 특성론적 접근(성격이론)을 하였다.
③ 프랭클(V. Frankle)은 실존주의 상담이론의 대표자이며, 실존주의 철학에 영향을 받았다.
④ 매슬로(A. Maslow)는 욕구위계이론을 제시하여, 인간에게 중요한 위계에 따라 인간의 욕구를 5단계로 구분하였다.

12

✦ 정답해설

② 준거참조(criterion-referenced)평가는 일명 절대평가로서, 준거(평가기준)를 교육과정을 통해 달성하려는 수업목표에 두는 목표지향적 평가이다. 따라서 성장·발달을 중시하는 발달적 교육관에 근거하여 학생들의 내재적 동기와 그에 따른 성취감을 일깨운다.

13

✦ 정답해설

④ 제시된 내용은 기능이론의 내용이다. 이와 다른 입장을 가진 교육사회학자는 갈등이론에 토대를 둔 문화자본론과 자율이론 등을 주장한 번스타인(B. Bernstein)이다.

✦ 오답해설

① 파슨스(T. Parsons)는 기능주의이론을 체계화하였다.
② · ③ 드리븐(R. Dreeben)과 뒤르켐(E. Durkheim)은 합의론적 기능주의를 주장하며 각각 규범적 사회화와 보편적 사회화를 제시하였다.

14

✦ 정답해설

④ 제시된 내용은 모두 교육결과의 평등(보상적 평등)의 실현정책들이다. 결과의 평등의 입장은 과정의 평등이 실현되었다고 해도 학생 간의 격차가 있을 수 있다고 보고, 그 교육받은 결과가 같아야 진정한 교육평등의 실현이라고 주장한다.

15

✦ 정답해설

④ 놀스(K. Knowles)는 안드라고지(andragogy)를 개념화했다. 안드라고지는 성인을 대상으로 한 교육학을 의미한다. 이는 기존의 아동과 청소년을 대학으로 한 전통적 교육학인 페다고지(pedagogy)와 대립되는 개념이다.

✦ 오답해설

① 일리치(I. Illich) - 탈학교론
　슐츠(Schultz) - 인간자본론
② 랑그랑(P. Lengrand) - 평생교육
　선진국경제협력기구(OECD) - 순환교육
③ 허친스(R. Hutchins) - 학습사회
　부르디외(Bourdieu) - 문화재생산이론

16

✦ 정답해설

① 민주성의 원리는 교육행정의 기본원리 중 운영상의 기본원리에 속한다. 주요 결정에 교육주체의 참여 보장, 행정과정 공개, 부서 간 이해와 협조는 모두 민주성의 원리에 대한 내용이다.

✦ 오답해설

② · ③은 교육행정의 기본원리 중 법제상의 기본원리이고, ④는 운영상의 기본원리이다.

17

✦ 정답해설

③ 제시된 상황들에서 가장 효과적인 전략은 수용(동조)이다. 수용이란 주장하지 않는 대신 협력하는 방법이다. 자신의 욕구충족을 포기하고 상대방의 주장을 수용하여 갈등을 풀어나가는 방법이다.

합격생 Guide 갈등관리 유형

유형	해당 관리방식이 필요한 상황
경쟁	• 조직의 성장에 매우 중요한 문제일 때 • 신속한 결정이 요구되는 긴급상황일 때 • 타인을 부당하게 이용하는 사람에게 대항할 때 • 중요한 사항이지만 인기 없는 조치를 실행할 때
회피	• 쟁점이 사소할 때 • 사태를 진정시키고자 할 때 • 해결책의 비용이 효과보다 훨씬 클 때 • 더 많은 정보를 얻는 것이 꼭 필요할 때 • 다른 사람들이 문제해결을 더 효과적으로 해결할 수 있을 때 • 해당 문제가 다른 문제의 해결로 자연스럽게 해결되는 하위갈등일 때
수용 (동조)	• 조화와 안정이 특히 중요할 때 • 자신이 잘못한 것을 알았을 때 • 다른 사람에게 더 중요한 사항일 때 • 패배가 불가피하여 손실을 극소화할 필요가 있을 때 • 보다 중요한 문제를 위해 좋은 관계를 유지해야 할 때
협력 (제휴)	• 목표가 학습일 때 • 합의와 헌신이 중요한 때 • 관계증진에 장애가 되는 감정을 다루고자 할 때 • 관점이 다른 사람들로부터 통찰력을 통합하기 위할 때 • 양자의 관심사가 매우 중요하여 통합적인 해결책만이 수용될 때
타협	• 협력이나 경쟁의 방법을 실패할 때 • 시간부족으로 신속한 행동이 요구될 때 • 목표가 중요하지만 잠재적인 문제가 클 때 • 당사자들의 주장이 서로 대치되어 있을 때 • 복잡한 문제에 대한 일시적인 해결책을 얻고자 할 때

18

✦ 정답해설

④ 목표관리법(MBO)은 부서별 목표와 예산의 연계성을 중시한다. 각 부서에서 예산요구서를 작성할 때 부서별 목표에 기초하여 작성하도록 하였으며, 돈이 지출되는 목적을 좀 더 명확히 하도록 요구한다. 목표관리법(MBO)은 상관과 부하가 함께 참여하고 합의하는 과정을 중시하기 때문에 분권적·참여적 예산결정방식에 해당한다. 따라서 성과 및 결과를 측정할 수 있는 방법을 개발한다가 적합하다.

✦ 오답해설

① 의사결정의 목록의 작성은 영기준 예산제도(ZBBS)의 활동에 해당한다.

②, ③ 세부 사업계획 및 소요예산 산출, 기대소요시간 산정은 계획검토평가기법(PERT)의 활동에 해당한다.

19

✦ 정답해설

③ 영기준 예산제도(ZBBS)는 매 회계연도마다 모든 사업을 처음 시작한다고 가정하고, 설정하고자 하는 사업을 평가·조정하는 예산편성법이다. 따라서 창의적이고 자발적인 사업구상과 실행을 유도하며 전 교직원을 참여시킬 수 있는 장점이 있다. 반면 교원들에게 과업을 부과하게 되고, 사업이 기각되거나 평가절하될 때의 비협조적인 풍토가 야기될 수 있다.

20

✦ 정답해설

④ 교육기본법 제14조 제2항, 교육공무원법 제38조

> **교육기본법 제14조(교원)**
> ② 교원은 교육자로서 갖추어야 할 품성과 자질을 향상시키기 위하여 노력하여야 한다.
> **교육공무원법 제38조(연수와 교재비)**
> ① 교육공무원은 그 직책을 수행하기 위하여 끊임없이 연구와 수양에 힘써야 한다.

✦ 오답해설

① 국가공무원법 제59조의2 제1항

② 동법 제57조

③ 동법 제59조

PART · 02

합격생 Guide 공무원의 복무(국가공무원법)

선서의무(제55조)	공무원은 취임할 때에 소속 기관장 앞에서 대통령령 등으로 정하는 바에 따라 선서(宣誓)하여야 한다. 다만, 불가피한 사유가 있으면 취임 후에 선서하게 할 수 있다.
성실의무(제56조)	모든 공무원은 법령을 준수하며 성실히 직무를 수행하여야 한다.
복종의 의무 (제57조)	공무원은 직무를 수행할 때 소속 상관의 직무상 명령에 복종하여야 한다.
직장이탈금지 (제58조)	• 공무원은 소속 상관의 허가 또는 정당한 사유가 없으면 직장을 이탈하지 못한다. • 수사기관이 공무원을 구속하려면 그 소속 기관의 장에게 미리 통보하여야 한다. 다만, 현행범은 그러하지 아니하다.
친절·공정의 의무(제59조)	공무원은 국민 전체의 봉사자로서 친절하고 공정하게 직무를 수행하여야 한다.
종교중립의 의무 (제59조의2)	• 공무원은 종교에 따른 차별 없이 직무를 수행하여야 한다. • 공무원은 소속 상관이 종교중립 의무를 위배되는 직무상 명령을 한 경우에는 이에 따르지 아니할 수 있다.
비밀엄수의 의무 (제60조)	공무원은 재직 중은 물론 퇴직 후에도 직무상 알게 된 비밀을 엄수(嚴守)하여야 한다.
청렴의 의무 (제61조)	• 공무원은 직무와 관련하여 직접적이든 간접적이든 사례·증여 또는 향응을 주거나 받을 수 없다. • 공무원은 직무상의 관계가 있든 없든 그 소속 상관에게 증여하거나 소속 공무원으로부터 증여를 받아서는 아니 된다.
외국 정부의 영예 등을 받을 경우 (제62조)	공무원이 외국 정부로부터 영예나 증여를 받을 경우에는 대통령의 허가를 받아야 한다.
품위유지의 의무 (제63조)	공무원은 직무의 내외를 불문하고 그 품위가 손상되는 행위를 하여서는 아니 된다.
영리업무 및 겸직금지 (제64조)	• 공무원은 공무 외에 영리를 목적으로 하는 업무에 종사하지 못하며 소속 기관장의 허가 없이 다른 직무를 겸할 수 없다. • 제1항에 따른 영리를 목적으로 하는 업무의 한계는 대통령령 등으로 정한다.

정치운동의 금지 (제65조)	• 공무원은 정당이나 그 밖의 정치단체의 결성에 관여하거나 이에 가입할 수 없다. • 공무원은 선거에서 특정 정당 또는 특정인을 지지 또는 반대하기 위한 다음의 행위를 하여서는 아니 된다. – 투표를 하거나 하지 아니하도록 권유 운동을 하는 것 – 서명 운동을 기도(企圖)·주재(主宰)하거나 권유하는 것 – 문서나 도서를 공공시설 등에 게시하거나 게시하게 하는 것 – 기부금을 모집 또는 모집하게 하거나, 공공자금을 이용 또는 이용하게 하는 것 – 타인에게 정당이나 그 밖의 정치단체에 가입하게 하거나 가입하지 아니하도록 권유 운동을 하는 것 • 공무원은 다른 공무원에게 정치 운동의 금지에 위배되는 행위를 하도록 요구하거나, 정치적 행위에 대한 보상 또는 보복으로서 이익 또는 불이익을 약속하여서는 아니 된다.
집단행위의 금지 (제66조)	• 공무원은 노동운동이나 그 밖에 공무 외의 일을 위한 집단 행위를 하여서는 아니 된다. 다만, 사실상 노무에 종사하는 공무원은 예외로 한다. → 단서의 사실상 노무에 종사하는 공무원의 범위는 대통령령 등으로 정한다. • 단서에 규정된 공무원으로서 노동조합에 가입된 자가 조합 업무에 전임하려면 소속 장관의 허가를 받아야 한다. → 허가에는 필요한 조건을 붙일 수 있다.

국가직 9급 정답 및 해설

⊘ 정답

01 ②	02 ④	03 ④	04 ①	05 ①
06 ②	07 ①	08 ④	09 ④	10 ④
11 ③	12 ②	13 ③	14 ①	15 ④
16 ③	17 ①	18 ①	19 ②	20 ③

01

✦ 정답해설

② 교육과정 결정은 시험의 교육적 기능에 해당한다.

합격생 Guide 시험의 성격

교육적 기능	• 자격부여 • 경쟁촉진 → 우리 교육의 당면문제 • 선발 • 목표와 유인 → 학습목표 제시 및 동기를 촉발하는 유인 • 교육과정 결정 • 학업성취의 확인 및 미래 학습의 예언
사회적 기능	• 사회적 선발 • 지식의 공식화와 위계화 • 사회통제 → 시험 지식을 통한 사회통제 • 사회질서의 정당화 및 재생산 • 문화의 형성과 변화

02

✦ 정답해설

④ 특정한 장비나 프로그램 없이 접근이 가능한 것은 서책형 교과서의 장점이다. 별도의 장비 없이 활용할 수 있으므로 시간과 비용 또한 절감할 수 있다.
디지털 교과서는 특정한 장비나 프로그램이 있어야 한다.

03

✦ 정답해설

④ 해당 지문의 특징은 관료제의 특징 중 하나인 '계층제(권위의 위계)'에 대한 설명이다. '규칙과 규정(법규)'에 의한

행정은 조직 내의 구성원의 모든 활동을 법규에 의해 규제한다는 특징을 뜻한다.

04

✦ 정답해설

① 교육은 자주성과 중립성 보장을 전제로 교육 본래의 목적에 기초하여 민주적으로 운영·실시되어야 한다.

✦ 오답해설

② 교육행정 활동의 내용은 고정적이지 않고 유동적·역동적인 성격을 가지기 때문에 수단적·기술적 성격을 지닌다. 이러한 유동적 성격은 교육행정이 정치적 성격을 띠는 것을 뜻한다.
③ 교육행정은 특수행정으로서의 전문성이 요구되기 때문에 전문가에 의해 수행되어야 한다.
④ 교육행정은 교수-학습활동의 감독을 지원하기 위한 지원적 성격을 지닌다.

05

✦ 정답해설

① 본질주의의 특징이다.

✦ 오답해설

② 진보주의, ③ 항존주의, ④ 재건주의에 대한 설명이다.

합격생 Guide 진보주의와 본질주의

진보주의	본질주의
• 아동의 흥미와 자유	• 아동의 노력과 훈련
• 아동의 자발성	• 교사의 자발성
• 개인의 경험	• 민족의 경험
• 아동의 활동(경험)	• 교과의 교재(원리)
• 교재의 심리적 조직	• 교재의 논리적 조직
• 현재적 목적	• 미래적 목적

06

✦ 정답해설

② 렌줄리(J. S. Renzulli)는 영재를 '지적 능력(일반능력 + 특수능력), 창의력, 과제집착력이 평균 이상인 자'라고 정의했다. 여기에 지도성은 해당하지 않는다.

07

✦ 정답해설

① 규준지향평가의 경우 개인차 변별에 중점을 두고 있기 때문에, 신뢰도에서는 원점수 자체보다 상대적 비교가 가능한 규준점수를 더 중시한다. 규준점수에는 석차점수, 백분위점수, 표준점수 등이 있다. 신뢰도에서 원점수 자체의 의미가 중요한 것은 준거지향평가(절대평가)이다.

08

✦ 정답해설

④ 카텔(Cattell)의 2형태설에 따르면 결정지능은 선천적 요인보다는 환경적 요인에 의해 영향을 받는다. 즉, 결정지능은 경험이나 교육의 영향을 받아 획득한 능력, 개인이 소유하고 있는 정보량이다. 태어날 때 이미 결정되어 있는 것은 유동지능에 대한 설명이다.

09

✦ 정답해설

④ 과거시험은 정규시험을 식년시(式年試)라고 하며, 정시(庭試)는 매년 봄·가을에 국왕이 성균관 유생을 대상으로 실시하는 특별시험인 별시(別試)의 한 종류에 해당한다.

합격생 Guide 조선시대 과거제도의 실시시기

• 식년시 : 정기시험, 매 3년마다 문·무·잡과 모두 실시
• 특별시 : 부정기시험, 국가에 경사나 특별한 경우 필요시에 실시

증광시	국가의 대경사가 있을 때
별시	보통 경사가 있을 때
알성시	• 국왕이 성균관의 석전제(釋奠祭) 참석 시 • 시학(視學)의 일환으로 성균관 방문 시
춘당시	국왕이 창경궁(춘당대) 방문 후 실시
황감과	12월, 제주 목사가 특산물로 진상한 귤을 성균관·사학 유생에게 나누어 줄 때 실시

도기과	원점과(圓點科), 일정한 출석점수(원점 30점 이상)를 취득한 유생들을 대상으로 실시
절일시	입일제(1월 7일), 삼일제(3월 3일), 칠석제(7월 7일), 구일제(9월 9일) 등
정시	매년 봄, 가을에 국왕이 성균관 유생을 대상으로 실시

10

✦ 정답해설

④ 교육재정의 지출 가운데 인건비가 정부예산 교육비 중 약 50%를 차지하며 시설비에 비해 상대적으로 크다. 인건비는 교육활동을 수행하거나 지원하는 데 필요한 용역비이다.

11

✦ 정답해설

③ 시간제 등록제에 대한 올바른 설명이다.

✦ 오답해설

① 학점은행제는 「학점인정 등에 관한 법률」에 따라 학교 및 학교 밖의 다양한 형태의 학습 경험 및 자격을 학점으로 인정하고, 누적된 학점이 일정한 기준에 충족되면 학위 취득을 수여하게 하는 제도이다.
② 학습계좌제는 성인들이 개별적으로 취득한 다양한 교육과 학습 경험을 누적하여 기록·관리하고 이를 객관적으로 인증하기 위한 제도이다. 교육비와는 상관이 없다.
④ 원격교육을 통해 정식 학위를 수여하는 제도는 원격대학에 대한 설명이다.

12

✦ 정답해설

② 제시된 내용은 루소와 관련되며, 루소(J. J. Rousseau)는 인간의 타고난 선성(善性)을 바탕으로 한 주관적 자연주의 교육을 강조하였다.

13

✦ 정답해설

③ 생활지도는 문제유발 가능성이 없는 학생들을 포함한 전체 학생 개개인의 가능성을 최대한 발달시키는 과정이다. 여기서 학생에는 재학생 및 퇴학생, 졸업생을 포함한다.

✦ 오답해설

① 적극성의 원리, ② 통합성의 원리, ④ 수용의 원리에 해당한다.

Guide 생활지도의 기본원리 및 실천원리

① 생활지도의 기본원리

ㄱ 개인의 존중과 수용의 원리 : 개인의 권리와 존엄성 및 가치의 인정을 기초로 한다.

ㄴ 자율성 존중의 원리 : 학생의 자율적인 태도와 판단을 존중해야 한다.

ㄷ 적응의 원리 : 학생의 생활에 적응을 돕는 것이다.

ㄹ 인간관계의 원리 : 학생과 교사의 참다운 인간관계가 필요하다.

ㅁ 자아실현의 원리 : 생활지도의 목적은 학생들의 자아실현을 돕는 것이다.

② 생활지도의 실천원리

ㄱ 전인성의 원리 : 생활지도는 학생의 건전한 성장을 목표로 하는 것이므로 모든 학생의 전인적 측면을 고려해야 한다.

ㄴ 균등성의 원리 : 생활지도는 전체 학생에게 균일하게 실시해야 한다.

ㄷ 적극성의 원리 : 생활지도는 치료나 교정보다 사전 예방에 중점을 두는 적극적 태도로 임해야 한다.

ㄹ 과학적 기초의 원리 : 생활지도는 객관적인 방법과 자료를 기초로 접근해야 한다.

ㅁ 계속성의 원리 : 생활지도는 입학부터 진급, 진학, 취업 및 졸업 이후에도 계속해야 한다.

ㅂ 협동성의 원리 : 생활지도는 교사, 학부모, 지역사회, 전문기관 등과 협동해야 한다.

ㅅ 통합성의 원리 : 학교 교육과정과 통합될 필요가 있다.

14

✦ 정답해설

① 다문화 교육은 '모든 학생들'이 다문화 사회에서 요구되는 지식, 기능, 태도를 습득하는 것을 목표로 한다. 교육의 대상에 특정 인종이나 민족 또는 소외받은 자에 한정하지 않는다.

Guide 다문화 교육의 목표(J. A. Banks)

1. 다문화 교육은 자기 이해의 심화를 추구한다.

2. 다문화 교육의 주류 교육과정에 대안을 제시하는 것을 목표로 한다.

3. 다문화 교육은 모든 학생들이 다문화 사회에서 요구되는 지식과 기능, 태도를 습득하는 것을 목표로 한다.

4. 다문화 교육은 다문화가정 자녀들이 인종적, 신체적, 문화적 특성 때문에 겪는 고통과 차별을 감소시키는 것을 목표로 한다.

5. 다문화 교육은 학생들이 전 지구적이며 테크놀로지화된 세계에서 살아가는 데 필요한 읽기, 쓰기, 수리적 능력을 습득하도록 돕는 것이다.

6. 다문화 교육은 학생들이 자신의 공동체에서 제 구실을 하는 데 필요한 지식, 태도, 기능을 다양한 집단의 학생들이 습득하도록 도와주는 것이다.

15

✦ 정답해설

④ 쓰레기통모형은 '비합리적 의사결정모형'을 말하며, 조직화된 혼란상태를 전제로 한다. 문제, 해결책, 선택기회, 참여자의 흐름의 우연한 조합으로 해결한다.

Guide 의사결정모형

① **합리모형** : 목표달성을 위한 합리적 대안의 탐색·선택을 추구하는 이론이다. 합리모형은 완전한 지식과 정보를 이용하여 모든 대안을 검토하여 가치의 극대화를 추구하는 데 중점을 둔다. 즉, 합리모형은 정책결정자의 완전한 합리성을 가정하여 정책목표에 대한 모든 대안을 탐색하고 목표달성을 극대화할 수 있는 최선의 대안을 선택한다는 모형이다.

② **만족모형** : 인간은 완전한 합리성이 아닌 제한된 합리성을 갖기 때문에 모든 대안을 탐색하여 최선의 대안을 선택하는 것은 불가능하고 만족할 만한 대안을 선택한다는 것을 말한다. 즉, 만족모형은 실제의 의사결정을 설명하고 기술하는 경험적·실증적 연구로서의 가치를 지닌다.

③ **점증모형** : 기존의 정책을 부분적이고 순차적으로 수정하고 보완하며 결정해나가며, 그 과정에서 집단의 합의를 중시한다. 큰 폭의 변화보다는 기존에 있던 정책을 보완해나가며 정책결정이 이루어지기 때문에 정책을 축소하거나 폐지시키기가 곤란하다.

④ **최적모형** : 경제적 합리성뿐만 아니라 정책결정자의 초합리성(직관, 판단력, 창의력 등)을 함께 고려하는 모형이다.

⑤ **혼합모형** : 합리모형의 이상주의적 특성에서 나오는 단점과 점증모형의 지나친 보수성이라는 약점을 극복할 수 있는 전략으로 제시된 모형이다.

16

✦ 정답해설

③ 영교육과정(Null Curriculum)이란 아이즈너(E. W. Eisner)가 「교육적 상상력」에서 개념화한 것으로, 겉으로 확인할 수 없는 무형(無形)의 형태로 존재하는 교육과정으로 교사의 마음속에 계획되어 있는 교육과정을 뜻한다.

✦ 오답해설

① 잠재적 교육과정, ② 전개된 교육과정, ④ 의도된 교육과정에 대한 설명이다.

17

✦ 정답해설

① 범위성(scope)은 수평적 원리로서, 특정 시점에 학생들이 배우게 될 내용의 폭과 영역을 결정하는 것이다.

✦ 오답해설

② 균형성(balance), ③ 연속성(continuity), ④ 계열성(sequence)에 대한 설명이다.

18

✦ 정답해설

① 번스타인(B. Bernstein)은 가정에서 사용하는 언어의 특성이 학업성취에 영향을 미친다고 설명하였다. 언어는 가정에서의 사회화를 통해 학습되는데, 중류계층의 언어 양식은 보편적으로 진술되는 것이므로 구체적으로 같은 경험을 하지 않아도 의미 전달이 가능하지만 노동계층의 언어 양식은 그렇지가 않다. 이러한 구어 양식의 차이 때문에 중류계층의 자녀들이 노동계층의 자녀보다 학업성취도가 높다.

19

✦ 정답해설

② 행동주의 이론은 인지주의나 인본주의 학습이론과는 달리 보상 등 외재적 동기를 중시한다. 때문에 학습이 이루어질 수 있도록 보상이나 유인가 등을 활용한 교수전략을 수립해야 한다.

20

✦ 정답해설

③ 교육감은 학교폭력의 실태를 파악하고 학교폭력에 대한 효율적인 예방대책을 수립하기 위하여 학교폭력 실태조사를 연 2회 이상 실시하고 그 결과를 공표하여야 한다(학교폭력예방 및 대책에 관한 법률 제11조 제8항).

✦ 오답해설

① 퇴학처분은 의무교육과정에 있는 가해학생에 대하여는 적용하지 아니한다(동법 제17조 제1항 단서).

② 교육부장관, 교육감, 지역 교육장, 학교의 장은 학교폭력과 관련한 개인정보 등을 경찰청장, 시·도경찰청장, 관할 경찰서장 및 관계기관의 장에게 요청할 수 있다(동법 제11조의3 제1항).

④ 교육감은 학교폭력대책심의위원회가 처리한 학교의 학교폭력 빈도를 학교의 장에 대한 업무수행 평가에 부정적 자료로 사용하여서는 아니 된다(동법 제11조 제5항).

합격생 Guide 교육감의 임무
(학교폭력예방 및 대책에 관한 법률 제11조)

① 교육감은 시·도교육청에 학교폭력의 예방과 대책을 담당하는 전담부서를 설치·운영하여야 한다.

② 교육감은 관할 구역 안에서 학교폭력이 발생한 때에는 해당 학교의 장 및 관련 학교의 장에게 그 경과 및 결과의 보고를 요구할 수 있다.

③ 교육감은 관할 구역 안의 학교폭력이 관할 구역 외의 학교폭력과 관련이 있는 때에는 그 관할 교육감과 협의하여 적절한 조치를 취하여야 한다.

④ 교육감은 학교의 장으로 하여금 학교폭력의 예방 및 대책에 관한 실시계획을 수립·시행하도록 하여야 한다.

⑤ 교육감은 제12조에 따른 심의위원회가 처리한 학교의 학교폭력빈도를 학교의 장에 대한 업무수행 평가에 부정적 자료로 사용하여서는 아니 된다.

⑥ 교육감은 제17조 제1항 제8호에 따른 전학의 경우 그 실현을 위하여 필요한 조치를 취하여야 하며, 제17조 제1항 제9호에 따른 퇴학처분의 경우 해당 학생의 건전한

성장을 위하여 다른 학교 재입학 등의 적절한 대책을 강구하여야 한다.

⑦ 교육감은 대책위원회 및 지역위원회에 관할 구역 안의 학교폭력의 실태 및 대책에 관한 사항을 보고하고 공표하여야 한다. 관할 구역 밖의 학교폭력 관련 사항 중 관할 구역 안의 학교와 관련된 경우에도 또한 같다.

⑧ 교육감은 학교폭력의 실태를 파악하고 학교폭력에 대한 효율적인 예방대책을 수립하기 위하여 학교폭력 실태조사를 연 2회 이상 실시하고 그 결과를 공표하여야 한다.

⑨ 교육감은 학교폭력 등에 관한 조사, 상담, 치유프로그램 운영 등을 위한 전문기관을 설치·운영할 수 있다.

⑩ 교육감은 관할 구역에서 학교폭력이 발생한 때에 해당 학교의 장 또는 소속 교원이 그 경과 및 결과를 보고하면서 축소 및 은폐를 시도한 경우에는 「교육공무원법」 제50조 및 「사립학교법」 제62조에 따른 징계위원회에 징계의결을 요구하여야 한다.

⑪ 교육감은 관할 구역에서 학교폭력의 예방 및 대책 마련에 기여한 바가 큰 학교 또는 소속 교원에게 상훈을 수여하거나 소속 교원의 근무성적 평정에 가산점을 부여할 수 있다.

⑫ 제1항에 따라 설치되는 전담부서의 구성과 제8항에 따라 실시하는 학교폭력 실태조사 및 제9항에 따른 전문기관의 설치에 필요한 사항은 대통령령으로 정한다.

국가직 9급 정답 및 해설

✓ 정답

01 ①	02 ①	03 ③	04 ①	05 ②
06 ④	07 ③	08 ④	09 ①	10 ④
11 ④	12 ③	13 ④	14 ②	15 ③
16 ④	17 ③	18 ①	19 ②	20 ①

01

✦ 정답해설

① 학생 성적의 판정 및 진급 자격을 부여하거나 당락을 결정짓기 위해 시행되는 것은 총괄평가의 기능 중 하나이다.

합격생 Guide | 교육평가의 유형

1. **진단평가(diagnostic evaluation)**
   - 교수 – 학습활동이 시작되기 전 또는 학습의 초기단계에 학생의 수준과 특성을 확인하는 평가
   - 학생의 특성 파악, 출발점 행동진단, 수업방법 선정 목적
   - 상대평가 + 절대평가

2. **형성평가(formative evaluation)**
   - 교수 – 학습활동 진행 중 학생의 학습목표 도달도를 확인하는 평가
   - 교수 – 학습 지도방법 개선 목적
   - 절대평가

3. **총괄평가(summative evaluation)**
   - 교수 – 학습활동이 끝난 후 학생의 학습성취도(교수목표 달성 여부)를 종합적으로 확인하는 평가
   - 학업성취도(성적) 결정과 장래 학습의 성공 여부 예언 목적
   - 상대평가 + 절대평가

02

✦ 정답해설

① 인지학습이론은 인간과 동물의 학습 간에는 질적인 차이가 있음을 가정하여 인간은 능동적 학습자이며 학습은 사고의 변화라고 주장한다. 관련된 모든 내용을 학생들에게 제공하는 것은 인지적 과부하(cognitive overload)에 해당하므로 인지학습이론의 수업방식으로 적절하지 않다.

✦ 오답해설

② 조직화, ③ 주의집중, ④ 정교화에 대한 설명으로 모두 인지학습이론 중 정보처리이론의 주요 전략에 해당한다.

03

✦ 정답해설

③ 성균관은 강독, 제술, 서법을 교육하였다.

✦ 오답해설

① 성균관의 입학자격은 원칙적으로 생원과 진사, 즉 소과에 합격한 자만이 입학할 수 있다.
② 성균관의 주목적은 인재 및 고급관리 양성과 유교이념의 보급이다.
④ 생원과 진사는 성균관의 입학자격이다.

합격생 Guide | 성균관의 교육 내용

강독	• 교재 : 사서오경 • 노장(老壯), 불서(佛書), 백가자집(百家子集)은 잡서로 인정하여 독서 금지
제술	초순에는 의(疑)·의(義)·논(論)을 짓고, 중순에는 부(賦)·표(表)·송(頌)을 지으며, 하순에는 대책(對策)·기(記)를 지음
서체	해서(楷書)만을 사용

04

✦ 정답해설

① 주도성(initiative)은 성격발달단계 중 3~6세 사이에 발달하게 되는데, 이 시기는 성적 경험보다 놀이와 자신이 선택한 행동에 더 많은 관심을 보이는 시기이다. 따라서 격려와 함께 현실 도전의 경험이나 상상, 활동에 자유를 주면 주도성이 형성된다. 스스로 옷을 선택하거나 등장인물이 되어 실연하는 학습은 주도성 형성 수업지침으로 적절하다.

✦ 오답해설

②·④ 근면성(6~12세), ③ 자아정체감(12~18세)에 대한 수업지침의 내용이다.

05

✦ 정답해설

② 협동학습은 학습능력이 다른 학습자들이 이질집단을 구성하여 동일한 학습목표 달성을 위해 활동하는 수업방법이다. 능력별로 집단을 편성하는 것이 아닌, 다양한 능력의 학생들을 같은 집단에 편성하는 것이다.

합격생 Guide 협동학습의 원리

긍정적 상호의존성	학생들 개개인이 집단의 성공을 위해 자신뿐만 아니라 동료들도 성취해야 하기 때문에 서로 도움을 주는 관계를 의미
대면적 상호작용	집단구성원 각자가 집단의 목표를 성취하기 위해 다른 구성원들의 노력을 직접 격려하고 촉진시켜 주는 것을 의미
개별 책무성	과제를 숙달해야 하는 책임이 각 학생들에게 있다는 것을 의미, '무임승객효과'와 '봉효과'를 방지
사회적 기술	협동적 노력이 성공하기 위해 필요한 집단 내의 갈등관리, 의사결정, 효과적 리더십, 능동적 청취 등을 의미
집단과정	특정한 집단이 의도한 목표를 성취하기 위해서는 집단구성원의 노력과 행위에 대한 토론과 평가가 필요

06

✦ 정답해설

④ 문화유산의 전달수단, 인재선별의 기능은 현행교육체제의 특징에 해당한다. 평생교육체제는 자기발전의 끊임없는 과정, 성장의 수단이다.

합격생 Guide 현행교육체제와 평생교육체제 비교

구분	현행교육체제	평생교육체제
교육 시기	청소년기에 한정	평생(전 생애)에 걸친 교육
교육 영역	교육지식의 습득	교육지식을 포함한 모든 것(정서적, 신체적, 심미적 등)을 포괄하는 전일적 습득
교육 개념	문화유산의 전달수단	자기 발전의 끊임없는 과정, 성장의 수단
교육 장소	학교영역	학교, 가정, 직장, 친구관계 등 사회 전 영역

교육 주체	교사 중심으로 교육기회 부여	사회 전체가 교육기회 부여
교육 형태	구분적	유기적
교육 운영	교육자 중심	학습자 중심

07

✦ 정답해설

③ 학교교육을 사회의 안정과 질서에 기여하는 제도로 보는 것은 기능론적 관점에서 본 것이다.

08

✦ 정답해설

④ '교육결과의 평등'은 교육의 결과가 같아야 진정한 교육평등이 실현되었다고 보는 것이다. 때문에 저소득층 아동들의 기초학습능력을 길러주기 위해 더 좋은 교육조건을 제공하는 보상교육은 '교육결과의 평등'을 위한 조치로 적절하다.

✦ 오답해설

① 교육기회의 허용적 평등, ② 교육기회의 보장적 평등, ③ 교육조건의 평등에 대한 설명이다.

09

✦ 정답해설

① 듀이(Dewey)는 교육을 사회적 과정이라고 정의하며, 교육이 생활이고 성장이라면, 이는 곧 사회 공동체 안에서 이루어진다고 주장하였다. 또 교육은 학생들의 자발적 활동과 능동적 참여과정이라고 설명하며 사회적 가치와 아동의 흥미 모두를 중시하였다.

10

✦ 정답해설

④ 교원은 현행범인인 경우를 제외하고는 소속 학교의 장의 동의 없이 학원 안에서 체포되지 아니한다(교육공무원법 제48조).

✦ **오답해설**

① 교육기본법 제14조 제2항

② 교육공무원법 제43조 제1항

③ 교육기본법 제14조 제4항

> **합격생 Guide** 교원(교육기본법 제14조)
>
> ① 학교교육에서 교원(敎員)의 전문성은 존중되며, 교원의 경제적·사회적 지위는 우대되고 그 신분은 보장된다.
>
> ② 교원은 교육자로서 갖추어야 할 품성과 자질을 향상시키기 위하여 노력하여야 한다.
>
> ③ 교원은 교육자로서 지녀야 할 윤리의식을 확립하고, 이를 바탕으로 학생에게 학습윤리를 지도하고 지식을 습득하게 하며, 학생 개개인의 적성을 계발할 수 있도록 노력하여야 한다.
>
> ④ 교원은 특정한 정당이나 정파를 지지하거나 반대하기 위하여 학생을 지도하거나 선동하여서는 아니 된다.
>
> ⑤ 교원은 법률로 정하는 바에 따라 다른 공직에 취임할 수 있다.
>
> ⑥ 교원의 임용·복무·보수 및 연금 등에 관하여 필요한 사항은 따로 법률로 정한다.

11

✦ **정답해설**

④ 자연의 원리에 따르는 교육에서 유래한 것으로, 신념체계 전체를 변화시키는 전인적 변화는 '교육(education)'의 내용이다. 훈련(training)은 인위적 노력을 통한 변화로서, 제한된 기술이나 사고방식을 길러주는 활동이다.

12

✦ **정답해설**

③ 제시된 내용은 아담스(Adams)의 공정성이론에 대한 설명이다. 아담스는 '공정성의 정도'에 따라 개인이 타인에 비해 얼마나 공정하게 대우받느냐에 초점을 두고 그 관계에서 공정성을 유지하는 쪽으로 동기가 유발된다고 주장했다.

✦ **오답해설**

① 로크(Locke), ② 허즈버그(Herzberg), ④ 브룸(Vroom)의 동기이론이다.

13

✦ **오답해설**

① 민간경제는 등가교환의 원칙에 따라 수입을 조달하지만, 교육재정은 정부가 공권력을 동원하여 강제적 수단으로 수입을 도모한다.

② 민간경제는 항상 잉여획득을 기본원칙으로 하여 거래가 이루어지지만, 교육재정은 수입과 지출이 균형을 유지해야 하는 특성을 가진다.

③ 민간경제는 단기성을 가지지만, 교육재정은 존속기간의 영속성을 가진다.

14

✦ **정답해설**

② '민주성의 원리'상 교육행정은 독단과 편견을 배제하고, 교육정책의 수립에 있어 광범위한 국민 참여와 공정한 민의(民意)가 잘 반영되어야 한다. 따라서 다양한 구성원들의 의사를 반영하기 위한 위원회, 협의회, 심의회제도 등을 두어야 한다.

✦ **오답해설**

① 자주성의 원리, ③ 기회균등의 원리, ④ 능률성의 원리에 해당한다.

15

✦ **정답해설**

③ 지방교육자치에 관한 법률 제21조

✦ **오답해설**

① 시·도의 교육·학예에 관한 사무의 집행기관으로 시·도에 교육감을 둔다(동법 제18조 제1항).

② 교육위원회는 시·도의회의 상임위원회에 속한다.

④ 교육감은 주민의 보통·평등·직접·비밀선거에 따라 선출한다(동법 제43조).

16

✦ **정답해설**

④ 절대영점이란 자연영점으로서 속성이 없고, 표현이 없다. 길이, 무게, 표준점수 등 비율척도가 그 예이다. 비율척도 (ratio scale)는 절대영점과 가상적 단위를 사용하고 있다.

✦ 오답해설

① 명명척도(nominal scale)는 단순히 이름만 대신하는 척도로 수(數)의 특성을 갖고 있지 않아 가감승제가 불가능하다.
  예 성별, 거주지역, 극장의 좌석, 전화번호, 주민등록번호 등
② 서열척도(ordinal scale)는 분류와 서열을 나타내는 척도로 대소를 나타낼 수는 있지만 가감승제가 불가능하다.
  예 성적의 석차, 문항난이도 지수, A・B・C 학점 등
③ 동간척도(interval scale)는 분류, 서열, 대소, 공간성 정보를 제공하는 척도로 상대영점과 가상적 단위를 가지고 있다. 상대영점이 있어 가감은 가능하나 승제는 불가능하다.

17

✦ 정답해설

③ 상대평가는 개인차 변별을 위해 평균을 중심으로 한 검사점수의 정상분포곡선(정규분포)을 기대하지만 절대평가는 기대치가 최저 수준에서 결정되므로 검사점수의 편포곡선(좌경분포)을 기대한다.

18

✦ 정답해설

① 수행평가는 실기 중심의 평가에 기원을 두고 있지만 수행평가의 도입 배경 자체는 학생의 인지적 능력과 정의적 특성을 종합적으로 전인격적 평가를 하고자 했으므로, 수행평가 또한 인지적 영역의 평가도 중시한다.

19

✦ 정답해설

② 평생학습인증시스템이란 개인이 학교교육 이외에 평생학습을 통해 습득한 성취결과를 객관적이고 공식적인 절차를 통해 평가・인정하는 시스템이다. 우리나라가 시행하고 있는 평생학습인증시스템으로는 독학학위제, 직업능력 인증제, 학점은행제, 문하생 학력인정제, 민간 자격 인증제 등이 있다.

20

✦ 정답해설

① 인지적 상담이론은 인지 혹은 사고가 인간의 정서 및 행동을 중재하거나 선도한다고 전제한다. 따라서 개인의 문제는 잘못된 가정과 추측에서 오는 현실 왜곡 때문이고, 인지발달과정에서의 잘못된 학습에서 비롯되었다고 본다.

✦ 오답해설

② 행동수정 상담이론상 개인의 부적응은 자극에 의해 학습된 습관이며, 행동수정기법과 모델링(modeling)을 사용하여 인간행동을 교정한다.
③ 인간중심 상담이론(비지시적 상담이론)은 인간은 스스로 성장할 수 있는 잠재능력이 있다는 가정에 기초하여, 내담자가 스스로 자신의 문제를 직접 해결하도록 돕는 상담이다.
④ 의사결정적 상담이론(지시적 상담이론)은 내담자의 모든 문제에 대하여 지시적인 요소로서 문제해결을 돕는 상담방법이다.

● **2023년**

⏱ **2023년 9급 국가직**

01 ③	02 ②	03 ①	04 ③	05 ①
06 ②	07 ②	08 ③	09 ④	10 ①
11 ①	12 ④	13 ④	14 ②	15 ①
16 ④	17 ②	18 ③	19 ③	20 ②

⏱ **2023년 9급 지방직**

01 ③	02 ④	03 ④	04 ①	05 ②
06 ②	07 ①	08 ④	09 ②	10 ④
11 ②	12 ②	13 ④	14 ②	15 ②
16 ③	17 ①	18 ④	19 ④	20 ③

● **2021년**

⏱ **2021년 9급 국가직**

01 ③	02 ②	03 ①	04 ④	05 ③
06 ②	07 ④	08 ③	09 ④	10 ④
11 ②	12 ③	13 ①	14 ③	15 ②
16 ③	17 ①	18 ②	19 ②	20 ④

⏱ **2021년 9급 지방직**

01 ③	02 ④	03 ②	04 ③	05 ③
06 ②	07 ②	08 ①	09 ①	10 ④
11 ②	12 ①	13 ③	14 ①	15 ④
16 ④	17 ③	18 ①	19 ①	20 ②

● **2022년**

⏱ **2022년 9급 국가직**

01 ③	02 ④	03 ③	04 ②	05 ④
06 ③	07 ④	08 ②	09 ①	10 ③
11 ①	12 ②	13 ①	14 ④	15 ②
16 ①	17 ③	18 ④	19 ③	20 ②

⏱ **2022년 9급 지방직**

01 ④	02 ③	03 ②	04 ①	05 ①
06 ②	07 ①	08 ③	09 ④	10 ④
11 ③	12 ①	13 ③	14 ②	15 ④
16 ①	17 ①	18 ④	19 ②	20 ③

● **2020년**

⏱ **2020년 9급 국가직**

01 ②	02 ①	03 ②	04 ③	05 ②
06 ③	07 ①	08 ④	09 ①	10 ④
11 ④	12 ④	13 ③	14 ②	15 ①
16 ③	17 ①	18 ③	19 ③	20 ④

⏱ **2020년 9급 지방직**

01 ①	02 ③	03 ②	04 ②	05 ③
06 ①	07 ②	08 ①	09 ④	10 ①
11 ①	12 ④	13 ②	14 ④	15 ③
16 ③	17 ④	18 ①	19 ②	20 ④

- **2019년**

✓ 2019년 9급 국가직

01	③	02	④	03	②	04	②	05	②
06	④	07	③	08	④	09	④	10	①
11	①	12	③	13	①	14	④	15	③
16	②	17	①	18	②	19	③	20	④

✓ 2019년 9급 지방직

01	④	02	②	03	②	04	②	05	③
06	④	07	①	08	④	09	④	10	①
11	①	12	③	13	③	14	①	15	②
16	②	17	④	18	①	19	②	20	③

- **2018년**

✓ 2018년 9급 국가직

01	②	02	③	03	②	04	①	05	③
06	③	07	④	08	①	09	③	10	②
11	③	12	④	13	②	14	④	15	①
16	④	17	④	18	④	19	④	20	①

✓ 2018년 9급 지방직

01	①	02	④	03	④	04	④	05	①
06	②	07	④	08	②	09	③	10	④
11	③	12	②	13	③	14	①	15	④
16	①	17	①	18	②	19	③	20	①

- **2017년**

✓ 2017년 9급 국가직

01	①	02	①	03	②	04	③	05	①
06	④	07	②	08	③	09	③	10	②
11	④	12	①	13	②	14	④	15	③
16	②	17	②	18	③	19	③	20	④

✓ 2017년 9급 지방직

01	③	02	②	03	①	04	①	05	②
06	③	07	④	08	①	09	④	10	①
11	②	12	①	13	②	14	④	15	③
16	③	17	②	18	③	19	④	20	②

- **2016년**

✓ 2016년 9급 국가직

01	①	02	③	03	②	04	④	05	①
06	③	07	④	08	②	09	②	10	④
11	②	12	①	13	③	14	①	15	③
16	③	17	①	18	③	19	②	20	④

✓ 2016년 9급 지방직

01	①	02	④	03	①	04	④	05	③
06	②	07	③	08	④	09	①	10	③
11	④	12	②	13	②	14	③	15	①
16	①	17	④	18	③	19	②	20	②

● 2015년

⊘ 2015년 **9급 국가직**

01	③	02	③	03	①	04	④	05	②
06	②	07	③	08	③	09	③	10	②
11	④	12	④	13	④	14	①	15	④
16	②	17	④	18	②	19	③	20	①

⊘ 2015년 **9급 지방직**

01	②	02	③	03	②	04	②	05	①
06	④	07	③	08	①	09	①	10	③
11	②	12	②	13	④	14	④	15	④
16	①	17	③	18	④	19	③	20	④

● 2014년

⊘ 2014년 **9급 국가직**

01	②	02	④	03	④	04	①	05	①
06	②	07	①	08	④	09	④	10	④
11	③	12	②	13	③	14	①	15	④
16	③	17	①	18	①	19	②	20	③

● 2013년

⊘ 2013년 **9급 국가직**

01	①	02	①	03	③	04	①	05	②
06	④	07	③	08	④	09	①	10	④
11	④	12	③	13	④	14	②	15	③
16	④	17	③	18	①	19	②	20	①

2024 전면개정판

박문각 공무원

OK 9급
교육학개론 기출문제집

개정판인쇄 : 2023. 09. 20.
개정판발행 : 2023. 09. 25.
편 저 자 : 박문각출판문화연구소
발 행 인 : 박 용
발 행 처 : (주)박문각출판
등 록 : 2015. 04. 29. 제2015-000104호
주 소 : 06654 서울시 서초구 효령로 283 서경B/D 4층
전 화 : (02) 723-6869
팩 스 : (02) 723-6870

저자와의
협의하에
인지 생략

정가 15,000원

ISBN 979-11-6987-442-7

Memo